中国法院2023年度案例

国家法官学院　最高人民法院司法案例研究院　/　编

民间借贷纠纷

中国法制出版社
CHINA LEGAL PUBLISHING HOUSE

《中国法院2023年度案例》通讯编辑名单

刘晓虹 北京市高级人民法院
王　凯 北京市高级人民法院
董　扬 天津市高级人民法院
童若涵 河北省高级人民法院
崔铮亮 山西省高级人民法院
杨智勇 内蒙古自治区高级人民法院
周文政 辽宁省高级人民法院
苏　浩 吉林省高级人民法院
王　妍 黑龙江省高级人民法院
牛晨光 上海市高级人民法院
缪　芳 江苏省高级人民法院
左一凡 江苏省高级人民法院
谷昔伟 江苏省南通市中级人民法院
宋婉龄 江苏省无锡市中级人民法院
杨　治 浙江省高级人民法院
李　波 浙江省高级人民法院
刘伟玲 安徽省高级人民法院
杨　宇 福建省高级人民法院
章光园 江西省高级人民法院
李　宁 山东省高级人民法院
张　琦 河南省高级人民法院
宋淼军 湖北省高级人民法院
黄　娅 湖北省宜昌市中级人民法院
唐　竞 湖南省高级人民法院
李　雪 广东省高级人民法院
邹尚忠 广西壮族自治区高级人民法院
韦丹萍 广西壮族自治区高级人民法院
李周伟 海南省高级人民法院
闫帅锋 重庆市高级人民法院
任　梦 四川省高级人民法院
杨俊杰 云南省高级人民法院
石　瑾 云南省昆明市中级人民法院
伍席芳 贵州省高级人民法院
余长智 贵州省贵阳市中级人民法院
王丽萍 西藏自治区高级人民法院
郑亚非 陕西省高级人民法院
张旦旦 甘肃省高级人民法院
王　晶 青海省高级人民法院
康　莹 宁夏回族自治区高级人民法院
石孝能 新疆维吾尔自治区高级人民法院
吉　雄 新疆维吾尔自治区高级人民法院生产建设兵团分院

序

法治是治国理政的基本方式，司法是法治体系的重要基石。党的二十大报告指出，要坚持走中国特色社会主义法治道路，建设中国特色社会主义法治体系、建设社会主义法治国家。加快建设公正高效权威的社会主义司法制度，努力让人民群众在每一个司法案件中感受到公平正义。人民法院始终坚持以习近平新时代中国特色社会主义思想为指导，深入学习贯彻习近平法治思想，围绕“公正与效率”这一主题，践行新时代能动司法理念，把加强司法案例研究作为加快建设公正高效权威社会主义司法制度，坚持为大局服务、为人民司法的重要途径，通过发布具有普遍指导意义的典型案例，统一法律适用，提高审判质效，提升司法公信力，努力让人民群众在每一个司法案件中感受到公平正义。

“中国法院年度案例系列”丛书，是国家法官学院和最高人民法院司法案例研究院精选全国各高级人民法院每年选送的优秀案例，深入挖掘典型案例内在价值编辑的实用精品丛书，旨在总结提炼典型案例的裁判规则和裁判方法，发挥司法规范、指导、评价、引领的重要作用，大力弘扬社会主义核心价值观，增强全民法治意识和法治素养，展现新时代我国司法领域新发展、新成就。

本丛书自2012年编辑出版以来，已连续出版12年，每年年初出版，受到读者广泛好评。本丛书出版之初有15个分册。近年来，为顺应审判执行实践需要，更加全面反映我国司法审判执行工作的发展进程，响应读者需求，2014年度新增金融纠纷、行政纠纷、刑事案例3个分册，2015年度将刑事案例调整为刑法总则案例、刑法分则案例2个分册，2016年度新增知识产权纠纷分册，2017年度新增执行案例分册，2018年度将刑事案例扩充为4个分册，2022年度将土地纠纷（含林地纠纷）分册改为土地纠纷（含环境资源案例）分册。在全国各级人民法院的大力支持下，丛书编委会现编辑出版《中国法院2023年度案例系列》丛书，共23个分册。

“中国法院年度案例系列”丛书以开放务实的态度、简洁明快的风格，追求“好读有用”，主要体现出以下特色：一是选编案例来源广泛、时效性强。

国家法官学院和最高人民法院司法案例研究院每年通过各高级人民法院汇集全国范围内上一年度审结生效的典型案例近万件，使该丛书有广泛的精选基础，可及时、定期提供全国范围内新近发生的多种类型的新型、疑难案例。二是由法官释理说法，全方位深度挖掘案例价值。大多数案例由主审法官撰写“法官后语”，深入阐释案例的裁判思路和相关考量，充分发挥典型案例在司法裁判、类案参考、法学研究、行为指引、宣示教育等方面的价值，力求引发读者的共鸣与思考，为读者提供借鉴和启迪。三是编排依次以案由和法律适用问题为序，方便读者检索。丛书充分体现“以读者为中心”的理念，每册内容主要根据案由分类编排，每个案例主要围绕法律适用问题，用一句话精要概括裁判规则、裁判思路或争议焦点，以其作为主标题，让读者能一目了然，迅速找到所检索的目标案例。四是注重裁判文书再加工，高度提炼案例内容。案例编写突出争议焦点以控制篇幅，剔除无关信息，尽可能在有限的篇幅内为读者提供更多与争议焦点、所查类案相关的有效、有益信息。

中国法制出版社始终全力支持“中国法院年度案例系列”丛书的出版，给了作者和编辑们极大的鼓励。2023年，这套丛书将继续提供数据库增值服务。购买本书，扫描前勒口二维码，即可在本年度免费查阅往年同类案例数据库。我们在此谨表谢忱，并希望通过共同努力，逐步完善，做得更好，真正探索出一条编辑案例书籍、挖掘案例价值的新路径，更好地服务司法审判高质量发展、服务法治社会建设、服务学习研究法律的读者。

“中国法院年度案例系列”丛书既是法官、检察官、律师等法律工作者的办案参考和司法人员培训的实用教材，也是社会大众学法用法的经典案例读本，同时是教学科研机构与人员从事案例研究的良好系列素材。当然，案例作者和编辑在编写、编审过程中也难以一步到位实现最初的愿望，客观上会存在各种不足甚至错误，欢迎读者批评指正。我们愿听取各方建议，不断拓宽深化司法案例研究领域，立足新发展阶段，推动实现中国特色司法案例事业的高质量发展。

国家法官学院

最高人民法院司法案例研究院

2023年5月

目　录

Contents

一、借贷关系认定

二、夫妻共同债务认定

三、借款主体认定

四、债务偿还认定

五、利息与违约金认定

六、债权转让与债务承担

七、证据与时效

一、借贷关系认定

1

借款时存在尚未结清的银行贷款，又以明显高于民间借贷的利率出借他人的，应认定为高利转贷，借款合同自始无效

——叶某丽诉丁某文等民间借贷案

【案件基本信息】

1. 裁判书字号

广西壮族自治区灵山县人民法院（2021）桂0721民初3723号民事判决书

2. 案由：民间借贷纠纷

3. 当事人

原告：叶某丽

被告：丁某文、林某、林某红

【基本案情】

原告叶某丽与被告林某红是朋友关系。被告林某与被告丁某文原是夫妻关系，双方于2020年10月19日办理离婚登记手续。被告丁某文在向原告借款时是被告林某红的妹夫，原告与被告丁某文由被告林某红介绍而相识。被告丁某文因生意资金周转需要，于2019年2月26日向原告借款20万元，借款期限至

2021年2月26日。2019年9月3日，被告丁某文又向原告借款20万元，借款期限至2020年9月3日。2020年4月14日，被告丁某文再向原告借款30万元，借款期限至2020年10月14日。原告向被告丁某文出借三笔借款时，均与被告丁某文签订了借款合同，被告林某红作为担保人在借款合同上签名。原告在与被告丁某文签订借款合同的当天通过银行转账的方式将借款交付给被告丁某文，被告丁某文在收款后立即写收据交由原告叶某丽收执。被告丁某文在借到原告的上述款项后，2019年2月26日至2021年5月14日，被告丁某文累计还款531000元给原告叶某丽。

【案件焦点】

1. 原告的行为是否属于高利转贷；2. 原告所请求本金与利息是否有法律依据；3. 被告林某是否应对被告丁某文的借款承担连带还款责任。

【法院裁判要旨】①

合法的借贷关系受法律保护。根据《中华人民共和国合同法》第五十二条、《中华人民共和国银行业监督管理法》第十九条、《非法金融机构和非法金融业务活动取缔办法》第五条第一款、《最高人民法院关于审理民间借贷案件适用法律若干问题的规定》（法释〔2018〕17号）第十四条、最高人民法院2019年11月8日印发的《全国法院民商事审判工作会议纪要》第五十二条之规定，本案中，原告在出借时，尚欠灵山县农村信用合作联社的个人经营性贷款未还清，在审理过程中，原告又未能举证证明其出借给被告丁某文的资金系其自有资金，应承担举证不能的不利后果。因此，本院认为，原告在自己的大额贷款没有结清的情况下又将资金出借给被告丁某文，其行为扰乱了国家的金融秩序，不符合民间借贷生效的合法要件，双方之间的借贷行为应属无效。根据《中华人民共和国合同法》第五十八条之规定，因本案民间借贷合同无效，被告丁某文应将依据该借贷合同取得的财产返还给原告，返还财产时应将法定

① 本书【法院裁判要旨】适用的法律法规等条文均为案件裁判当时有效，下文不再对此进行提示。

孳息一并返还。原告与被告丁某文借款合同上虽没有利息约定，但结合原告与被告丁某文的还款记录及微信聊天，可以确定双方当时是约定了月利率为5%的，被告丁某文亦按约定支付部分利息。因借贷合同无效，双方约定利率亦无效，但该借款属于金钱债权，依法产生法定孳息，被告丁某文应支付资金占用期间的法定孳息给原告。被告已按月利率5%支付给原告的利息除法定孳息外多归还部分的利息抵作被告丁某文已经归还原告的本金。被告丁某文应支付三笔借款的法定孳息共计55713元给原告。被告丁某文已归还原告531000元，减去应支付给原告的法定孳息55713元，被告丁某文已归还原告借款本金475287元，原告共向被告丁某文出借70万元，被告丁某文尚应归还224713元给原告叶某丽。原告请求以45万元为基数，按全国银行间同业拆借中心公布的一年期贷款市场报价利率的4倍计至债务清偿之日，不符合法律规定。本院予以调整为：以尚欠的224713元为本金，自2021年5月15日起至还清之日止，按全国银行间同业拆借中心公布的一年期贷款市场报价利率计付利息给原告。根据《最高人民法院关于适用〈中华人民共和国民事诉讼法〉的解释》第九十条的规定，原告没有证据证实被告丁某文向原告借款用于夫妻共同生活或家庭经营活动，被告丁某文在借款后也没得到被告林某的同意或追认，原告请求被告林某承担连带还款责任没有法律依据，本院不予支持。根据《中华人民共和国担保法》第五条的规定，因原告与被告丁某文的借款合同无效，故原告与被告林某红的担保合同亦无效，原告请求被告林某红承担连带还款责任没有法律依据，本院不予支持。

广西壮族自治区灵山县人民法院判决如下：

一、被告丁某文返还借款本金224713元及支付相应法定孳息给原告叶某丽（法定孳息计算：以224713元为基数，从2021年5月15日起至还清之日止，按全国银行间同业拆借中心公布的一年期贷款市场报价利率计算）；

二、驳回原告叶某丽的其他诉讼请求。

判决后，双方当事人均未上诉，本判决现已生效。

【法官后语】①

本案中，原告与被告丁某文在庭审中对于双方之间存在的民间借贷关系并无争议，双方仅对借款金额及还款金额、利息存在部分争议，但值得注意的是，在审理民间借贷案件中，法官还会主动对出借人的资金来源进行审查，这关系到该借款合同是否合法，进而决定是否支持原告的偿还本金与利息请求。

民事主体在从事民事行为时，不仅要遵循《中华人民共和国民法典》的自愿、平等等原则，也要符合法律、法规的强制性规定，该民事行为才会受到法律保护。原告在本案中向出借人被告丁某文提供了较大金额的借款，该借款超出了一般的民间借贷数额，这让法官有理由怀疑该笔借款的来源，是原告的自有资金，还是来源于银行贷款。根据《最高人民法院关于审理民间借贷案件适用法律若干问题的规定》（法释〔2020〕17号）第十三条的规定："具有下列情形之一的，人民法院应当认定民间借贷合同无效：（一）套取金融机构贷款转贷的；（二）以向其他营利法人借贷、向本单位职工集资，或者以向公众非法吸收存款等方式取得的资金转贷的；（三）未依法取得放贷资格的出借人，以营利为目的向社会不特定对象提供借款的；（四）出借人事先知道或者应当知道借款人借款用于违法犯罪活动仍然提供借款的；（五）违反法律、行政法规强制性规定的；（六）违背公序良俗的。"结合原告所提供的《个人征信报告》上原告在向被告丁某文提供几笔借款期间，尚存在大额的银行贷款未偿清，原告也未能提供其他证据证明该借款资金属于自有资金，故被法院认定该借款合同无效，不支持原告的利息主张，仅支持按资金占用期间的法定孳息计算方式计算利息。

高利转贷的两个特点，除了"转贷"之外，还有"高利"。虽然原告与被告丁某文所签订的借款合同并未明确约定借款利息，但根据双方所提交的其他证据，可以看出双方实际上约定月利率为5%，明显高于法律规定所保护的最高利率，这也是认定原告高利转贷的重要证据。此外，法院还依法认定了原告

---

① 本书【法官后语】对此类法律问题涉及的法律法规等内容进行了时效性更新，下文不再对此进行提示。

在出借时，提前扣去了部分金额作为利息，所以在认定实际借款金额时，对原告提前扣取的借款金额进行了扣除，保护了借款人的合法权益。

近年来，针对民间金融活动存在的问题，最高人民法院多次修改、出台司法解释，如降低法律保护的最高利率水平，打击高利转贷、非法集资、职业放贷等行为，都是旨在引导规范市场主体的金融活动，维护金融秩序稳定，防范社会风险爆发，舒缓中小企业融资难、融资贵等问题，助力营商环境优化。

编写人：广西壮族自治区灵山县人民法院　黎道君

2

职业放贷的认定及职业放贷借款合同效力问题

——韦某鹏诉李某进民间借贷案

【案件基本信息】

1. 裁判书字号

广西壮族自治区德保县人民法院（2021）桂1024民初1400号民事判决书

2. 案由：民间借贷纠纷

3. 当事人

原告：韦某鹏

被告：李某进

【基本案情】

原告韦某鹏与被告李某进系邻村关系，被告以资金周转困难为由向原告借款，于2019年5月16日借款10万元，并出具一张借条，约定于2019年6月16日还清，另备注：“每年还本金2万元，2019年至2024年还清本金10万元”；于2019年11月20日借款4万元，并出具一张借条，约定2019年12月

20日还清；于2019年11月30日借款5万元，并出具一张借条，约定2019年12月2日还清。所出具的三张借条均为格式借条，均分别约定“若逾期十日，债务人将自愿放弃自己所有的财产处置权由债权人全权处置，所得款项用于直接偿还全部借款本息及违约金，违约金按借款总额每日0.3%收取”。借款期限届满后，被告已向原告偿还借款38000元，剩余借款本金152000元一直拖欠至今，原告多次追讨未果，遂向本院提起本案诉讼。另查明，自2019年以来，原告韦某鹏作为债权人（不包含本案）以民间借贷（8件）、债权人撤销权（1件）为案由，向本院提起诉讼，涉案总标的金额达1051323.11元。

【案件焦点】

1. 原告的放贷行为是否构成职业放贷；2. 案涉借款合同是否有效。

【法院裁判要旨】

广西壮族自治区德保县人民法院经审理认为：民间借贷在一定程度上解决了借款人的燃眉之急，满足了社会多元化融资需求，促进了多层次信贷市场的形成和完善，也为社会经济的稳定发展提供了支持和帮助。相反，那些超出亲朋邻里范围而向不特定多数人进行资金出借、谋取利益的行为，则被法律给予否定性评价。本案的原告韦某鹏自2019年以来在本院以民间借贷、债权人撤销权为由提起诉讼10件，涉及人员11人次，涉案总标的金额高达100万余元，所涉及人员均无显著性共同特征，涉案借条高度格式化，仅需填写借款人姓名、金额、借款期限等主要内容，上述事实足以印证原告以借贷为业向不特定人员发放贷款的事实。金融业务活动属于国家特许经营，原告作为自然人未经批准擅自从事经常性的贷款业务，向本案被告李某进在内的不特定众多人员出借资金并收取较高利息，出借频率高，资金总量大。出借行为具有反复性、经常性、营利性，属于从事非法金融业务活动，违反了《中华人民共和国银行业监督管理法》第十九条的规定，应认定本案借款合同无效，被告李某进应当返还原告的借款本金。关于本案法律适用的问题，根据《最高人民法院关于适用〈中华人民共和国民法典〉时间效力的若干规定》第一条第二款的规定：“民法典施行前的法律事实引起的民事纠纷案件，适用当时的法律、司法解释的规定，但是法律、司法解释另有规定的除外。”本案的民间借贷纠纷系民法典实施前引起的，故应当适用《中华人民共和国民法通则》《中华人民共和国合同法》的有关规定。被告李某进经本院合法传唤没有到庭参加诉讼，依法缺席判决。法院依法判决如下：

被告李某进于本判决生效之日起十日内返还原告韦某鹏借款本金152000元。

判决后，双方当事人均未上诉，本判决现已生效。

【法官后语】

民间借贷本着亲友情谊互助的本质，体现着中华民族互帮互助的美好品德。但非法的放贷行为扰乱了金融市场秩序，甚至滋生“裸贷”“套路贷”等违法犯罪，导致借款人迫于借款压力游走在轻生的边缘。预防非法放贷、杜绝职业放贷，能够促进社会和经济朝着健康、美好、和谐的方向发展。本案结合案情实际，通过裁判说理，阐明了职业放贷的构成要件，以及职业放贷的借贷合同的效力问题。

职业放贷人是指未依法取得放贷资格，在一定期限内经常性、反复性从事有偿借贷行为的出借人。根据《全国法院民商事审判工作会议纪要》和《最高人民法院关于审理民间借贷案件适用法律若干问题的规定》的有关规定，职业放贷人的构成要件主要有四个。

1. 未依法取得放贷资格。金融业务活动属于国家特许经营业务，任何单位和个人未经批准不得从事金融机构的业务活动。在司法实践中，如何判定“未依法取得放贷资格”，我们可以从出借人的主体上考虑：一是出借人为企业，该企业经营范围是否具备相应的放贷资质或有无特许的金融经营许可证可以从事放贷业务活动；二是自然人，对于自然人当然不具备放贷的资质。

2. 以营利为目的。“职业放贷”的案件中，“营利性”的意思表示具有极其隐蔽性，大多表现为借款合同约定的利息、服务费、咨询费、管理费以及违约金等相关费用，判定是否具有营利性，一是考虑利率的设置，通常“职业放贷”通过约定高额的利息或者约定其他费用来变相获取收益，根据《最高人民法院关于审理民间借贷案件适用法律若干问题的规定》的规定，民间借贷利率保护上限为LPR① 的四倍，若约定的利率超过LPR的四倍，超过的部分当然无效；若其约定的利率接近法定利率或超过法定利率标准，可以结合案件实际，其放贷行为是否会对金融秩序造成破坏，也可认定该借贷行为具有营利性。二是出借人的资金来源必须是正当合法的。针对企业而言，企业的注册资本、流动资金、往来账目以及借款合同的格式化程度等是考量其出借资金来源是否合法的重要因素；针对自然人而言，有无正当职业、合法经济来源等是考量因素，若出借人吸收他人资金或者从金融机构贷款转为放贷资金的情形，则超出了民间借贷应有的正当性，该放贷行为法律也将赋予否定性评价。

3. 出借行为具有经常性。对于“经常性”的标准，就我们广西而言，目前尚未出台相关的认定标准，但结合其他地方出台的意见，也具有一定的参考价值，如江苏省“一年内民间借贷案件5件以上”、新疆维吾尔自治区“同一年内同一出借人同一法院6件以上或连续两年10件以上”、天津“同一原告两年内5件以上”等，各地方法院通过“含义界定”“量化标准”等方式对审查“职业放贷”认定标准进行了规定，虽然每个地方的认定标准不一，但我们可以结合本地区的生活水平、经济发展状况以及本地民间借贷的活跃程度等情况，进行综合考量认定。

4. 向社会不特定对象提供借款。不特定即为不确定性、公开性，在借贷行为中，借款人处于何种领域、从事何种行业、住所于何处等均为不确定性，出借人的放贷行为是否存在公开推介、宣传以及公开明示出借意愿。

结合本案实际，原告自2019年以来在本院以民间借贷、债权人撤销权为案由提起诉讼10件，涉及人员11人次，涉案标的总额高达100万余元，所涉及人员均无显著性共同特征，符合社会不特定对象的构成要件，涉案借条高度格式化，仅需填写借款人姓名、金额、借款期限等主要内容，上述事实足以印证原告以民间借贷为业向不特定人员发放贷款的事实。且原告没有固定工作，亦

① LPR（Loan Prime Rate），贷款市场报价利率。下文对此不再标注。

未依法取得放贷资格，向本案被告在内的不特定众多人员出借资金并收取较高利息，出借频率高，资金总量大。出借行为具有反复性、经常性、营利性，属于从事非法金融业务活动，违反了国家法律效力性、强制性规定，故认定本案借款合同无效，被告应当偿还原告借款本金。

编写人：广西壮族自治区德保县人民法院　李朝照

3

出借信用卡额度供他人使用的法律关系界定及效力认定

——齐某军诉张某艳、于某委民间借贷案

【案件基本信息】

1. 裁判书字号

北京市第二中级人民法院（2021）京02民终13658号民事裁定书

2. 案由：民间借贷纠纷

3. 当事人

原告（被上诉人）：齐某军

被告（上诉人）：张某艳

被告：于某委

【基本案情】

2019年4月29日，齐某军（出借人/甲方）与张某艳（借卡人/乙方）签订《信用卡有偿出借使用协议》，约定齐某军将其名下分别在上海银行、交通银行、广发银行、民生银行、华夏银行、招商银行、兴业银行、农业银行、中信银行、平安银行开立的10张信用卡出借给张某艳使用，用于张某艳生产经营资金周转，出借期限为2018年6月1日至2019年5月31日，共计12个月。双方约定在使用期间，张某艳于每月最后一日支付齐某军使用费12000元，第一次支付日为2018年6月30日，最后一次支付时间为2019年5月31日，共计需支付使用费144000元。双方确认齐某军于2018年6月向张某艳移交信用卡及消费密码时，所有信用卡之前所透支金额已由齐某军全部还清，移交时所有信用卡为未透支、未消费状态。

2019年8月至10月，齐某军陆续偿还案涉10张信用卡欠款共计6741.03元。双方均称无法确定所还款项中欠款本金、逾期利息以及滞纳金各自数额。截至2020年10月22日，案涉10张信用卡欠款（包括本金、利息、滞纳金）共计480868.92元。张某艳主张已向齐某军支付12个月的信用卡使用费共计144000元，齐某军认可收到款项144000元。

经询问，齐某军称涉案10张信用卡于2018年6月交给张某艳，6月30日张某艳支付的第一笔使用费。现10张信用卡均在张某艳手里，已被冻结，但随时可以还款；张某艳称涉案10张信用卡是2018年7月、2018年8月交付的，使用至2019年8月8日，齐某军于2019年8月8日将其冻结，信用卡现在在张某艳手里。

【案件焦点】

1. 齐某军与张某艳出借信用卡的行为属于何种法律关系；2. 该种法律关系的效力如何；3. 双方之间的损失如何承担。

【法院裁判要旨】

北京市房山区人民法院经审理认为：关于双方之间的法律关系性质问题。本案中，齐某军将其信用卡出借给张某艳使用，虽不是出借现金，但因信用卡具有消费或取现的功能，具有一定意义的金钱性质，从表面上看是借用信用卡，但实际上却是借用了一定信用额度范围内的资金，并在一定期限内使用资金，故出借信用卡的行为即为将信用额度内的资金出借给张某艳，二者构成借贷关系。

关于双方之间的民间借贷合同效力问题。民间借贷关系中，当事人应当以自有资金出借。《最高人民法院关于审理民间借贷案件适用法律若干问题的规定》（2020 年第二次修正）第十三条规定："具有下列情形之一的，人民法院应当认定民间借贷合同无效：（一）套取金融机构贷款转贷的……"本案中，齐某军并非以自有资金出借，且在银行资金成本以外收取使用费，双方借贷符合套取金融机构贷款转贷的情形，借贷关系应属无效。

关于合同无效后的责任承担问题。合同无效或者被撤销后，因该合同取得的财产，应当予以返还；不能返还或者没有必要返还的，应当折价补偿。有过错的一方应当赔偿对方因此所受到的损失，双方都有过错的，应当各自承担相应的责任。本案中，《信用卡有偿出借使用协议》被认定无效后，张某艳应将齐某军通过信用卡出借给其的借款本金偿还给齐某军，齐某军收取的信用卡使用费 144000 元系因该协议产生，齐某军应予返还，张某艳主张在偿还齐某军款项时该信用卡使用费 144000 元应予以抵扣，具有事实和法律依据，本院予以支持。齐某军称向陈某杰支付宝转账 4000 元系另外出借给张某艳的借款，张某艳不予认可，称该 4000 元系齐某军偿还的服装货款，与本案无关。本院认为，齐某军主张的该 4000 元与本案并非同一法律关系，齐某军可另案主张。本案中，因逾期还款产生的逾期利息和滞纳金，本院根据双方的过错，同时考虑借款本金与利息、滞纳金无法截然区分的现实状况，认定截至 2020 年 10 月 22 日产生的利息与滞纳金部分，由张某艳负担；后续产生的利息及滞纳金部分，由齐某军负担。故张某艳需向齐某军偿还借款本金及截至 2020 年 10 月 22 日的利息、滞纳金等共计 480868. 92 元，扣除齐某军应向张某艳返还的款项 144000 元，张某艳应向齐某军支付款项 336868. 92 元。

另外，张某艳使用信用卡消费过程中，齐某军用自有资金实际偿还信用卡欠款共计 6741. 03 元，上述款项张某艳亦应偿还齐某军。现齐某军要求张某艳返还 6736 元，视为对其诉讼权利的自愿处分，本院不持异议，予以支持。关于齐某军主张张某艳支付征信损失 10 万元，于法无据，本院不予支持。

关于齐某军主张于某委共同偿还信用卡欠款及赔偿损失的问题。本案中，系齐某军与张某艳签订的《信用卡有偿出借使用协议》，合同双方为齐某军与张某艳，根据合同相对性原则，于某委并非合同相对方，齐某军主张于某委偿还借款、赔偿损失，无事实和法律依据，本院不予支持。

北京市房山区人民法院依照《最高人民法院关于适用〈中华人民共和国民法典〉时间效力的若干规定》第一条第二款、《中华人民共和国合同法》第五十八条、《最高人民法院关于审理民间借贷案件适用法律若干问题的规定》（2020 年第二次修正）第十三条之规定，作出如下判决：

一、被告张某艳于本判决生效之日起十五日内给付原告齐某军款项 336868.92 元；

二、被告张某艳于本判决生效之日起十五日内给付原告齐某军代还信用卡款项 6736 元；

三、驳回原告齐某军的其他诉讼请求。

张某艳不服一审判决，提起上诉。张某艳在二审审理期间提出撤回上诉的请求。北京市第二中级人民法院裁定准许张某艳撤回上诉。一审判决自本裁定书送达之日起发生法律效力。

【法官后语】

本案争议的问题：一是出借信用卡的性质如何界定？二是双方民间借贷合同的效力如何认定？三是双方借贷合同无效后的责任如何分担？

一、出借信用卡的性质的界定

本案的争议焦点为借用他人信用卡，双方法律关系是借用合同关系还是借贷合同关系。借用合同又称“使用借贷合同”，是出借人定期或不定期地将出借物无偿交给借用人使用，借用人在一定期限内或使用完毕后返还原物给出借人的合同。借用合同的显著特点是无偿性、互助性和返还性。借用合同与借贷合同虽同属于借取，但区别在于标的物性质不同，借贷的对象是货币，借用的对象是物品，借贷合同的借款人所借取的是货币本身的抽象价值，而借用合同的借用人所借取的是借用物本身的使用价值，一个是无形的价值，另一个是有形的价值。信用卡是持卡人可向发卡银行以刷卡方式借贷特定数额金钱的承载体，借刷信用卡并不是借用卡片本身，根本目的在于借用信用卡所附权利对应的金钱，借用一定信用额度范围内的资金。故齐某军出借信用卡给张某艳，即将信用卡信用额度内的资金出借给张某艳，双方本质上构成借用金钱的民间借贷关系，而非借用关系。

二、双方之间借贷合同的效力的认定

如前所述，信用卡出借双方之间构成民间借贷关系，那该民间借贷关系的法律效力如何认定？考虑民间借贷的互助性质，民间借贷的资金来源应为自有资金。《最高人民法院关于审理民间借贷案件适用法律若干问题的规定》（2020年第二次修正）第十三条规定："具有下列情形之一的，人民法院应当认定民间借贷合同无效：（一）套取金融机构贷款转贷的……"本案中，张某艳向齐某军借用案涉10张信用卡，套现后用于资金周转。齐某军实质上是向张某艳出借发卡银行赋予的一定信用额度内的资金，符合套取金融机构贷款转贷的情形，双方之间的借贷关系应认定为无效。信用卡套现系规避监管、扰乱金融秩序的行为，为我国法律所禁止，情节严重者还要承担刑事责任，故对此类合同也应当认定为无效。

三、双方借贷合同无效后的责任的分担

《中华人民共和国合同法》第五十八条①规定，"合同无效或者被撤销后，因该合同取得的财产，应当予以返还；不能返还或者没有必要返还的，应当折价补偿。有过错的一方应当赔偿对方因此所受到的损失，双方都有过错的，应当各自承担相应的责任"。双方之间的《信用卡有偿出借使用协议》被认定无效后，双方关于支付使用费的约定亦归于无效，齐某军收取的使用费应当予以返还。因双方对合同无效均有过错，双方均未及时偿还信用卡的欠款，导致因逾期还款产生利息、滞纳金损失，据此上述损失应由双方分担。本案的特殊之处在于案涉信用卡的欠款中，既包括借款本金，还包括利息、滞纳金等，双方均无法确定各部分的数额，此种情况只能概括处理。将利息、滞纳金分时间段分别由张某艳、齐某军分别承担。截至2020年10月22日的利息、滞纳金等与借款本金混同，无法截然分开，由张某艳承担更为适宜。作

① 对应《中华人民共和国民法典》第一百五十七条。

为持卡人，后续产生的利息、滞纳金由齐某军承担更为适宜，本案亦是遵循这一思路进行裁判的。

编写人：北京市房山区人民法院　朱乐

4

出借信用卡套现所得款项属套取金融机构贷款转贷，借款合同应属无效

——张某诉郭某库民间借贷案

【案件基本信息】

1. 裁判书字号

北京市通州区人民法院（2021）京 0112 民初 34821 号民事判决书

2. 案由：民间借贷纠纷

3. 当事人

原告：张某

被告：郭某库

【基本案情】

张某个人经营一家超市，郭某库系顺丰快递员，因郭某库经常将快递放到张某的超市，于是二人相识。2019 年 9 月至 2019 年 10 月，郭某库陆续使用张某的信用卡套现，先后套现共计 15832 元，双方约定加上信用卡逾期产生的利息，款项数额共计 18000 元。2020 年 12 月 14 日，郭某库作为欠款人出具欠条一份，载明："本人郭某库，身份证号×××，欠张某，身份证×××，一万八仟圆整，分两期还清，第一期于 2020 年 12 月 19 日之前先还 3000 元钱，第二期于 2021 年 1 月 19 日之前还清剩下余款。欠条出具后，郭某库偿还张某 5200 元，

其余款项未再偿还，后张某将个人信用卡欠款还清。现张某按照15832元计算出借款项数额，起诉至法院要求郭某库偿还尚欠借款10632元。

【案件焦点】

郭某库使用张某的信用卡套现后使用，并出具欠条确认其所使用的套现所得款项系向张某的借款，双方之间的借款合同的效力如何认定。

【法院裁判要旨】

北京市通州区人民法院经审理认为：民法典施行前的法律事实引起的民事纠纷案件，适用当时的法律、司法解释的规定，但是法律、司法解释另有规定的除外。本案中，郭某库使用张某的信用卡套现的行为发生在2019年，故本案应当适用《中华人民共和国合同法》的相关规定处理。《中华人民共和国合同法》第五十二条规定，有下列情形之一的，合同无效：（一）一方以欺诈、胁迫的手段订立合同，损害国家利益；（二）恶意串通，损害国家、集体或者第三人利益；（三）以合法形式掩盖非法目的；（四）损害社会公共利益；（五）违反法律、行政法规的强制性规定。套取金融机构贷款转贷的，人民法院应当认定民间借贷合同无效。关于本案中双方之间的民间借贷合同效力问题，自然人之间的借贷系一方将自有资金出借给另一方使用的一种资金融通方式。而信用卡作为银行给予特定持卡人透支消费的凭证，本不具有透支现金进行民间借贷交易的功能。信用卡持卡人虽然在信用额度范围内可以消费或者提现，但信用卡额度范围内的资金不是持卡人的自有资金，出借信用卡不能等同于出借资金。本案中，郭某库使用张某的信用卡套现后将所得款项供个人使用，而后向张某出具欠条，二人之间据此建立的民间借贷合同违反法律规定，应属无效。合同无效或被撤销后，因该合同取得的财产，应当予以返还。因此，郭某库应当返还其实际占用张某的款项，现郭某库实际占用张某款项10632元，其应当予以返还。北京市通州区人民法院依照《中华人民共和国合同法》第五十二条、第五十八条，《最高人民法院关于审理民间借贷案件适用法律若干问题的规定》第十四条，《中华人民共和国民事诉讼法》第六十四条第一款、第一百四十四条之规定，作出如下判决：

郭某库于本判决生效之日起七日内返还张某10632元。

判决后，双方当事人均未上诉，本判决现已生效。

【法官后语】

一、民间借贷中出借资金必须为自有资金

民间借贷，是指自然人、法人和非法人组织之间进行资金融通的行为，此与金融机构从事的贷款业务相对应。民间借贷对于便利人民群众的日常生活和促进经济发展起到了重要作用。民间借贷中，出借人出借的资金必须是其合法收入的自有资金。这是因为作为出借人主体的自然人、法人和非法人组织的资金偿付能力和风险承受能力均无法与从事贷款业务的金融机构相比，民间借贷发生的初衷即为出借人自有闲置资金，而借款人存在资金需求，出借人便将资金出借以供借款人周转使用，出借人同意出借表示其在出借资金时能够承受相应的风险。若出借资金系出借人从金融机构等其他途径获取的非自有资金，则出借资金的数额极易超出出借人的承受能力，一旦借款人无法按时偿还，不仅导致出借人的资金状况恶化，更易连锁导致上游金融机构的贷款无法收回，进而扰乱金融秩序。因此，我国法律规定如出借人套取金融机构贷款转贷或以向其他营利法人借贷、向本单位职工集资，或者以向公众非法吸收存款等方式取得的资金转贷的，则民间借贷合同无效，借贷双方需根据合同无效的后果承担相应的责任。

二、信用卡套现后出借属于套取金融机构贷款转贷，借贷合同应属无效

信用卡套现是指持卡人不是通过正常合法手续（ATM或柜台）提取现金，而是通过POS机等其他途径进行虚假的刷卡消费，将信用卡的信用额度以现金的方式套取，同时又不支付银行提现费用的行为。信用卡作为银行给予特定持卡人透支消费的凭证，仅能向特约商户购物或者消费，信用卡内的信用额度系银行所有，并不是持卡人所有的资金，持卡人在消费透支前对该额度并没有所有权，而持卡人使用信用卡消费无异于向开卡银行借用资金用于个人使用，若持卡人通过POS机等不正当途径将信用卡额度以现金方式套出并出借他人，则

与其自银行贷款后出借他人别无二致，故持卡人使用信用卡套现并出借他人的行为构成套取金融机构贷款转借他人的情形。同时，对于帮助持卡人通过POS机使用信用卡套现的行为人，情节严重的，构成刑事犯罪。《最高人民法院、最高人民检察院关于办理妨害信用卡管理刑事案件具体应用法律若干问题的解释》第十二条第一款规定，违反国家规定，使用销售点终端机具（POS机）等方法，以虚构交易、虚开价格、现金退货等方式向信用卡持卡人直接支付现金，情节严重的，应当依据刑法第二百二十五条的规定，以非法经营罪定罪处罚。由此可知，信用卡套现的行为即违反法律规定，套现后将资金出借他人的行为亦违反法律的强制性规定，民间借贷合同应属无效。

三、合同无效后，借款人应当返还占用出借人的资金，对于出借人主张的利息等费用，应按照基础利率标准支持资金占用损失

合同无效或者被撤销后，因该合同取得的财产，应当予以返还；不能返还或者没有必要返还的，应当折价补偿。有过错的一方应当赔偿对方因此所受到的损失，双方都有过错的，应当各自承担相应的责任。在此类案件中，出借人使用信用卡套现后出借资金的行为违反法律规定，其对合同无效具有过错；而实践中借款人对于出借人资金的来源情况在绝大多数情形下是知情的，如在本案中，出借资金即为郭某库直接使用张某的信用卡前往商户套现取得，故借款人在资金出借过程中亦有过错。因双方对于合同无效的后果均有过错，应当各自承担相应责任，借款人应当返还占有出借人的资金，故郭某库应当返还占有张某的资金。本案中张某并未主张利息、违约金或者其他损失，但实践中多数情况下出借人会同时按照借款凭证约定的标准主张利息、违约金或者其他损失，对于出借人关于利息等主张，考虑到其本人过错程度，仅支持借款人占有其资金期间产生的资金占用损失，按照中国人民银行同期贷款利率或者全国银行间同业拆借中心公布的一年期贷款市场报价利率计算，对其主张过高部分不予支持，同时借款人有权要求出借人返还其已经支付过高部分的利息或者其他费用。

在司法实践中，出借人通过诸如信用卡套现、银行贷款等途径获取资金后出借他人的现象愈演愈烈，由于借贷双方多为自然人，其资金偿付和风险承受

能力十分有限，借款方逾期还款后产生的连锁反应导致金融机构贷款追偿压力和难度不断增加，对其他市场主体的正常融资行为造成不良影响，严重扰乱了金融秩序。本案判决将法律、司法解释未明确规定的信用卡套现所得款项出借的情形认定为套取金融机构贷款转贷行为，进而认定双方借贷合同无效，借款人应当将款项予以返还。如出借人起诉主张偿还本金并支付利息等费用，在考虑双方过错的基础上综合认定，限制出借人主张利息等标准和数额，降低其资金出借后的预期收益，以此减少出借人通过信用卡套现等不正当途径获取资金后出借的情形。

编写人：北京市通州区人民法院　渠守彬

5

“名为理财实为借贷”的认定标准

——王某良诉基金管理公司民间借贷案

【案件基本信息】

1. 裁判书字号

北京市朝阳区人民法院（2021）京0105民初2330号民事判决书

2. 案由：民间借贷纠纷

3. 当事人

原告：王某良

被告：基金管理公司

【基本案情】

2019年5月9日，王某良与基金管理公司签订《投资服务协议》，约定投资项目为二级市场项目，投资金额30万元，投资期限自2019年5月9日起至

2020年5月9日止，基金管理公司保证基础收益为本金的12%季度返息，合同到期加16%分红，合同到期后，基金管理公司于7个工作日内向王某良支付投资本金及收益。协议期满后，王某良经催要本金及收益未果，遂诉至法院，请求判令：

1. 判令基金管理公司向王某良支付本金30万元、收益75000元；2. 判令基金管理公司支付利息（以375000元为基数，自2020年5月10日起至实际付清之日止，按照全国银行间同业拆借中心公布的贷款市场报价利率标准计算）；3. 判令基金管理公司承担案件受理费、公告费。

【案件焦点】

涉案法律关系的性质。

【法院裁判要旨】

北京市朝阳区人民法院经审理认为：关于本案法律关系。根据《投资服务协议》约定，王某良出资后，基金管理公司承诺在合同期限内按季度支付利息，并承诺在合同到期后返还本金并按固定利率支付到期分红，双方之间法律关系实为民间借贷性质。王某良按约履行了出借义务，合同期满后，王某良有权要求基金管理公司返还本金，王某良主张的本金金额无误，本院予以支持。

关于收益，本案合同成立于2019年，当时适用的民间借贷司法解释为《最高人民法院关于审理民间借贷案件适用法律若干问题的规定》（法释〔2015〕18号），该司法解释第二十六条规定：借贷双方约定的利率未超过年利率24%，出借人请求借款人按照约定的利率支付利息的，人民法院应予支持。借贷双方约定的利率超过年利率36%，超过部分的利息约定无效。借款人请求出借人返还已支付的超过年利率36%部分的利息的，人民法院应予支持。《投资服务协议》约定的期限自2019年5月9日起至2020年5月9日止，故合同期限内未付的收益标准应以年利率24%为限，基金管理公司已经支付了一个季度的收益，尚欠三个季度的收益未支付，经本院依法核算，未付收益应为63000元，故王某良主张的未付收益超出63000元的部分，本院不予支持。关于利息，基金管理公司逾期偿还借款，应向王某良支付逾期利息，王某良主张的本金部分的逾期利息符合法律规定，本院予以支持，其主张的收益部分的逾期利息，于法无据，本院不予支持。

综上所述，北京市朝阳区人民法院依照《最高人民法院关于适用〈中华人民共和国民法典〉时间效力的若干规定》第一条第二款，《中华人民共和国合同法》第二百零五条、第二百零六条、第二百零七条，《最高人民法院关于审理民间借贷案件适用法律若干问题的规定》（2020 年第二次修正）第二十八条、第三十一条，《中华人民共和国民事诉讼法》第一百四十四条之规定，判决如下：

一、被告基金管理公司于本判决生效后七日内向原告王某良偿还本金 30 万元；

二、被告基金管理公司于本判决生效后七日内向原告王某良支付收益 63000 元；

三、被告基金管理公司于本判决生效后七日内向原告王某良支付利息（以 30 万元为基数，自 2020 年 5 月 10 日起至实际付清之日止，按照全国银行间同业拆借中心公布的贷款市场报价利率标准计算）；

四、驳回原告王某良的其他诉讼请求。

判决后，双方当事人均未上诉，本判决现已生效。

【法官后语】

北京市基层法院受理了大量的委托理财合同纠纷，其中不乏以委托理财为表现形式签订借贷合同的案件，本案即为典型的“名为理财实为借贷”的案例。

一、关于委托理财与借贷的区别

1. 交易目的上。委托理财中投资人是为了获取投资收益最大化，理财方是为了获得融资资金进行理财项目投资；而借贷是借款人为了获取资金融通，出借人为了获取资金占用的利息对价。

2. 投资收益上。委托理财中通常约定预期收益率或浮动收益率，鉴于投资的风险属性，收益是不确定的，投资可能产生收益，也可能产生亏损，具有不可预见性；借贷中出借人的本金和收益是固定的，借款利息通常由双方约定，无息或者固定利率，即收益具有可预见性。

3. 交易资质上。委托理财通常无须相关融资资质，这也是多数融资方众筹资金的动机之一；借贷关系中，除临时拆借外，借贷经过国家许可，具备放贷资质，如商业银行、汽车金融公司、小额贷款公司，国家禁止个人或者企业以借贷为业的职业放贷行为。

4. 交易去向上。委托理财中理财方收到理财款后需要将理财资金用于理财项目，并向投资方报告理财项目的运作、亏损、盈亏等项目动态；而借贷中，借款人收到借款后，借款去向不影响借贷关系的成立，借款人未按约定使用借款，亦无法对抗出借人要求其偿还借款本息的义务。

二、保底无效与穿透式审判的博弈

2019年之前，委托理财领域存在保本保收益或者保底条款时，裁判思路均为保底条款违反投资的风险属性，违反市场交易规律，该类案件的处理方式为“保底条款”均无效，无效后按照同期贷款基准利率赔偿本金的利息损失。2019年《全国法院民商事审判工作会议纪要》（以下简称《九民纪要》）发布后，穿透式审判理念成为一种新的裁判方式，要求在金融纠纷中，通过剥开交易结构的层次包裹，审查金融交易中基础法律关系的实质特征，查明双方的真实意思，探求真实法律关系，按照实际形成的法律关系确定各方的权利义务，所谓的“名为理财实为借贷”“名为保理实为借贷”“名股实债”等概念相继而出。

三、探求本案真实法律关系

具体到本案中，王某良以委托理财合同纠纷提起本案诉讼，要求基金管理公司偿还本金及收益、利息。本案最终以民间借贷认定了双方之间的法律关系，进行了穿透式审查，主要考虑了两点因素：

一方面，交易特征上，王某良与基金管理公司签订《投资服务协议》，约定投资到期七个工作日内返还本金，符合借贷关系借款期满收回本金的特征。

双方约定年收益为本金的28%，季度返息12%加上到期分红16%，返息及分红方式均为固定利率，收益具有可预见性，符合借贷关系利率固定的特征。

另一方面，交易运作上，虽然双方约定投资二级市场运作股票项目，王某良亦不关心项目实际管理运作情况，只关注固定利率的收益回收情况，该种交易预期符合借贷交易目的。同时，基金管理公司未向王某良披露过项目的运作、盈亏等情况，该种投资方式并不符合委托理财的交易特征，委托理财关系中，委托方对交易项目的运作及盈亏负有注意义务。

结合以上两点因素，故本案认定双方之间“名为理财实为借贷”，鉴于法庭释明后，王某良同意法庭依法认定的法律关系，故法院对双方法律关系依法调整为民间借贷纠纷。

四、总结

关于“名为理财实为借贷”，最高人民法院相关裁判文书也进行过论述，认为“保证本息固定回报条款，符合借贷法律关系的本质属性，属于名为理财实为借贷的情形”，本案裁判思路与最高人民法院的裁判观点相一致，不失为穿透式审判的一种方式。

在穿透式审理时认定双方真实的法律关系时，需要注意两点：一是注重界限，按照请求权基础进行认定，如本案中王某良按照委托理财合同纠纷起诉，审理中法庭向王某良释明如果法律关系认定不一致，其是否坚持按照委托理财合同纠纷主张现有请求，王某良同意由法庭予以调整并按照实际法律关系认定。相反，如果王某良坚持按照委托理财合同纠纷诉讼，不同意法庭穿透认定法律关系时，法庭应秉承司法谦抑性原则，不得强行穿透。二是尊重市场规律和监管政策，在正规理财如私募基金法律关系中，即便当事人主张按照借贷关系请求返本付息，法庭也应尊重金融市场交易规律和监管政策，不得违反法律强制性规定越权裁判。

编写人：北京市朝阳区人民法院　马娇

6

借款清偿赌债的民事法律行为无效

——黄某清诉胡某平民间借贷案

【案件基本信息】

1. 裁判书字号

湖南省邵阳市双清区人民法院（2021）湘0502民初363号民事判决书

2. 案由：民间借贷纠纷

3. 当事人

原告：黄某清

被告：胡某平

【基本案情】

被告胡某平为清偿赌债遂向原告黄某清借款，并于2012年2月10日向原告出具《借条》，载明：今借到黄某清人民币叁万圆整（3万元），月息一月5分，限期2012年10月底还清。后被告又于2015年1月25日重新向原告出具《借条》，该借条载明：2011年农历年底借到黄某清11000元，原限期三个月还清，2012年正月初九立条，2012年2月10日借到黄某清人民币叁万圆整（3万元），共计人民币肆万壹仟圆整（41000元）。以前的借据全作废。庭审过程中，被告胡某平认可原告主张的借款数额，并表示已偿还一年多利息，未曾偿还过本金。

【案件焦点】

胡某平在赌博后，向黄某清借款清偿赌债的民事法律行为是否无效。

【法院裁判要旨】

湖南省邵阳市双清区人民法院经审理认为：本案系民间借贷纠纷。被告胡某平向原告黄某清借款的事实有《借条》为证，且被告认可向原告借款的数额并表示已偿还了部分利息。庭审过程中，原告表示自己知晓被告系为清偿赌债而向其借款，根据《最高人民法院关于审理民间借贷案件适用法律若干问题的规定》第十三条之规定，“具有下列情形之一的，人民法院应当认定民间借贷合同无效：……（四）出借人事先知道或者应当知道借款人借款用于违法犯罪活动仍然提供借款的”，故本院认为原告、被告间的借贷关系无效，不受法律保护。原告要求被告支付利息的诉讼请求于法无据，本院不予支持。同时，根据《中华人民共和国民法典》第一百五十七条“民事法律行为无效、被撤销或者确定不发生效力后，行为人因该行为取得的财产，应当予以返还……”之规定，被告自认向原告借款并认可原告主张的借款数额，故被告应当向原告返还 41000 元款项。

湖南省邵阳市双清区人民法院依照《中华人民共和国民法典》第一百五十七条，《最高人民法院关于审理民间借贷案件适用法律若干问题的规定》第十四条第四项之规定，判决如下：

一、被告胡某平于本判决生效之日起十日内返还原告黄某清 41000 元；

二、驳回原告黄某清的其他诉讼请求。

判决后，双方当事人均未上诉，本判决现已生效。

【法官后语】

学理上，因赌博而产生的债务，俗称赌债，不受法律保护。《最高人民法院关于审理民间借贷案件适用法律若干问题的规定》（以下简称《民间借贷规定》）第十三条第四项规定，出借人事先知道或者应当知道借款人借款用于违法犯罪活动仍然提供借款的，人民法院应当认定民间借贷合同无效。因此，判定借款是否用于赌博等违法犯罪活动是审理此类民间借贷案件的关键。

一、如何运用“自认”规则认定借款系为清偿赌债

通常涉赌借贷中，借款人一般难以证明借款行为系赌博原因产生。自认是指当事人一方承认对方当事人所主张的不利于自己的事实为真实明确表明其真实性的陈述。《最高人民法院关于民事诉讼证据的若干规定》第八条第一款规定，“诉讼过程中，一方当事人对另一方当事人陈述的案件事实明确表示承认的，另一方当事人无需举证。但涉及身份关系的案件除外”。本案中，借款人同样存在举证困难的情况，虽辩称借款系赌债，但无证据证实。而出借人自认其知晓借款人系为清偿赌债而向其借款。故可根据出借人自认以减免借款人举证证明借款系为清偿赌债的责任。

二、“赌博后”借款清偿赌债是否为无效民事法律行为

有观点认为，借款人未参加赌博，而在事后借款，不能适用《民间借贷规定》第十三条借款合同无效之规定。笔者认为，这种观点缺乏对民间借贷相关立法本意的理解。首先，民间借贷是除了以贷款业务为业的金融机构以外的其他民事主体之间订立的，以资金的出借及本金、利息返还为主要权利义务内容的民事法律行为。这一民事法律行为的创设，主要是为了方便人民群众的生产生活，满足社会多元化融资需求。而“借款清偿赌债”显然不属于社会融资需求。如判决支持出借人偿还本金及利息的诉请，则实际是在为“清偿赌债”打开了方便之门，将便于赌徒参与赌博活动，严重违背立法本意。其次，民间借贷作为民事主体从事的民事活动，不得违反法律、行政法规的强制性规定，不得违背公共秩序和善良风俗。现实生活中，“借款赌博”行为严重损害人民群众的合法权益和生活安宁，“夫妻反目”“好友成仇”的案件屡见不鲜，甚至引发刑事犯罪。而一些涉及企业主借款金额巨大的案件，甚至严重影响地方的金融秩序和社会稳定。事实上，借款只要涉及赌博，无论出借人是否参与，也无论借款是在赌博之前，还是赌博之后，都会促成、维护赌博活动的开展，不但严重损害公序良俗，而且容易引发、诱发违法犯罪。因此，人民法院应将此类民间借贷行为认定为无效，判决借款人返还出借人借款本金，但不支持利息。

编写人：湖南省邵阳市双清区人民法院　张浩涵

7

父母出资购买房屋登记在未婚子女名下，该出资不宜当然认定为赠与

——刘某甲、朱某诉刘某乙民间借贷案

【案件基本信息】

1. 裁判书字号

北京市第三中级人民法院（2021）京 03 民终 16033 号民事判决书

2. 案由：民间借贷纠纷

3. 当事人

原告（被上诉人）：朱某、刘某甲

被告（上诉人）：刘某乙

【基本案情】

2014 年 8 月 23 日，刘某甲代表刘某乙作为房屋买受人与出卖人任某峰签订《房屋买卖业务签约文件合订本》《房屋交易保障服务合同》，主要约定如下内容：“出卖人为任某峰，买受人为刘某乙，刘某乙的委托代理人为刘某甲；出卖人所售房屋为某 101 号房屋。”上述文件中所有买受人处均签名为“刘某甲代刘某乙”字样，刘某乙并不在场，尚在学校就读。2014 年 11 月 25 日，刘某乙、刘某甲作为借款人与中国建设银行股份有限公司北京顺义支行签订《个人住房（商业用房）借款合同》并进行公证。上述合同约定借款本金为 95 万元，借款期限为 240 个月。

刘某甲、朱某一方支付了某 101 号房屋的首付款 122 万元及起诉当月之前的按揭贷款共计 40 万元。某 101 号房屋由刘某甲和其母亲蔺某现场查看、选房

并最终决定购买。为了支付某101号房屋的首付款，刘某甲将登记在其名下的其他房屋出售。房屋购买后，由刘某甲按照其母亲蔺某及父亲刘某丙的要求进行装修，并由蔺某、刘某丙和刘某乙一块居住。刘某乙主张某101号房屋出资系刘某甲、朱某赠与，双方不存在借贷的合意。

刘某甲曾以合同纠纷为由将刘某乙诉至法院，主张系借名买房，要求判令某101号房屋归其所有。该案中，刘某乙否认借名买房，辩称涉诉房屋系刘某甲买来赠与刘某乙作为婚房，且涉诉房屋也是由刘某乙实际居住，双方不具有借名买房的合意。法院经审理认为刘某甲未能提供充分证据证明其与刘某乙存在借名买房协议，亦不能证明刘某甲与刘某乙之间存有借名登记的约定及合意，且刘某乙也一直在该涉案房屋中实际居住，判决驳回了刘某甲的诉讼请求。该案判决已生效。

【案件焦点】

刘某甲、朱某出资购买房屋，登记在未婚且尚在校就读子女刘某乙的名下，该出资的性质为赠与还是借贷。

【法院裁判要旨】

北京市顺义区人民法院经审理认为：对于大额财物的给付，在缺乏书面赠与合同的前提下，一旦认定属于口头赠与，当事人的利益往往发生显著失衡的效果，故在司法程序中应当慎重认定。《最高人民法院关于适用〈中华人民共和国民事诉讼法〉的解释》第一百零九条规定，“当事人对欺诈、胁迫、恶意串通事实的证明，以及对口头遗嘱或者赠与事实的证明，人民法院确信该待证事实存在的可能性能够排除合理怀疑的，应当认定该事实存在”，表明对于赠与事实的认定高于一般事实“具有高度可能性的标准”。对于民间借贷而言，根据《最高人民法院关于审理民间借贷案件适用法律若干问题的规定》第十六条的相关规定，原告只要有资金融通的转账凭证就应当认定尽到了初步的证明责任，转而由被告对所抗辩的其他债务关系进行举证，在被告能够证明后原告才应当继续承担证明责任。

首先，刘某甲、朱某有明确的转账凭证，证明涉诉款项确实用于购买某 101 号房屋及偿还房屋贷款，某 101 号房屋登记在刘某乙名下，且已有生效判决认定刘某乙享有某 101 号房屋的权利。而刘某乙并未提供能够体现赠与关系的证据，无法达到让法院排除合理怀疑的程度。其次，结合某 101 号房屋购买的过程以及当时刘某乙在校就读的实际情况，并通过听取各方当事人及证人对于购房目的、购房登记人员名称选择等方面的陈述意见，本院亦无法得出本案系赠与大额财产、购买房屋用作刘某乙婚房的情形。最后，从公序良俗角度看，在父母出资时未明确表示出资系赠与的情况下，宜认定购房出资款是对子女的临时性资金出借，子女理应负有偿还义务，如此可保障父母的自身权益，避免父母陷于经济困境，此亦为敬老之应有道义。综上，对于刘某甲、朱某一方的出资，刘某乙应当予以偿还。

北京市顺义区人民法院依照《最高人民法院关于适用〈中华人民共和国民事诉讼法〉的解释》第九十条、第一百零五条、第一百零九条之规定，判决如下：

一、刘某乙于判决生效之日起三十日内偿还刘某甲、朱某 1680200 元及逾期利息（以 1680200 元为基数，按照年利率 3.85%的标准，自 2021 年 10 月 13 日起计算至实际给付之日止）；

二、驳回刘某甲、朱某的其他诉讼请求。

判决后，刘某乙提起上诉，北京市第三中级人民法院作出终审判决如下：

驳回上述，维持原判。

【法官后语】

就父母出资性质认定的案件而言，笔者认为应从以下几个方面把握：

一是应尊重双方意思自治。对父母出资行为的认定原则上应以父母的明确意思表示为标准。该意思表示，一般应发生在出资的当时或在出资后，无明确意思表示的，应当按照出资时父母的经济能力、子女是否有购房需要、房屋购买后的居住情况、房屋的物业费、电费交纳情况等进行判断。就本案而言，首先，在购买涉诉房屋时，刘某乙尚在校就读，不存在立即购房的现实需要，因此刘某甲及朱某也没有赠与的必要；而结合证人刘某丙、蔺某及中介人员的陈述，涉诉房屋是刘某甲为方便父母生活购买具有高度盖然性。其次，涉诉房屋购买后，由刘某甲出资按照父母的意见进行装修，由刘某甲父母与刘某乙一同居住，更加可以印证涉诉房屋并非为了解决刘某乙的需要购买。最后，从购买涉诉房屋款项来源看，刘某甲将其他房屋售卖后，获得购买涉诉房屋的首付款项，其并不具备赠与刘某乙大额购房款项的经济能力。因此，综合上述情况，并不能认定刘某甲、朱某系为了刘某乙的实际需要购买房屋并赠与刘某乙。

二是明确赠与或民间借贷的举证责任分配及举证程度。在现实生活中，基于彼此间密切的人身财产关系，父母的借贷往往没有借条，父母的赠与也往往没有明确的表示。此时应严格执行“谁主张，谁举证”原则。根据《中华人民共和国民法典》第六百五十七条的相关规定，赠与合同具有单务性，无偿性，在父母出资购买房屋的案件中，出资数额往往比较巨大，而对于大额财物的给付，在缺乏书面赠与合同的前提下，一旦认定属于口头赠与，当事人的利益往往发生显著失衡的效果，故在司法程序中应当慎重认定。而对于民间借贷而言，《最高人民法院关于审理民间借贷案件适用法律若干问题的规定》第十六条规定，原告仅依据金融机构的转账凭证提起民间借贷诉讼，被告抗辩转账系偿还双方之前借款或其他债务，被告应当对其主张提供证据证明。被告提供相应证据证明其主张后，原告仍应就借贷关系的成立承担举证证明责任。由此可见，司法解释对民间借贷设定了较低的证明标准，只要有资金融通的转账凭证就应当认定原告尽到了初步的证明责任，转而由被告对所抗辩的其他债务关系进行举证，在被告能够证明后原告才应当继续承担证明责任。本案中，刘某甲与朱某提供的证据可以证明涉诉房屋的首付款、贷款及物业费、水电费均由其二人支付，而刘某乙的举证并未达到足以使法院相信存在口头赠与的程度，因此，对于刘某乙主张的赠与辩解，法院不予采信。

三是平衡各方利益，作出符合社会主义核心价值观的认定。父母给予成年子女的经济帮助在现实生活中较为普遍，且多数并未明确是借款还是赠与。也正因如此，往往很多人理解为父母的经济帮助属于理所当然，是父母对子女应尽义务的延伸。但对于成年子女，父母并没有抚养的法定义务，父母对个人财产享有处分权，是否资助子女由其自己决定。给予子女的经济帮助，除了父母有明确的赠与意思表示之外，不宜将父母出资认定为理所当然的赠与，视为以帮助为目的的临时性资金出借为宜，子女理应负有偿还的义务，如此可保障父母的自身权益，避免父母陷于经济困境，此亦为敬老之应有道义。否则，无疑在社会上鼓励“啃老”行为，这与当前主流道德和社会主义核心价值观不符。本案中，刘某乙已经享受了房屋所有权益，而刘某甲、朱某在卖掉房屋的情况下承担了房屋的首付款及按揭贷款，如果将二人的出资推定为赠与，双方利益存在重大失衡，有违公平合理之原则。

编写人：北京市顺义区人民法院　李秀文

8

父母出资为子女购房除明确表示赠与外，应认定为借贷关系

——陈某慧诉梁某、王某萍民间借贷案

【案件基本信息】

1. 裁判书字号

福建省南平市中级人民法院（2021）闽 07 民终 184 号民事判决书

2. 案由：民间借贷纠纷

3. 当事人

原告（被上诉人）：陈某慧

被告（上诉人）：王某萍

被告：梁某

【基本案情】

梁某与王某萍于2017年11月11日登记结婚。陈某慧系梁某的母亲。2017年11月，梁某、王某萍欲购买位于福建省武夷山市迎宾路某大厦×幢9层901室房产。2017年11月15日至2017年11月27日，陈某慧通过兴业银行陆续向梁某转账共计50万元，梁某、王某萍均认可该50万元系用于购买案涉房产。2017年12月5日，梁某向陈某慧出具《借条》一份，载明："本人与王某萍因购买武夷山市迎宾路某大厦×幢9层901室房屋缺乏资金，向陈某慧借款伍拾万圆整，利息为年利率6%，用于支付首付款。"另查明，案涉房产系梁某、王某萍夫妻关系存续期间购买，登记在梁某、王某萍名下。陈某慧认为案涉债务系借款，属于梁某、王某萍夫妻关系存续期间的共同债务，故要求梁某、王某萍共同返还该款未果，故诉至法院。

【案件焦点】

1. 陈某慧支付给梁某的50万元款项属于对梁某、王某萍的赠与还是属于出借给梁某的借款；2. 王某萍是否应对本案诉争的款项承担共同还款责任。

【法院裁判要旨】

福建省南平市延平区人民法院经审理认为：陈某慧与梁某之间的债权债务关系，由陈某慧提交的《借条》、转账凭证为在案凭证，足以认定。关于王某萍抗辩称案涉《借条》系虚构的，案涉50万元系陈某慧对梁某、王某萍的赠与，因其未能提供证据证明陈某慧曾作出明确的赠与意思表示，故对该抗辩意见，不予采纳。债务应当清偿，债权人有权要求债务人按照合同的约定或者依照法律的规定履行义务。故陈某慧要求梁某偿还借款本金50万元的主张于法有据，予以支持。关于利息，双方在《借条》中对利息的约定符合法律规定，且梁某认可其并未支付过案涉借款的利息，故梁某应当支付陈某慧自2017年12月5日起至50万元借款还清之日止，按年利率6%计算的利息。本案借款发生在梁某、王某萍婚姻关系存续期间，且该借款系用于夫妻共同生活期间购买房产，故本案债务依法应认定为梁某与王某萍的共同债务，王某萍对本案借款及利息应当承担共同还款责任。

福建省南平市延平区人民法院依照《中华人民共和国合同法》第六十条、第二百零六条、第二百零七条，《最高人民法院关于审理民间借贷案件适用法律若干问题的规定》（2020 修正）第二十六条、第三十二条，《最高人民法院关于审理涉及夫妻债务纠纷案件适用法律有关问题的解释》第三条，《最高人民法院关于适用〈中华人民共和国民事诉讼法〉的解释》第九十条之规定，判决如下：

梁某、王某萍应于判决生效之日起十五日内向陈某慧偿还借款本金 50 万元及利息（自 2017 年 12 月 5 日起至借款还清之日止，按年利率 6%计算）。

王某萍不服一审判决，提起上诉。福建省南平市中级人民法院经审理认为：本案的争议焦点为：1. 陈某慧支付给梁某的 50 万元款项属于对梁某、王某萍的赠与还是属于出借给梁某的借款；2. 王某萍是否应对本案诉争的款项承担共同还款责任。

关于争议焦点 1，《最高人民法院关于适用〈中华人民共和国民事诉讼法〉的解释》第一百零九条规定，当事人对欺诈、胁迫、恶意串通事实的证明，以及对口头遗嘱或者赠与事实的证明，人民法院确信该待证事实存在的可能性能够排除合理怀疑的，应当认定该事实存在。该法条规定表明对赠与事实的认定需要达到能够排除合理怀疑的程度。虽本案诉争款项的借条系梁某一人出具，没有王某萍的签名，但各方当事人均认可涉案款项系用于梁某、王某萍婚后购买房产，可以认定陈某慧对借贷关系成立的举证证明责任已完成。王某萍否认上述借条或主张涉案款项系赠与，则应提供相应的证据予以证明其主张，且赠与事实存在的可能性达到足以排除合理怀疑的程度。但从一审至二审期间，王某萍对于其主张未能提供相应证据如赠与合同或协议予以证明，则其主张赠与的事实缺乏证据予以证明。关于争议焦点 2，本案所诉争的款项系梁某、王某萍婚姻关系存续期间出借，各方对于所出借款项系用于梁某、王某萍共同购买婚后住房不持异议，虽王某萍并未在借条中签字，但所借款项系用于梁某、王某萍的夫妻共同生活，王某萍对本案诉争的款项应承担共同还款责任。

福建省南平市中级人民法院依照《中华人民共和国民事诉讼法》第一百六十九条第一款、第一百七十条第一款第一项的规定，判决如下：

驳回上诉，维持原判。

【法官后语】

当今社会，特别是在房价高企的背景下，成年子女购房，往往受限于经济条件有限，父母资助子女购房的现象也是司空见惯。但是，当发生子女关系不和、子女离婚等家庭关系恶化情形时，资助购房的款项如何定性及裁判，往往容易引发法理与情理的冲突。对此类案件，笔者认为应从以下几个方面分析：

一、关于法律关系的性质争议

虽然《最高人民法院关于〈中华人民共和国民法典〉婚姻家庭编的解释（一）》第二十九条第二款规定，当事人结婚后，父母为双方购置房屋出资的，该出资应当认定为对夫妻双方的赠与。但该规定的前提是父母出资为子女购买房屋的行为，应首先尊重父母子女间对出资行为性质的约定，只有在没有约定或约定不明的情况下，才可能涉及上述出资行为性质认定为赠与的问题。本案中，陈某慧主张出资为借款，王某萍主张出资为赠与，双方各执一词，则双方均应对各自所主张的事实承担举证责任。

1. 关于赠与的举证责任分配

举证责任，是指法律要求当事人对自己所主张的事实，提出证据加以证明的责任。《中华人民共和国民事诉讼法》第六十七条第一款规定："当事人对自己提出的主张，有责任提供证据。"我国民事诉讼法上一般实行的是"谁主张、谁举证"的原则，如果原告不能用证据证明自己的诉讼请求，人民法院将不支持原告的诉讼请求。举证责任的分配，是指这种证明责任在当事人之间如何配置的问题。作为主张存在赠与事实的一方，对其主张的事实当然负有举证责任。在父母为子女出资购房的情况下，基于双方之间特殊的亲密关系，子女作为受资助方，往往主张父母出资行为属于赠与行为，此时，作为子女应对其主张赠与的事实承担举证责任。

2. 关于赠与行为的证明标准及证明内容

对于主张赠与一方所举证据应达到何种程度，则就涉及证明标准的问题。赠与合同是赠与人将自己的财产无偿给予受赠人，受赠人表示接受赠与的合同，属于单务合同，表现为仅赠与人负有义务，无偿将其赠与的财产给予受赠人，而受赠人接受赠与财产，受赠人并没有相应的对待给付义务。正是基于赠与合同双方当事人权利义务的不对等性，受赠人一方仅享有权利，不负任何义务。因此，对赠与事实的认定的标准应该高于其他一般法律事实的认定标准。《最高人民法院关于适用〈中华人民共和国民事诉讼法〉的解释》第一百零九条规定，当事人对欺诈、胁迫、恶意串通事实的证明，以及对口头遗嘱或者赠与事实的证明，人民法院确信该待证事实存在的可能性能够排除合理怀疑的，应当认定该事实存在。证明标准在民事诉讼领域概括起来存在三种不同的证明标准：一是“排除合理怀疑”标准；二是“高度盖然性”标准；三是“盖然性占优”标准。排除合理怀疑证明程度、证明要求均高于后者，该标准是我国三大诉讼领域中证明标准最高的一种，可理解为根据在案证据得出的结论在生活中具有唯一性。民事诉讼法对赠与行为规定要达到排除合理怀疑的标准，那么对是否存在赠与的事实认定，必须结合具体客观情形加以判断，包括赠与的意思表示、当事人的行为、当事人之间的关系、赠与的内容等方面，且综合相关案情足以认定赠与行为的成立具有唯一性，才可确认存在赠与行为。本案中，陈某慧为王某萍、梁某出资购房的款项，王某萍主张属于父母对子女的赠与，那么王某萍要承担举证证明赠与事实存在的举证责任，且应达到证明排除合理怀疑的程度。王某萍在这一过程中，未提供任何证据证明陈某慧对出资的款项曾作出过赠与的意思表示或者以行为方式表达了赠与的意思，则王某萍主张陈某慧出资款项属于赠与，显然不能成立。

3. 关于借贷事实的认定标准

从司法实践看，父母请求子女返还出资所主张的基础法律关系往往是借贷而非赠与。基于父母子女之间的亲密关系，父母出资时很少留下证据证明自己出资的性质。一旦涉诉，因缺乏证据，往往使得审判实践中很难判断出资性质。

对于借贷关系的成立，按照《最高人民法院关于审理民间借贷案件适用法律若干问题的规定》的规定，借贷关系的成立，不仅需要证明借贷合意的存在，同时，借款合同属于实践性合同，也需要证明出借人将款项实际支付给借款人，达到以上证明要件，才能认定双方的借贷关系成立。对借贷关系的成立也应遵循“谁主张，谁举证”原则，若当事人仅以转账凭证或者以现金交付的证明主张属于借贷关系，则此时缺乏借贷合意的证明，亦不宜将款项认定为借贷，当事人仍应就借贷合意的存在进一步予以举证，若当事人无法进一步举证，则款项的性质处于真伪不明的状态，当事人主张借贷关系的则应予以驳回其诉请。本案中，陈某慧提供了由梁某出具的借条，梁某、王某萍对收到的款项用于购房未提出异议。王某萍仅认为借条系梁某在双方闹离婚期间才向陈某慧出具的，属于事后补签的借条。但对于借条的形成时间王某萍也未提出鉴定申请，退一步来讲，即便借条系事后出具，亦是陈某慧与儿子梁某的真实意思表示，也可以证明借贷合意的存在，王某萍也未提供反驳证据证明在借条形成之前曾有对款项约定为赠与。那么，陈某慧主张借贷事实的举证责任已经完成。

二、关于法律责任承担主体的分析

1. 借贷关系之下夫妻双方是否应承担共同还款责任

对于婚姻关系存续期间，夫妻一方以个人名义借款是否应该由夫妻双方承担共同还款责任的问题。此前司法实践中争议较大，随着《中华人民共和国民法典》的出台，对此问题的争议已基本定调。《中华人民共和国民法典》第一千零六十四条明确规定，以夫妻共签、共同意思表示为原则认定为夫妻共同债务，即使以个人名义借款未超出日常家庭生活需要的，也属于夫妻共同债务。对于超出家庭日常生活需要的债务，则将举证责任倒置于债权人，由债权人证明借款用于夫妻共同生活、共同生产经营或共同意思表示。对于父母为子女出资购房的款项，若仅由夫妻一方向父母出具借条，此时，若能够查明该款项确系用于购房，所购房产亦属于夫妻双方共同财产的，即可以认定属于用于夫妻共同生活，应由夫妻双方共同向父母承担还款责任。本案中，王某萍对出资款项用于购买婚房不持异议，且房产购买时间为王某萍、梁某婚姻关系存续期间，房产亦登记在王某萍、梁某名下，属于用于王某萍、梁某的共同生活，王某萍、梁某应承担共同还款责任。

2. 准确认定系赠与一方还是赠与双方

夫妻关系存续期间，父母为子女出资购房，若确系属于父母对子女的赠与，鉴于父母子女之间的亲密关系，对于赠与内容的约定往往也不够明确，是赠与一方还是赠与双方往往也是争议的焦点所在。按照《中华人民共和国民法典》第一千零六十二条的规定，夫妻婚姻关系存续期间受赠的财产原则上为夫妻共同财产，除非按照本法第一千零六十三条第三项的规定，赠与合同中确定只归一方的财产。对于父母为子女出资购房是否认定为赠与一方还是双方，在实践中争议较大，也是难点所在。若有赠与合同的约定，当然按照当事人约定予以认定，但鉴于父母与子女之间往往也较少签订正式的赠与合同，而房产作为不动产物权，从物权的公示效力而言，房屋的登记状况可作为判断的参考依据，父母出资后若将房屋登记在自己子女名下的，可认定为父母将出资确定赠与自己子女一方的意思表示。若因受当地购房政策影响，自身子女因不具备购房资格，而将房屋登记在儿媳或女婿名下的，那么，除考虑登记因素外，还应结合案件本身的其他情况予以综合评判。

三、关于各方权利义务归属的法理衡平分析

父母为子女出资购房在除非明确约定赠与的情况下，认定为父母对子女的临时资助，认定为借贷关系，他日家庭关系恶化或发生其他突发情况，父母向子女追索该笔债务，亦可保证自身权益不受损害。子女在获得资助购买房产后，该房产亦属于子女自身的财产，对房屋亦享有分割和处理权。如此认定，也有利于双方法益的衡平。

编写人：福建省南平市中级人民法院　李清萍

9

个人之间进行大额借款并约定用于股票市场投资构成违法的场外配资，应当认定借贷合同无效

——常某光诉李某卫、江某楠民间借贷案

【案件基本信息】

1. 裁判书字号

北京市第三中级人民法院（2021）京03民终7354号民事判决书

2. 案由：民间借贷纠纷

3. 当事人

原告（上诉人）：常某光

被告（上诉人）：李某卫、江某楠

【基本案情】

2018年7月1日，李某卫、常某光、江某楠三方签订《借款及收益分配协议》，协议约定：李某卫向常某光借款1亿元，李某卫自行出资2亿元，自行安排1∶2配资，筹集资金总额为9亿元，进行A股二级市场投资。借款期限为一年，自常某光实际放款之日起计算。借款利息按年利率12%计收。协议还约定了常某光出借资金的时间和李某卫出资和配资的时间，股票交易操作中双方的权利义务、交易风险的承担和投资收益的结算分配，并约定李某卫未能按期完成资金配资的，常某光有权终止履行本协议，要求李某卫退还出借款，且按日支付实际出借款额1‰的违约金。协议还约定江某楠对李某卫应返还的借款本金和利息、违约金及实现债权产生的所有费用提供连带责任保证和股票质押担保。

2018年7月2日，三方签订《股票质押担保合同》，明确江某楠提供股票质押担保的股票为金一文化（002721）831.4万股，明确江某楠承担连带保证责任，并约定了担保范围和保证期间。2018年7月4日，双方办理了上述股票质押登记。

2018年7月5日，常某光向李某卫指定的江某楠账户分三笔转款合计5000万元。

2018年8月18日李某卫与常某光签订《补充协议》，约定因李某卫未按期完成出资及配资义务，已构成违约，双方将借款总额变更为5000万元，将原协议约定的借款利率调整为年利率24%，李某卫承诺在2018年8月31日之前完成出资和配资总额9亿元，若李某卫不能按协议要求完成出资和配资并提供有效证明，常某光有权终止本协议，要求李某卫提前偿还借款本金和利息，并按常某光实际到位出借总额的20%支付违约金。该协议约定江某楠仍提供不可撤销的连带责任保证，但江某楠未签字。

后常某光以李某卫违约为由诉至本院，要求李某卫返还借款本金5000万元并按照年利率24%支付利息和违约金，江某楠承担连带保证责任和股票质押担保责任。李某卫同意偿还借款本金，不同意支付利息。江某楠同意对借款本金5000万元承担连带保证责任和股票质押担保责任，不同意支付利息。

【案件焦点】

1. 自然人之间进行大额借款并明确约定用于股票市场投资，是否属于证券市场中的场外配资；2. 场外配资合同的司法审查路径、合同效力和合同无效后的责任承担。

【法院裁判要旨】

北京市朝阳区人民法院经审理认为：案涉《借款及收益分配协议》及《补充协议》虽然满足民间借贷法律关系的基本特征，但出借资金的目的仍是按杠杆比例配资用于二级市场投资，且协议中还明确约定了股票交易操作中双方的权利义务以及风险承担、收益分配等内容，故案涉协议符合场外配资合同的基本交易结构和本质法律特征，应认定为场外配资协议，而非借贷合同。根据我国 2014 年修正的《中华人民共和国证券法》第一百四十二条的规定，证券配资有着特许经营属性，除依法取得融资融券资格的证券公司与客户开展的融资融券业务外，其他任何单位或者个人与用资人签订的场外配资协议均应认定为无效。

合同无效后，应当依照《中华人民共和国合同法》第五十八条规定的合同无效的法律后果进行处理。李某卫答辩时同意偿还借款本金 5000 万元，是依法处分自己的权利，应予支持。因双方签订的协议无效，常某光要求李某卫按照协议支付利息和违约金没有事实和法律依据，不予支持。李某卫长期占用常某光提供的大额资金，必然给常某光带来孳息损失，法院结合双方对于合同无效的过错程度和合同的履行情况，酌情按照年利率 4%的标准判决李某卫支付常某光孳息损失。

关于江某楠是否应承担连带保证责任和股票质押担保责任。股票质押担保和连带责任保证均是为了担保主债权的实现，在合同的成立、效力、内容、范围和消灭上具有从属性，主合同无效的，从合同当然无效。因常某光与李某卫签订的主合同无效，故常某光依据股票质押担保合同要求江某楠承担相关责任没有事实和法律依据，不予支持。诉讼中，江某楠在知道或者应当知道合同无效的法律后果的情况下，仍然同意对借款本金 5000 万元承担连带责任，该承诺已经记录于法院庭审笔录中，是依法处分自己的权利，应予以确认。

综上，北京市朝阳区人民法院依照《中华人民共和国合同法》第五十二条、第五十八条，《中华人民共和国证券法》（2014 年修正）第一百四十二条，《中华人民共和国担保法》第六条，《中华人民共和国物权法》第二百二十六条，《最高人民法院关于适用〈中华人民共和国合同法〉若干问题的解释（一）》第十条之规定，判决如下：

一、李某卫向常某光返还借款本金 5000 万元，并自 2018 年 7 月 5 日起至实际付清之日止按年利率 4%的标准支付利息；

二、江某楠对李某卫偿还借款本金 5000 万元承担连带保证责任；江某楠承担连带保证责任后，有权向李某卫追偿；

三、驳回常某光的其他诉讼请求。

常某光、李某卫、江某楠均不服一审判决，提起上诉。北京市第三中级人民法院同意一审法院的裁判意见，依照《中华人民共和国民事诉讼法》第一百七十条第一款第一项的规定，判决如下：

驳回上诉，维持原判。

【法官后语】

融资融券业务是证券市场的主要信用交易方式和证券经营机构的核心业务之一。根据我国证券法的相关规定，只有按照国务院的规定并经国务院证券监督管理机构批准的证券公司才能开展此类业务。但现实中，一些私募类配资公司甚至个人出于盈利的目的，未经批准擅自向他人出借资金用于股票市场投资。这些不受监管的场外配资业务，不仅盲目扩张了资本市场信用交易的规模，也容易冲击资本市场的交易秩序，必须予以严厉打击和规制。

关于场外配资的司法规制。最高人民法院2019年11月8日印发的《全国法院民商事审判工作会议纪要》第八十六条和第八十七条对场外配资合同的效力和合同无效的责任承担进行了专门规定。规定特别指出，除依法取得融资融券资格的证券公司与客户开展的融资融券业务外，对其他任何单位或者个人与用资人的场外配资合同，人民法院应当根据《中华人民共和国证券法》第一百四十二条、《最高人民法院关于适用〈中华人民共和国合同法〉若干问题的解释（一）》[①] 第十条的规定，认定为无效。本案例即在此背景下，认定个人之间出借大额款项用于股票市场投资构成场外配资，应当认定合同无效的典型案例。

关于场外配资合同的司法审查路径。从域外的证券市场的立法经验看，包

① 《中华人民共和国民法典》于2021年1月1日起施行，合同法及其配套司法解释已经失效。但本案的民事法律事实发生于民法典施行前，根据《最高人民法院关于适用〈中华人民共和国民法典〉时间效力的若干规定》第二条的规定，本案应适用民法典施行前的法律和司法解释的规定。最高人民法院现尚未出台最新的合同编司法解释。

括股票配资业务在内的股票信用交易通常纳入特许经营的法律框架内。因此，最高人民法院发布的上述会议纪要也规定融资融券业务属于国家特许经营业务。对于擅自从事该业务的合同效力，我国《最高人民法院关于适用〈中华人民共和国合同法〉若干问题的解释（一）》第十条规定：当事人超越经营范围订立合同，人民法院不因此认定合同无效。但违反国家限制经营、特许经营以及法律、行政法规禁止经营规定的除外。因此，对于场外配资合同，人民法院应依法认定合同无效。

关于场外配资合同无效后的责任承担。《中华人民共和国合同法》第五十八条[①]规定了合同无效后的责任承担。场外配资合同虽具有特殊性，可能严重危害到证券市场的健康发展，但本质上仍然是民事案件，故应当按照无效合同处理的一般规则处理。场外配资合同被确认无效后，因配资方在没有股票配资资质且不可能获得资质的情况下从事配资业务，与用资人签订配资合同，实际上从事的是非法活动，是合同无效的主要过错方，故对配资方依照合同约定要求支付约定利息和费用的，不予支持。但考虑到用资人明知配资方没有资质而与其签订合同并使用资金，对于违法证券活动也存在一定过错，法院可以酌情认定用资人向配资人支付孳息。

编写人：北京市朝阳区人民法院　王有成

① 现为《中华人民共和国民法典》第一百五十七条。

10

民间借贷案件应以“借贷合意”为审查基础

——张某诉桑某田、桑某旋民间借贷案

【案件基本信息】

1. 裁判书字号

山东省济南市中级人民法院（2021）鲁01民终1232号民事判决书

2. 案由：民间借贷纠纷

3. 当事人

原告（上诉人）：张某

被告（被上诉人）：桑某田、桑某旋

【基本案情】

桑某田从事养殖业，张某卖饲料、鸡苗，双方因业务关系相识。桑某旋系桑某田之子。2019年10月27日至2019年12月5日，张某分九次转入桑某旋银行账户共计25.5万元。2020年4月29日，桑某田为张某出具借条一份，内容为：“今借到张某现金25万元（大写贰拾伍万圆整）此款已收到。借款人：桑某田。”双方未约定借款期限及利息。关于为何将款项打到桑某旋银行卡上，张某称因桑某田没有银行卡之类的结算条件，所以将款项打到桑某旋银行卡上。桑某田称因其有贷款，银行卡不能正常走账，所以用了儿子桑某旋的银行卡。

【案件焦点】

1. 张某与桑某田之间是否形成民间借贷关系；2. 桑某旋应否就出借银行账户的行为承担民事责任。

【法院裁判要旨】

山东省济南市章丘区人民法院经审理认为：张某多次将款项打入桑某田之子桑某旋的银行账户，张某对桑某田使用桑某旋银行账户收取涉案资金系明知且认可，桑某田收到款项后，最终为张某出具借条，双方形成借贷关系。桑某田抗辩其与张某系合作关系但未提供证据予以证明。再者，即使双方存在合作关系，后通过和解、清算达成的债权债务协议，对双方均具有约束力，双方应按债权、债务协议确定的权利义务履行。本案中，桑某田向张某出具了借条，并认可借条中记载的债务，因此张某以借贷关系提起本案诉讼，并无不当。

另，张某诉称桑某旋非法出借银行账户，构成共同诉讼人，应承担连带赔偿责任。一审法院认为，《最高人民法院〈关于出借银行账户的当事人是否承担民事责任问题的批复〉》明确“应区别不同情况追究出借人相应的民事责任”，故出借人不能因出借银行账户的行为而一概承担民事责任，仍应审查出借人与借用人的关系、出借银行账户的行为与债权人损失之间有无因果关系、出借人对债权人损失后果的过错程度、出借银行账户的原因和目的、出借人的获利情况等，区分不同情形确定出借人承担不同的民事责任。本案中，桑某田使用桑某旋银行账户收取涉案资金，张某与桑某田经过了事先合意，并且资金系用于桑某田经营的养殖业，桑某旋与张某之间没有借款合意，也未从中获利，亦未对张某造成损失，故张某要求桑某旋承担连带责任于法无据，一审法院不予支持。

山东省济南市章丘区人民法院依照《中华人民共和国合同法》第一百零七条、第二百零六条，《最高人民法院关于审理民间借贷案件适用法律若干问题的规定》第十五条第一款、第二十九第二款第一项，《中华人民共和国民事诉讼法》第一百四十四条之规定，作出如下判决：

一、被告桑某田于判决生效之日起十日内偿付原告张某借款本金25万元及利息；

二、驳回原告张某的其他诉讼请求。

张某不服一审判决，提起上诉。山东省济南市中级人民法院经审理认为：对一审查明的相关事实予以确认，同意一审法院的裁判意见，判决如下：

驳回上诉，维持原判。

【法官后语】

民间借贷纠纷，首先应认定借贷法律关系是否存在，法官针对不同情形对举证责任进行分配。现就本案涉及的两种情形分别予以说明：

一是原告以借条等债权凭证提起民间借贷诉讼，被告以双方存在其他法律关系进行抗辩。《最高人民法院关于审理民间借贷案件适用法律若干问题的规定》（法释〔2020〕17号）第十五条规定："原告以借据、收据、欠条等债权凭证为依据提起民间借贷诉讼，被告依据基础法律关系提出抗辩或者反诉，并提供证据证明债权纠纷非民间借贷行为引起的，人民法院应当依据查明的案件事实，按照基础法律关系审理。当事人通过调解、和解或者清算达成的债权债务协议，不适用前款规定。"本案中，张某以民间借贷纠纷提起诉讼，桑某田认可实际收到张某向其交付的款项，但抗辩其与张某系合作关系而非借贷关系，张某不予认可，桑某田应就其抗辩主张承担举证责任。退一步讲，即使双方最初存在合作关系，后通过协商桑某田为张某出具借条，则应视为双方就张某将投资款项转化为借款形成的合意，双方达成的新的债权债务协议，应按新协议履行。

二是银行卡出借人应否就出借银行账户的行为承担民事责任。《最高人民法院关于适用〈中华人民共和国民事诉讼法〉的解释》第六十五条规定，借用银行账户的，出借单位和借用人应列为共同诉讼人。但根据《最高人民法院〈关于出借银行账户的当事人是否承担民事责任问题的批复〉》（以下简称《批复》），出借人是否应就出借银行卡的行为承担责任，还应审查出借人与借用人的关系、出借银行账户的原因和目的、出借银行账户的行为与债权人损失之间有无因果关系、出借人的获利情况等，区分不同情形确定出借人承担不同的民事责任。本案中，桑某田使用桑某旋银行账户转支涉案资金，张某与桑某田经过了事先合意，桑某旋并非借款人，也非借款的实际使用人，也未从中获利，桑某旋用个人账户代收款项与款项无法归还之间并不存在因果关系，未对张某造成信赖利益损失，故张某要求桑某旋承担连带责任于法无据。

《最高人民法院关于废止部分司法解释及相关规范性文件的决定》（2021年

1月1日起施行）规定，《批复》已废止，那废止后应如何处理银行卡出借人是否承担民事责任的问题？笔者认为，原告应明确要求银行卡出借人承担何种责任及法律依据。其一，若要求其作为共同借款人承担共同还款责任，那我们的思路应回到审查银行卡出借人与原告是否形成借贷合意上来，即根据《最高人民法院关于审理民间借贷案件适用法律若干问题的规定》（法释〔2020〕17号）第十六条的规定："原告仅依据金融机构的转账凭证提起民间借贷诉讼，被告抗辩转账系偿还双方之前借款或者其他债务的，被告应当对其主张提供证据证明。被告提供相应证据证明其主张后，原告仍应就借贷关系的成立承担举证责任。"以本案为例，张某根据桑某田的授意将款项转到桑某旋账户，桑某旋并未为其出具任何债权凭证，亦未实际使用该款，且否认与张某之间的借贷关系，张某应就其与桑某旋之间是否形成借贷合意承担举证责任。若举证不能，则桑某旋不应承担共同还款责任。其二，若仅以其非法出借银行账户构成共同诉讼人为由要求其承担连带赔偿责任。根据《人民币银行结算账户管理办法》第六十五条的规定，存款人使用银行结算账户，不得出租、出借银行结算账户，否则会面临警告和罚款的处罚。出借人出借银行账户违反该规定，存在受到处罚的风险，但并不必然承担民事责任，原告应进一步就出借人有无过错、有无获利、是否对其造成损失等举证证明。

编写人：山东省济南市章丘区人民法院　赵俊彩

11

民间借贷案件中的职业放贷人认定及其法律后果

——陈某平诉窦某荣民间借贷案

【案件基本信息】

1. 裁判书字号

重庆市第三中级人民法院（2021）渝 03 民终 1526 号民事判决书

2. 案由：民间借贷纠纷

3. 当事人

原告（被上诉人）：陈某平

被告（上诉人）：窦某荣

第三人：刘某

【基本案情】

2008 年，窦某荣通过朋友认识刘某，之后多次向刘某借款。2017 年 6 月，刘某约窦某荣在重庆某茶楼商谈还款事宜，刘某提出窦某荣欠他借款本息共计 418 万元，窦某荣遂以该金额向刘某出具一张借条，约定月息 3 分，未约定还款时间。

2018 年 9 月，因窦某荣未还款，刘某让窦某荣找陈某平借款 290 万元还给自己。于是窦某荣于 2018 年 9 月 24 日出具一张借条载明：“今借到陈某平、郭某 100 万元，月息 2%。”当日，陈某平通过银行转账付给窦某荣 80 万元和 20 万元，共计 100 万元。于 2018 年 11 月 3 日出具一张借条载明：“今借到郭某、陈某平 100 万元，每月利息 1 万元。”当日，陈某平通过银行转账付给窦某荣 100 万元。于 2018 年 12 月 27 日出具一张借条载明：“今借到陈某平、郭某 90

万元，每月利息9000元。”当日，陈某平通过银行转账付给窦某荣90万元。窦某荣在收到陈某平的前述几笔转账共计290万元后立即转账给刘某。窦某荣分别于2018年10月1日、2018年11月1日、2019年2月18日转账支付陈某平5万元、2万元、14万元。2019年陈某平、郭某向重庆市涪陵区人民法院起诉，要求窦某荣偿还借款290万元，并支付该款从2019年1月1日起至付清时止按年利率24%计算的利息。一审法院认为郭某不是实际出借人，非讼争借款关系的适格原告，裁定驳回郭某的起诉，郭某未提起上诉。

本案一审开庭前，窦某荣以刘某、陈某平等人涉嫌“套路贷”向公安机关报案，公安机关调查后未予立案；庭审结束后，窦某荣又以刘某、陈某平等人涉嫌虚假诉讼罪向公安机关报案，公安机关立案后，经调查认为犯罪行为不存在而撤案。经核实，陈某平在刘某经营的纸厂里负责运输，与刘某、刘某鹏（刘某之子）存在多笔资金往来。陈某平自2016年以来在重庆市范围内涉及民间借贷诉讼案件16件，通过本人或同他人一起累计出借本金897.7万元，约定月息2分至3分不等。刘某在重庆市范围内涉及民间借贷诉讼案件16件，通过本人或同他人一起累计出借本金1041.53万元，约定月息2分至4分不等。

【案件焦点】

1. 本案中窦某荣与陈某平是否存在真实的借款关系；2. 陈某平的行为是否构成职业放贷人。

【法院裁判要旨】

重庆市涪陵区人民法院经审理认为：窦某荣基于借款清偿刘某债务的目的，向陈某平借款并出具借条，借条出具后陈某平实际转账窦某荣借条载明借款金额，故应初步认定二人之间的民间借贷关系已有效成立。窦某荣提交的证据，尚不足以达到证实其抗辩主张的陈某平与刘某之间在本案中存在以合法形式掩盖非法目的、赚取高额利息等事实的高度盖然性标准，故对其抗辩理由，暂不予采信。窦某荣应归还陈某平借款290万元的尚欠借款本息。根据本案证据，窦某荣于2018年10月1日、2018年11月1日、2019年2月18日转账陈某平的5万元、2万元、14万元可认定为系归还本案款项。经过计算，窦某荣应归还陈某平借款本金948013.6元，并支付该款从2019年2月19日起至付清时止按月利率2%计算的利息；应归还陈某平借款本金992963.2元，并支付该款从2019年2月19日起至付清时止按月利率1%计算的利息；应归还陈某平借款本金893666.9元，并支付该款从2019年2月19日起至付清时止按月利率1%计算的利息。

综上，重庆市涪陵区人民法院依照《最高人民法院关于适用〈中华人民共和国民法典〉时间效力的若干规定》第一条、第二条，《中华人民共和国合同法》第六十条第一款、第一百零七条、第二百零五条、第二百零六条、第二百一十条、第二百一十一条第二款，《最高人民法院关于适用〈中华人民共和国合同法〉若干问题的解释（二）》第二十条、第二十一条，《最高人民法院关于审理民间借贷案件适用法律若干问题的规定》第三十一条，《中华人民共和国民事诉讼法》第六十四条第一款之规定，判决如下：

一、窦某荣在判决生效后十日内归还陈某平借款本金948013.6元，并支付该款从2019年2月19日起至付清时止按月利率2%计算的利息；归还陈某平借款本金992963.2元，并支付该款从2019年2月19日起至付清时止按月利率1%计算的利息；归还陈某平借款本金893666.9元，并支付该款从2019年2月19日起至付清时止按月利率1%计算的利息；

二、驳回陈某平的其他诉讼请求。

窦某荣不服原审判决，提起上诉。重庆市第三中级人民法院经审理认为：合法的民间借贷行为受法律依法保护，对于职业放贷行为则应给予否定评价。民间借贷，是指自然人、法人、其他组织之间及其相互之间进行的资金融通行为。《全国法院民商事审判工作会议纪要》（以下简称《九民纪要》）第五十三条提出“未依法取得放贷资格的以民间借贷为业的法人，以及以民间借贷为业的非法人组织或者自然人从事的民间借贷行为，应当依法认定无效。同一出借人在一定期间内多次反复从事有偿民间借贷行为的，一般可以认定为是职业放贷人。民间借贷比较活跃的地方的高级人民法院或者经其授权的中级人民法院，可以根据本地区的实际情况制定具体的认定标准。”在民事案件中，职业放贷人的认定标准相比刑事认定标准应适当放宽；在具体的认定标准未出台前，可结合出借次数、单次出借金额、累积出借金额和约定利息高低在个案中予以认定。具体到本案中，因陈某平与刘某以及其他案外人有频繁的资金往来，窦某荣出示的证据并不能证明陈某平分三次出借的290万元资金全部或绝大部分来源于刘某，对其上诉理由不予采纳。但鉴于陈某平和刘某一定时期内多次从事有偿民间借贷行为，涉及金额较大，约定利息较高且多次采用了新贷还旧贷、制造银行流水将高额利息利滚利计入新贷本金的手法，足以认定为职业放贷人。故，本案陈某平与窦某荣的民间借贷合同无效，窦某荣基于该无效合同取得的财产应予以返还，并支付其自取得涉案钱款之日起至实际清偿之日止的资金占用使用费，该费用参照同期中国人民银行的贷款基准利率、全国银行同业拆借中心公布的贷款市场报价利率酌情确认。窦某荣与刘某之间的民间借贷关系不在本案的审理范围之列，如有生效法律文书认定刘某没有正当理由收取窦某荣转账支付的290万元，窦某荣可另案主张返还。

综上所述，窦某荣的上诉请求虽不能成立，但原审判决对本案合同效力的认定有误，依法予以纠正。重庆市第三中级人民法院依照《最高人民法院关于适用〈中华人民共和国民法典〉时间效力的若干规定》第一条、第二条，《中华人民共和国银行业监督管理法》第十九条，《中华人民共和国合同法》第五十二条第三项、第四项、第五项、第五十八条，《最高人民法院关于审理民间借贷案件适用法律若干问题的规定》第十三条第三项、第五项，《中华人民共和国民事诉讼法》第一百七十条第二项之规定，判决如下：

一、撤销重庆市涪陵区人民法院（2019）渝0102民初2206号民事判决；

二、窦某荣2018年9月24日、11月3日和12月27日给陈某平出具的案涉三张借条无效；

三、窦某荣在本判决生效后十日内归还陈某平290万元并支付资金占用损失（其中100万元从2018年9月24日计算，100万元从2018年11月3日计算，90万元从2018年12月27日计算；2019年8月19日以前以中国人民银行贷款基准利率4.35%计算，2019年8月20日以后以全国银行间同业拆借中心公布的贷款市场报价利率LRP计算；窦某荣2018年10月1日、2018年11月1日、2019年2月18日转账陈某平的5万元、2万元、14万元予以抵扣)；

四、驳回陈某平的其他诉讼请求。

【法官后语】

本案审理焦点系窦某荣提出本案借款关系不真实，系陈某平与刘某共同以合法形式掩盖非法目的赚取高额利息。但根据现有证据，一方面不足以认定陈某平出借给窦某荣的款项来源于刘某，资金流转过程未形成闭环；另一方面，现行法律也未禁止债权人指示债务人向第三人借款来偿还债务。并且本案已经被公安机关两次侦查，未发现刘某、陈某平在与窦某荣的债权债务关系中存在刑事犯罪行为。故窦某荣提出其与陈某平之间不存在真实的借贷关系的抗辩理由不能成立。本案主要争议和价值在于，判断原告陈某平是否属于民间借贷法律关系中的职业放贷人，本案也是重庆市范围内首例认定职业放贷人的民事诉讼案件。

一、职业放贷人的定义及各地认定标准

民间借贷，是指自然人、法人、其他组织之间及其相互之间进行的资金融通行为。民间借贷融资快，手续简便、形式灵活，在一定程度上弥补了正规金融借款不足，满足了社会多元化的融资需求，促进了多层次信贷市场的形成和完善，但民间借贷活动必须遵循自愿互助、诚实信用原则，遵守国家法律法规的有关规定。《最高人民法院关于审理民间借贷案件适用法律若干问题的规定》第十三条规定："具有下列情形之一的，人民法院应当认定民间借贷合同无效：……（三）未依法取得放贷资格的出借人，以营利为目的向社会不特定对象提供借款的；……（五）违反法律、行政法规强制性规定的……"《中华人民共和国银行业监督管理法》第十九条规定："未经国务院银行业监督管理机构批准，任何单位或者个人不得设立银行业金融机构或者从事银行业金融机构的业务活动。"该规定直接关系国家金融管理秩序和社会资金安全，事关社会公共利益，属于效力性强制性规定。

职业放贷人，一般指未取得金融监管部门批准，不具备发放贷款资质，但向社会不特定对象出借资金以赚取高额利息，出借行为具有营业性、经常性特点的单位，以及以放贷为其重要收入来源，经常性向不特定对象放贷并赚取高额利息的个人。职业放贷行为严重扰乱了国家金融秩序，损害了社会公共利益，违反了法律的禁止性规定，故对于认定职业放贷后发生的出借资金行为应认定为无效。《最高人民法院、最高人民检察院、公安部、司法部关于办理非法放贷刑事案件若干问题的意见》第一条第二款规定，“2 年内向不特定多人（包括单位和个人）以借款或其他名义出借资金 10 次以上”可认定为“经常性地向社会不特定对象发放贷款”。但是在尚不构成非法放贷类刑事犯罪的前提下，属于民法调整的民间借贷活动中，对职业放贷人身份具体如何认定，司法实践中未能统一。《全国法院民商事审判工作会议纪要》（以下简称《九民纪要》）表述为“同一出借人在一定期间内多次反复从事有偿民间借贷行为的，一般可以认定为是职业放贷人，建议各高级人民法院可根据本辖区实际情况制定具体的认定标准”。

全国各地法院在认定职业放贷人问题上进行了一些探索，如河南高院认为：“未经有权机关依法批准，法人、非法人组织或者自然人在一定期间内多次从事与发放贷款业务相同或类似的民间借贷行为的，一般应认定为职业放贷人。”①

参考以上省份高级法院对职业放贷人的认定标准和已认定职业放贷人的民事案例，职业放贷人参与的民间借贷活动具有以下特征：

第一，借款合同格式化。职业放贷人未取得放贷资格却以放贷收取利息为业，一般会使用统一格式化的借款合同、借据，若同一出借人持有多份借款合同或借条，内容上看除借款人、金额等信息外，其他条款和格式高度雷同的，该出借人系职业放贷人的可能性极高。

第二，利率约定较高。职业放贷人以放贷为业，需要从中获取较高的利润，

---

① 河南省高级人民法院印发《关于加强职业放贷人审查工作的指导意见（试行）》的通知，2019 年 7 月 30 日印发。

因此一般约定的年利率会在法律保护的上限范围内顶格约定甚至远远超过。需要特别指出的是，即使约定的利率在法律保护的范围内，只要符合其他足以认定职业放贷人条件也可以认定为职业放贷人。

第三，预扣利息或变相预扣利息。过去职业放贷人往往在实际支付的本金中扣除一期或多期利息，实际支付的借款与合同约定金额正好相差一定期数的利息，俗称“砍头息”，这类行为与非营利为目的的民间资金融通的明显动机不符。近年来基于司法实践对这类“砍头息”现象一致进行否定，职业放贷人多转为设置变相“砍头息”，如出借人按借条全额发放借款后，要求借款人立即通过他人账户转回部分款项给出借人，或通过现金支付一定期数的利息。

第四，一定时期内在人民法院民事诉讼案件较多或金额较大。这是职业放贷人的最大特征，也是最难以统一的标准。“一定时期”如何界定，多少案件属于“较多”、多少金额算“较大”，各地的参照执行标准均不一致，但该特征是认定职业放贷人的关键情节。

二、职业放贷人的认定标准

《九民纪要》对职业放贷人原则性地界定为“一定期间内多次反复从事有偿民间借贷行为”，并建议各地根据实际情况制定相关标准，这完全符合我国社会经济发展不均衡的现状。在此，笔者建议可参考浙江高院的做法，在各省级行政区划范围内，对职业放贷人的认定可在同层级法院辖区内对案件数和案涉金额划定一定的标准，鉴于出借人构成非法放贷方面的刑事犯罪则借款合同自然无效，民事诉讼中的职业放贷人的认定标准不应高于刑事案件的认定标准。

案件数量标准设定，建议以高级、中级、基层三级法院分别在3年内、1年内受理同一或关联原告的民间借贷案件分别规定，具体数量应结合本地区经济发展程度、经济活跃程度综合决定，其中新疆高院设定的标准可作为中西部地区的参考，浙江高院设定的标准可作为东部地区参考。涉案金额问题应和案件数量配套规定，类似“1年内涉同性质民间借贷案件超过5件，且金额超过500万元”等。同时应将存在一定数量的格式借款合同、存在高额利息或“砍头息”等情节作为特别条款，即案件数量和金额未达到标准但存在这些特别条款规定的情形的，也可认定为职业放贷人。

回到本案中，原告陈某平在本案一审起诉之前的三年内，在同一基层人民法院已有作为原告的民间借贷诉讼16件，出借本金高达897.7万元，约定月率为2%至3%。在此背景下，窦某荣欠刘某钱而刘某指使窦某荣通过向陈某平借款的方式来偿还，陈某平出借给窦某荣的款项未经窦某荣之手，而是通过多次转账的方式最终转给了刘某，而刘某的身份也高度疑似职业放贷人，且刘某、陈某平之间有密切的经济往来，以上事实足以共同认定，陈某平应系长期以出资金赚取高额利息的职业放贷人。

需要特别指出的是，职业放贷人的认定涉及案件合同是否有效这一根本问题，即使当事人未提出抗辩，人民法院也应依职权主动审查，否则容易造成对职业放贷行为的放纵，甚至形成虚假诉讼。

三、职业放贷人认定的后果

根据《中华人民共和国民法典》第一百五十七条的规定："民事法律行为无效、被撤销或者确定不发生效力后，行为人因该行为取得的财产，应当予以返还；不能返还或者没有必要返还的，应当折价补偿。有过错的一方应当赔偿对方由此所受到的损失；各方都有过错的，应当各自承担相应的责任。法律另有规定的，依照其规定。"即民事行为无效的法律后果是双方返还，任何人不得从违法行为中获益。基于以上规定，很多地方对职业放贷行为，原则上对本金部分予以保护，即判令被告返还借款本金，但在对利息部分进行处理时，存在一定的差异。

有观点认为，对职业放贷人主张的借款利息一概予以驳回。其理由为职业放贷人无从事金融、借贷业务的资质，其行为扰乱了市场和金融秩序，可能损害社会公共利益，法院认定借款合同无效后，被告只需返还原告借款本金即可。

也有观点认为，可对原告主张的利息予以调减。司法实践中，考虑到虽然应对职业放贷人进行一定的否定评价，但毕竟其行为尚未构成犯罪，民事合同虽被认定无效，但客观上被告的确获得了原告的资金融通利益，原告也的确产生了一定资金占用损失，不宜对原告作出带有惩罚性的裁判。出于公平原则和诚实信用原则，部分法院在认定职业放贷人借款合同无效后，被告返还原告借款本金的同时，酌定支持部分利息，一般按照同期贷款利率标准或全国银行间同业拆借中心公布的贷款市场报价利率。

笔者建议，对于借款合同无效后利息的认定也不可一概而论，如果债权人不是职业放贷人而是正常的民间借贷，债务人按照借款合同约定支付不超出年利率 24%的利息，是其法定义务。但由于债权人转换成了职业放贷人，债务人就可以不支付利息，或者仅支付很低的利息，一定程度上放纵了债务人，客观上使债务人从债权人的违法行为中获利。故，我们应根据案件的具体情况进行个案利益平衡，在借款合同被认定无效的前提下，若职业放贷人在同类案件已获取了较高的利息收益，则可酌情调减利息或不支持利息，若职业放贷人实际取得的利息收益并未超过民间借贷案件的保护利率，或借款人明知出借人系职业放贷人仍反复多次向其借款的，则借款人应向出借人支付一定利息，这样更公平合理。

编写人：重庆市第三中级人民法院　余陈洋

12

出借人无诉讼的情形下职业放贷人的认定问题

——许某军诉许某强、刘某萍民间借贷案

【案件基本信息】

1. 裁判书字号

江苏省江阴市人民法院（2020）苏 0281 民初 9746 号民事判决书

2. 案由：民间借贷纠纷

3. 当事人

原告：许某军

被告：许某强、刘某萍

【基本案情】

2019 年 8 月 8 日，许某强以他与刘某萍自有房屋作为抵押，向许某军借款 35 万元。

许某强和许某军在借款前并不认识，系在借款当天经案外人朱某军介绍认识，关于借款的本金、利率都是由朱某军与许某强商谈。许某军和许某强在借款当天直接在行政审批中心签订借款合同、抵押合同，办理抵押登记手续，并由许某军转账交付至刘某萍银行账户 35 万元。刘某萍的银行账户反映，2019 年 8 月 8 日，许某军汇入 35 万元后，随即微信转账给许某军 5250 元，取现 2 万元。许某强表示取现 2 万元后，他用该款向朱某军支付了中介费 19500 元。

另外许某军除出借本案款项外，还于 2018 年 12 月 26 日出借给胡某龙 40 万元，于 2019 年 3 月 14 日归还，月利率 1.5%；于 2019 年 3 月 27 日出借给袁某 35 万元，于 2019 年 5 月 8 日归还，月利率 1.5%；于 2019 年 5 月 14 日出借给高某维 30 万元，于 2019 年 6 月 11 日归还，月利率 1.5%；于 2019 年 6 月 24 日出借给魏某 50 万元，于 2019 年 7 月 11 日归还，利息 15000 元；于 2019 年 10 月 16 日出借给丁某纯 40 万元，上述借款均未成诉。审理中，许某军表示上述借款人他均不认识，都是经案外人朱某军介绍后向他借款的。

【案件焦点】

许某军是否为职业放贷人。

【法院裁判要旨】

江苏省江阴市人民法院经审理认为：许某军在 2018 年至 2019 年，经朱某军介绍，向不特定对象出借款项，赚取高额利息，符合“未经批准，以经营性为目的，通过向社会不特定对象提供资金以赚取高额利息，擅自从事经常性借款业务的法人、非法人组织或自然人”的职业放贷人认定标准，故许某军应认定为职业放贷人，其职业放贷行为无效。

许某军职业放贷行为认定无效，但许某强、刘某萍取得的款项仍应归还，并应支付资金占用期间的利息损失。许某军在 2019 年 8 月 8 日转账给刘某萍 35 万元，但随即刘某萍又支付许某军 5250 元，该金额应在本金金额中扣除。对于许某强、刘某萍主张借款当日其支付朱某军介绍费用 19500 元的问题，结合刘某萍当天取现 2 万元的事实，许某军陈述其系通过朱某军介绍向不特定对象放贷，但不向朱某军支付中介费用或利息提点的情况，推定朱某军向借款人收取中介费用的可能性较大，因此对许某强、刘某萍主张的向朱某军支付 19500 元这一事实予以采纳，该中介费用也应在本金中扣除，故许某军应取得本金为 325250 元。

关于许某军的优先权请求，因本案放贷行为无效，依据该债务设立的《抵押设立协议》自然无效，故对许某军的优先权请求依法不予支持。

关于许某军主张的律师费损失，因《抵押设立协议》无效，其主张律师费损失于法无据，故对该项请求亦不予支持。

据此，江苏省江阴市人民法院依照《中华人民共和国合同法》第五十二条、第五十八条，《中华人民共和国担保法》第五条，《最高人民法院关于适用〈中华人民共和国民法典〉时间效力若干规定》第一条之规定，判决如下：

一、许某军与许某强、刘某萍的借贷合同和《抵押设立协议》无效；

二、许某强、刘某萍应于本判决发生法律效力之日起七日内归还许某军款项 325250 元，并承担资金占有费用（自 2020 年 3 月 24 日起至 2020 年 8 月 19 日止按年利率 6%计算；自 2020 年 8 月 20 日起至实际给付之日止，按全国银行同业拆借中心公布的借款市场报价利率计算）；

三、驳回许某军的其他诉讼请求。

判决后，双方当事人均未上诉，本判决现已生效。

【法官后语】

由于缺乏监管，职业放贷人收取高额利息，以服务费、咨询费、顾问费为名收取变相利息，进行高利转贷等，因此而产生的民间借贷纠纷和争议日渐增多。2019 年 9 月 11 日《全国民商事审判工作会议纪要》明确了职业放贷人的认定标准：同一出借人在一定期间内多次反复从事有偿民间借贷行为的，一般可认定为是职业放贷人。最高人民法院2020年8月20日公布的《关于审理民间借贷案件适用法律若干问题的规定》，其中第十四条第三项明确规定，未依法取得放贷资格的出借人，以营利为目的向社会不特定对象提供借款的，人民法院应当认定民间借贷合同无效。各地法院也先后制定了具体的认定标准，如同一出借人及其实际控制的关联关系人作为原告一年内在全省各级人民法院起诉民间借贷案件5件以上的，该出借人应当纳入职业放贷人名录等。但是从实际情况来看，很多职业放贷人所出借的款项并不一定形成诉讼，对于该类放贷人如何对其进行认定是否为职业放贷人，是值得法院应当考量的问题。

笔者认为，职业放贷人的认定并不一定以诉讼案件个数为唯一依据，只要符合向不特定对象出借款项，赚取高额利息，擅自从事经常性借款业务的情况，就可以认定职业放贷行为无效。以本案为例，从本案的借款经过，借贷双方之间的关系等情况来看，本案原告虽然在全省法院并没有其他的民间借贷案件，但原告多笔出借款项的行为方式具有很明显的职业放贷的特点，许某军在2018年至2019年，经中间人朱某军介绍，向不特定对象出借款项，赚取高额利息，符合“未经批准，以经营性为目的，通过向社会不特定对象提供资金以赚取高额利息，擅自从事经常性借款业务的法人、非法人组织或自然人”的职业放贷人认定标准，根据该标准本案原告应属职业放贷人，双方之间的借款合同无效。

综上，笔者认为结合本案的诉讼案件情况，职业放贷人的认定主要从以下几个方面进行考量：1. 是否向不特定人员提供借贷。应审查借贷关系的建立，借贷双方是否纯粹因借款而相识，借款人是否为不特定人。2. 放贷人是否赚取高额利息。可以通过审查借款的经过，商谈、交付款项的过程，是否有中介机构介入提供中介服务，是否办理抵押登记等情节，查明出借人是否存在收取高利，或存在通过预扣利息，收取中介费、服务费、手续费等变相收取高利的情况。3. 借贷行为是否经常性。可以通过审查出借人在借款前后一段时间的银行流水情况，看出借行为是否经常；也可通过审查出借人在房产管理部门的抵押权人信息，是否存在因出借而有经常性的抵押登记抵押权人信息。

编写人：江苏省江阴市人民法院　计珉　许敏　姚明希

13

约定固定红利、定期回购股权的股权转让协议应认定为民间借贷协议

——尤某、林某诉生态农业开发公司、伍某林民间借贷案

【案件基本信息】

1. 裁判书字号

重庆市江津区人民法院（2021）渝0116民初5566号民事判决书

2. 案由：民间借贷纠纷

3. 当事人

原告：尤某、林某

被告：生态农业开发公司、伍某林

【基本案情】

2017年9月23日，尤某、林某与伍某林签订《投资入股协议书》，约定：尤某、林某各出资100万元购买伍某林持有的生态农业开发公司6.2%的股份，股权转让后，尤某、林某分别持有生态农业开发公司3.1%的股份；入股一年后，如尤某、林某不愿再持有伍某林的股份，可提前两个月告知伍某林，伍某林根据资金情况办理退股手续，红利按已入股时间及24%的年收益进行计算，并于退股当月办理股份变更事宜。协议签订后，尤某、林某分别向生态农业开发公司账户各转账100万元。双方一直未办理股权变更手续，尤某、林某亦未参与生态农业开发公司的管理。

2019年6月3日，尤某、林某与生态农业开发公司、伍某林签订《投资入股协议书之补充协议》，主要约定：退股时间为2019年6月3日，尤某、林某

的入股资金自动转为生态农业开发公司的借款，生态农业开发公司于 2020 年 6 月底偿还入股资金 200 万元及 24%的年收益。后生态农业开发公司、伍某林未支付过任何款项，尤某、林某遂诉至人民法院，要求生态农业开发公司、伍某林返还借款本金并支付利息。生态农业开发公司、伍某林辩称尤某和林某是投资入股，双方并非借贷关系，而是股权转让关系，尤某、林某持股期间，生态农业开发公司并无盈利，股东分红或取得股权收益的条件不成就。

【案件焦点】

股权转让协议约定固定红利、定期回购股权，其性质是股权转让，还是民间借贷。

【法院裁判要旨】

重庆市江津区人民法院经审理认为：《投资入股协议书》虽约定了股权转让事宜，但尤某、林某支付入股资金后，二人并未参与生态农业开发公司的管理，双方亦未实际办理股权转让。且《投资入股协议书》明确约定，入股一年后，如尤某、林某不愿再持有伍某林的股份，可提前两个月告知伍某林，伍某林根据资金情况办理退股手续，红利按已入股时间及 24%的年收益进行计算，并于退股当月办理股份变更事宜，该约定与公司法中股权转让的规定相悖，《投资入股协议书》名为股权转让，实为借贷关系，即伍某林作为借款人向尤某、林某借款 200 万元。此外，《投资入股协议书之补充协议》明确约定前述 200 万元自动转为生态农业开发公司的借款，由生态农业开发公司偿还借款本金及收益，此约定系债务转移行为，故尤某、林某要求生态农业开发公司、伍某林偿还 200 万元本金及利息的诉讼请求符合各方在合同中的约定，符合法律规定，应予以支持。

重庆市江津区人民法院根据《中华人民共和国合同法》第六十条、第八十四条、第一百零七条、第二百零六条、第二百一十条、第二百一十一条，《最高人民法院关于审理民间借贷案件适用法律若干问题的规定》第二十五条、第三十一条，《中华人民共和国民事诉讼法》第六十四条之规定，判决如下：

一、判决生态农业开发公司在本判决生效之日起十日内返还尤某、林某借款200万元；

二、判决生态农业开发公司在本判决生效之日起十日内支付尤某、林某利息（以200万元为基数，按年利率24%，自2017年10月29日起计算至2020年6月30日；以200万元为基数，从2020年7月1日起按全国银行间同业拆借中心发布的一年期贷款市场报价利率计算至清偿之日止）；

三、驳回尤某、林某的其他诉讼请求。

判决后，双方当事人均未上诉，本判决现已生效。

【法官后语】

根据《中华人民共和国民法典》第一百四十六条的规定，行为人与相对人以虚假的意思表示实施的民事法律行为无效；以虚假的意思表示隐藏的民事法律行为的效力，依照有关法律规定处理。“名股实债”现已成为投融资实务中常用的交易模式，系虚假意思表示与真实意思表示的双重结合，具有一定的隐蔽性，当产生纠纷时，人民法院不应局限于外部的法律关系形式，而应揭开外纱，探究当事人的真实意思表示，正确适用法律、解决纠纷，平衡双方权利义务关系。实践中，要辨析“名股实债”关系，可从以下几个方面进行认定：

第一，双方是否实际办理股权变更事宜、是否实际参与公司经营。真正的股权转让协议，一方当事人的合同目的在于成为公司股东，享受股东权利，承担股东义务，因此交易双方理应进行股权变更登记、买方会实际参与公司经营。若当事人并无上述行为，则证明双方可能并无股权转让的意思表示。

第二，投资红利是否固定。股东可以收取的红利取决于公司的经营状况，具有一定的风险，往往并非固定的数额。而在债权债务关系中，双方通常会约定利息，且相对固定。若双方约定的红利与公司经营状态明显不符，该“红利”极有可能是被隐藏于红利表象之下的利息，符合民间借贷的特征。

第三，是否定期回购股权。一般而言，股权转让仅存在支付股权转让对价的“单向”资金流动，亦不会约定后续股权的处理事项。而名股实债作为投融资的一种方式，股权转让只是掩饰，其真正目的在于资金的“双向”流动，即提供融资款与返还融资款；当借款全部返还后，当事人往往会约定股权需要回到原始的状态。因此从该约定进行推理，可以判断出双方的真实意思在于“双向”资金，亦符合民间借贷的特征。

本案中，尤某、林某支付股权转让款后，生态农业开发公司、伍某林并未按照《投资入股协议书》的约定办理股权变更登记，尤某、林某也从未参与过生态农业开发公司的经营，据此可推知尤某、林某没有成为股东的意思表示；且双方存在一年期满后回购股权的约定，是资金“双向”流动后股权回到原始状态的体现，且约定了年收益24%的固定红利，与公司经营状况无关。综合上述三个因素，本案《投资入股协议书》符合民间借贷的基本特征，应当认定为民间借贷关系。

编写人：重庆市江津区人民法院　廖珂尧

14

约定固定收益的买卖合同性质认定

——张某诉任某民间借贷案

【案件基本信息】

1. 裁判书字号

重庆市江津区人民法院（2021）渝0116民初6773号民事判决书

2. 案由：民间借贷纠纷

3. 当事人

原告：张某

被告：任某

【基本案情】

2017年8月15日，张某（乙方）与任某（甲方）签订《购销合同及市场运作收益合作协议》，载明：一、乙方自愿在甲方购买贵州茅台酒厂（集团）相关系列的酒，购买酒的总金额是10万元。甲方愿意就此次购销合作，将市场运作中获得的部分收益及部分广告宣传费用分配给乙方；二、乙方可以获得的最大分配收益金额总计20万元。此收益资金甲方按年发放，发放时间为期三年，即从2017年8月至2020年7月。收益资金从第二年开始发放，第一年发放7万元，第二年发放6万元，第三年发放7万元；三、本协议为三年，期满后本协议自动失效，在此期限内，甲方只要达成收益每年按时发放给乙方的情况下，乙方不得干涉甲方经营。张某、任某均在该协议落款处签名并捺印。

同日，张某（乙方）与任某（甲方）又签订《购销合同及市场运作收益合作协议（补充协议）》，协议约定购买酒的总金额为7800元，乙方可以获得的最大分配收益金额总计70200元，收益资金发放时间为五年后即2022年8月，协议为期五年。其余内容与前述合作协议一致。当日，张某通过银行转账的方式分别向任某支付5万元、49000元、8800元，共计107800元。

关于两份协议中任某向张某支付收益的约定应如何理解的问题。张某称，协议约定的任某应向张某支付市场运作收益和广告宣传费，实际是借款利息，案涉协议为民间借贷协议。任某称，双方是合伙关系，市场运作收益和广告宣传费是指任某经张某介绍卖酒后，向其支付部分收益和介绍费。但任某亦在庭审中陈述，张某不参与经营，实际也不承担经营风险。

【案件焦点】

当事人签订书面协议约定商品买卖事项，同时约定一方向对方支付固定收益及支付期限，双方基础法律关系应认定为买卖合同抑或民间借贷。

【法院裁判要旨】

重庆市江津区人民法院经审理认为：本案双方签订了书面协议，应结合协议内容及履行情况确定双方的基础法律关系。首先，两份协议标题虽均有“购销合同”字样，第一条亦载明“乙方（张某）自愿在甲方（任某）购买贵州茅台酒厂（集团）相关系列酒”，但双方并未约定买卖标的物单价、数量等基本要素，另双方签订合同时间为 2017 年 8 月，签订合同当日张某即足额支付了两份协议约定的价款，但至今任某未向张某交付标的物，张某亦未催促任某交货，不符合买卖合同的常理。其次，两份合同标题虽有“合作协议”字样，亦载明“甲方（任某）愿意就此次购销合作，将市场运作中获得的部分收益及部分广告宣传费用分配给乙方（张某）”，从文义上看有个人合伙的意思表示，但协议第二条约定了固定收益及支付期限，说明当事人并无“共享收益、共担风险”的意思，任某在庭审中亦陈述张某不承担其经营风险，故也不符合个人合伙的特征。最后，根据前述查明事实，双方约定的张某向任某支付款项，任某于固定期限支付固定收益的情形，更加符合民间借贷特征。综上，按照实质重于形式的原则，本案的基础法律关系应认定为民间借贷。

张某按约提供了借款，已履行其出借义务，任某亦应按照约定期限归还借款，现还款期间届满的金额为 10 万元。据此，重庆市江津区人民法院依照《中华人民共和国合同法》第六条、第八条、第六十条、第二百零五条、第二百零六条、第二百零七条，《最高人民法院关于审理民间借贷案件适用法律若干问题的规定》第二十五条、第二十六条、第二十八条、第二十九条、第三十一条，《最高人民法院关于适用〈中华人民共和国民事诉讼法〉的解释》第九十条之规定，作出如下判决：

一、任某于本判决生效之日起十日内返还张某借款 10 万元；

二、任某于本判决生效之日起十日内支付张某利息（以 10 万元为基数，从 2017 年 8 月 15 日起按月利率 2%计算至 2020 年 8 月 19 日止，从 2020 年 8 月 20 日起按年利率 15.4%计算至该款还清之日止）；

三、驳回张某的其他诉讼请求。

判决后，双方当事人均未上诉，本判决现已生效。

【法官后语】

法律关系的认定，应当主要基于对当事人真实意思表示的探寻，而不应仅仅局限于当事人之间签订合同的名称、形式等外在表现因素。实践中，可通过当事人形成合意的内容、合同约定的权利义务特征及合同履行情况，综合认定当事人之间形成的法律关系性质。本案中，可以通过主观、客观相结合的方式，判定名为购销合同实为民间借贷的情形。

主观上，买卖合同关系与民间借贷关系的当事人真实意思表示不同。《中华人民共和国民法典》（以下简称《民法典》）第一百四十三条规定的民事法律行为有效的条件，包含了当事人意思表示真实。在通常的商品买卖活动中，当事人签订买卖合同的真实意思表示，应当是一方获得商品所有权，另一方获得对应价款，即双方应当形成处分商品所有权的合意。但在民间借贷关系中，当事人的真实意思表示，通常为一方向另一方支付借款，另一方按期归还借款或借款及利息。

客观上，综合考虑合同约定权利义务的本质特征及履行情况。在实践中，由于民间借贷自然具有的粗放、隐蔽、无序等特性，当事人可能将还款方式、借款利息等约定事项，隐匿于支付固定收益、支付回购款的“外衣”下，由此产生名为购销合同实为民间借贷的情形。在实务中可通过以下几个方面进行综合考量：一是买卖活动的基本要素约定及履行情况。双方在合同中是否对标的物单价、数量等基本要素进行约定，标的物价格是否符合市场行情。在名为购销合同实为民间借贷的法律关系中，由于双方当事人并无真正进行买卖交易的意思表示，往往不注意约定上述事项，且标的物价格通常也不能贴合市场价格，更不会实际交付标的物。二是价款约定及履行情况。在真实的买卖合同中，一般为买方向卖方支付货款，款项是单方流动的，而民间借贷的性质决定了双方的款项往往是双向流动的，即使未实际履行，在合同中也会以返款、回购、支付收益等方式作出约定，体现出资金的双向往来特征，且这种资金往来通常是固定的、排除经营风险等不确定因素的。

本案中，双方签订的《购销合同及市场运作收益合作协议》明确了固定收益及支付期限，而未约定买卖标的物的单价、数量等买卖合同的基本要素，不符合一般商品的买卖习惯。此外，任某未向张某交付标的物，张某亦未催促任某交货，不符合买卖合同的常理，可以认定双方并没有处分商品所有权的合意。而双方约定，张某向任某支付款项，任某于固定期限内支付固定收益的情形，更加符合民间借贷的性质特征，即一方向另一方交付款项，另一方按期归还借款或借款本息，款项双向往来，利息固定，且不受经营风险等不确定因素影响。因此，应当认定案涉法律关系为民间借贷。

编写人：重庆市江津区人民法院　朱尧

15

民间借贷以非自有资金出借合同效力认定

——李某兰诉张某毅、赵某芳民间借贷案

【案件基本信息】

1. 裁判书字号

北京市第二中级人民法院（2021）京02民终15408号民事判决书

2. 案由：民间借贷纠纷

3. 当事人

原告（被上诉人）：李某兰

被告（上诉人）：张某毅

被告：赵某芳

【基本案情】

2020年8月1日，张某毅向李某兰出具欠条一份，载明：张某毅欠李某兰本息合计90万元，承诺于2020年8月15日前即付10万元到15万元（8月30日前共计50元），剩余于2020年9月30日前全部结清，逾期未清偿，则以2020年10月1日按日息0.05%计算逾期复利。李某兰称欠条中的50元系笔误，

应为50万元。张某毅认可欠条为其本人书写，欠条原件被其撕毁。

为证明出借本金情况，李某兰向本院出示了以下证据：1. 银行转账323000元（包含李某兰按照张某毅指示转给第三人黄某雄的107000元）；2. 272000元取现记录；3. 农行信用卡交易明细，证明张某毅使用李某兰的信用卡副卡及主卡进行消费，共计花费133105.83元；4. 网络购物清单、支付凭证，证明为张某毅网上购物支出6505.06元。关于该部分金额，李某兰称部分通过微信、支付宝链接信用卡支付，部分使用微信零钱支付，但由于无法区分，自认上述金额均按照使用信用卡方式支付。

关于利息的约定问题，根据李某兰提交的录音证据，本院认为李某兰与张某毅就利息约定问题事后达成一致为年利率10%。

另查明，张某毅与赵某芳系夫妻关系。

2020年8月21日，李某兰微信询问赵某芳就张某毅借款的账单情况核实意见，赵某芳发微信称出入很大，约见李某兰进行现场核对借款情况。赵某芳于2020年8月25日向李某兰发微信称："我已经尽很大力筹了6万元已经给你打过去了。核款的事只能等周六日……"

关于还款情况：2020年7月11日张某毅现金存到李某兰尾号为9079的农行卡内还款4500元，2020年8月1日张某毅通过微信转账还款12000元，2020年8月25日张某毅向李某兰尾号为9079的农行卡内转账还款6万元，共计76500元。赵某芳称张某毅转账的6万元系由赵某芳先转账给张某毅后，再由张某毅转给李某兰。

【案件焦点】

被告张某毅、赵某芳应否承担还款责任及应支付的金额。

【法院裁判要旨】

北京市东城区人民法院经审理认为：根据张某毅出具的欠条及李某兰的陈述及相关证据，涉案借款分为两部分，一部分为张某毅使用李某兰的信用卡直接刷卡支出的费用（133105.83元）以及李某兰使用信用卡为张某毅网上购物支出的费用（6505.06元），共计139610.89元；另一部分为李某兰通过银行转账（323000元）及取现（272000元）出借给张某毅的金额，共计595000元，该部分金额来源于李某兰的自有资金和从其他自然人处的借款。根据上述事实，本院认为，该两笔借贷行为的民事法律行为效力，应予分别认定。第一，李某兰将其自有资金及从其他自然人处的借款出借给张某毅的行为，其内容未违反法律、法规的禁止性规定，应属合法有效。被告张某毅应承担还本付息的责任。第二，另通过信用卡方式支出的金额，属于李某兰套取金融机构贷款后转贷给张某毅，根据相关法律规定，应认定该借贷行为无效。因该合同无效所取得的财产，应当予以返还，故张某毅应返还借款本金。李某兰要求张某毅支付该部分借款的利息，于法无据，本院不予支持。关于被告赵某芳是否承担还款责任的问题，关键在于判断涉案债务是否属于夫妻共同债务。本案中，赵某芳在看到李某兰出示的欠条后有与李某兰对账及实际还款6万元（将钱转账给张某毅、再由张某毅转账给李某兰）的行为仅表明赵某芳对6万元共同债务的追认，赵某芳应就该6万元承担共同还款责任，赵某芳已实际支付6万元。

综上，北京市东城区人民法院依照《最高人民法院关于适用〈中华人民共和国民法典〉时间效力的若干规定》第一条第二款，《中华人民共和国合同法》第五十八条、第六十条第一款、第一百零七条、第二百零六条、第二百零七条，《最高人民法院关于适用〈中华人民共和国合同法〉若干问题的解释（二）》第二十一条，《最高人民法院关于审理民间借贷案件适用法律若干问题的规定》（2020年修正）第十三条第一项、第二十八条第二款第一项、第二十九条，《最高人民法院关于审理涉及夫妻债务纠纷案件适用法律有关问题的解释》第一条、第二条、第三条之规定，判决如下：

一、被告张某毅于本判决生效后十日内偿还原告李某兰借款本金734610.89元及自2014年10月1日起至2020年7月31日止的利息75574.35元，共计810185.24元；

二、被告张某毅于本判决生效后十日内支付原告李某兰逾期利息（以借款本金595000元为基数，自2020年10月1日起至借款实际还清之日止，按照

2020 年 10 月 1 日全国银行间同业拆借中心发布的一年期贷款市场报价利率的四倍计算；以借款本金 139610.89 元为基数，自 2020 年 10 月 1 日起至借款实际还清之日止，按照 2020 年 10 月 1 日全国银行间同业拆借中心发布的一年期贷款市场报价利率的标准计算）。

三、驳回原告李某兰的其他诉讼请求。

张某毅不服一审判决，提起上诉，北京市第二中级人民法院同意一审法院的裁判意见，依照《中华人民共和国民事诉讼法》第一百七十条第一款第一项之规定，判决如下：

驳回上诉，维持原判。

【法官后语】

本案中，李某兰出借资金来源分别为自有资金、金融机构“套贷”资金以及从其他人处的借款，对资金来源导致合同效力的认定，引出非自有资金出借的不同情形。2020 年 12 月 23 日修订的《最高人民法院关于审理民间借贷案件适用法律若干问题的规定》第十三条列明了六种合同无效的法定情形，在规范借贷市场，稳定金融秩序的背景下，新规在旧规基础上扩大了合同无效的范围。该条对于非自有资金的认定，一是出借资金来源于金融机构贷款；二是通过向其他营利法人借贷、向本单位职工集资或者向公众非法吸收存款等方式获取。结合该条前两项规定，出借人用于民间借贷的资金必须是自有资金，但是在审判实践中对非自有资金的认定存在诸多疑问，笔者认为根据不同情形应确定以下审理思路：

一是出借人有“房贷”“车贷”等长期消费贷款的不应认定为“套贷”。结合《全国法院民商事审判工作会议纪要》（以下简称《九民纪要》），借款人能够举证证明出借人在出借款项的同期尚有金融机构贷款债务未偿还的，一般可以推定出借人套取金融机构贷款再转贷。但是，对于出借人有尚未归还的长期消费贷款是否认定为出借资金为贷款资金存在不同认识。在当前的社会环境中，“房贷”“车贷”这一类长期消费性贷款普遍存在，无论是自然人还是法人均有可能背负长期消费类金融贷款，且此类贷款通常是将贷款资金直接支付给第三人而非贷款人。在此种情况下，不宜以出借人尚未归还贷款直接认定其存在套取金融机构贷款的行为，还应当进一步审查贷款的性质、资金去向等。如果机械僵化地适用《九民纪要》的相关规定将明显背离该条款设立的初衷，在认定出借人是否存在套取金融机构贷款行为时，应当避免僵化适用条款出现“一刀切”的情况。

二是出借资金来源为其他自然人的借款合同有效。除金融机构外，其他非自有资金来源为其他营利法人、本单位职工集资或者向公众非法吸收存款，该规定并没有将在其他自然人处获取资金再转贷导致合同无效包括在内，不应作扩大解释。且民间借贷的产生是为了方便自然人、法人、非法人组织之间进行资金融通的需要，立法者对其规制的本意在于维护金融秩序和市场稳定，对于自然人个人之间的借贷、转贷行为，只要不构成职业放贷、没有以合法形式掩盖非法目的、未违反法律及行政法规的强制性规定、未违背公序良俗的，不应当否认其效力。故自然人在其他自然人处获取资金再转贷的应认定为有效。

三是从金融机构借款转贷，经过多手再出借的借款合同有效。此种情形应当基于合同相对性原则来认定合同效力。依法成立的合同，除法律另有规定外，仅对当事人具有法律效力。虽然出借资金来源是金融机构贷款，但是民间借贷不应突破合同相对性原则，且经过多手再转贷的行为在审判实践中也难以审查。

综上，在民间借贷纠纷案件中，要在明确举证责任基础之上，严格审查出借人的资金来源，对于非自有资金要区分不同情形，认定合同效力。

编写人：北京市东城区人民法院　李冰洁　李燕

16

“名为典当，实为借贷”的合同效力认定

——典当有限公司诉何某等借款合同案

【案件基本信息】

1. 裁判书字号

湖北省恩施土家族苗族自治州中级人民法院（2020）鄂28民终432号民事判决书

2. 案由：借款合同纠纷

3. 当事人

原告（被上诉人）：典当有限公司

被告（上诉人）：何某、柏某

被告：张某军、田某广

【基本案情】

2016年12月8日，典当有限公司与何某、柏某签订《典当借款合同》，载明“第一条　当金（一）当金金额（大写）：人民币贰拾万圆整（￥200000.00元）。（二）期限叁个月，自2016年12月8日至2017年3月7日。（三）月综合费率为当金金额的千分之叁拾（30‰）”。合同还对其他方面进行了约定，没有当物。同日，何某、柏某向典当有限公司出具借条一份，内容为：“借条今借到典当有限公司人民币贰拾万圆整，用于短期资金周转，期限3个月（自2016年12月8日至2017年3月7日）。用当户个人及家庭所有资产和收益提供无限连带责任担保。月综合费率为当金金额的千分之叁拾（30‰）。到期一次性偿还本金及息费。逾期违约详见典当合同……”同日，张某军、田某广分别

就案涉借款向典当有限公司出具《担保承诺书》，承诺提供连带责任担保，担保期限至案涉债务到期之后两年内有效。合同签订后，典当有限公司向何某转账支付 20 万元，何某向福港公司支付 3 个月利息 18000 元。典当有限公司自认对方已经支付了 3 个月的利息。

另查明，典当有限公司的注册资本为 2000 万元，其股东的出资方式为认缴出资，而根据法院在数字法院业务系统提取的部分案件记录，2016 年 12 月 8 日至今，其共计对外发放借款逾 1000 万元，其中多笔借款系通过公司管理人员的私人账户对外交付，典当有限公司对外发放借款的利率多高达 3%，部分案件除约定的借款利率外，还约定有综合费率，存在预先扣除利息等行为。

【案件焦点】

何某、柏某与典当有限公司缔结的借款合同是否有效。

【法院裁判要旨】

湖北省恩施市人民法院经审理认为：《典当管理办法》属于行政规章，不能作为认定合同效力的依据。案涉借款系典当行与借款人之间的资金融通行为，属于典型的民间借贷，典当有限公司超越批准的经营范畴开展业务，应当由相关行政管理机构作出处理，不能以此主张合同无效，当事人双方应当按照合同约定履行利息支付义务。张某军、田某广提供的保证担保未超过担保期间，应当对案涉借款本息承担连带保证责任。依照《中华人民共和国合同法》第二百条、第二百零六条、第二百零七条，《中华人民共和国担保法》第十八条、第二十一条、第三十一条，《最高人民法院关于审理民间借贷案件适用法律若干问题的规定》第二十九条、第三十条及《中华人民共和国民事诉讼法》第十三条第二款、第六十四条第一款、第一百四十二条、第一百四十四条的规定，判决如下：

一、何某、柏某于判决生效后十日内偿还典当有限公司借款 182000 元，并按月利率 20‰支付该款自 2017 年 5 月 23 日起至清偿之日止的资金占用费；

二、张某军、田某广就判决主文第一项借款本息承担连带保证责任，其承担保证责任后，有权向何某、柏某追偿；

三、驳回典当有限公司的其他诉讼请求。

何某、柏某不服一审判决，向恩施州中级人民法院提起上诉。

湖北省恩施州中级人民法院经审理认为：典当有限公司在实际经营过程中，未严格按照《典当管理办法》的规定从事典当业务，在多笔交易中，存在未交付典物而径行发放借款的情形。故典当有限公司未取得国务院银行业监督管理机构的批准，从事国家特许经营的金融业务，向不特定主体发放借款，违背了法律的效力性强制性规定，应属无效。对于《典当借款合同》的无效，何某、柏某作为借款人，在明知典当有限公司不具有向不特定主体出借借款的资质及未要求其提供典物的情况下执意借款，主观上存在一定的过错，原告、被告双方应当各自承担相应的责任。本案中借款合同被确认无效，张某军、田某广提供的保证担保合同亦应认定为无效。依照《中华人民共和国民法总则》第七条，《中华人民共和国合同法》第五十二条、第五十八条，《中华人民共和国银行业监督管理法》第十九条，《中华人民共和国担保法》第五条，《中华人民共和国民事诉讼法》第六十四条、第一百七十条第一款第二项，《最高人民法院关于适用〈中华人民共和国民事诉讼法〉的解释》第九十条、第九十一条之规定，判决如下：

一、撤销湖北省恩施市人民法院（2019）鄂2801民初4169号民事判决；

二、确认上诉人何某、柏某与被上诉人典当有限公司于2016年12月8日签订的《典当借款合同》无效；

三、确认被上诉人典当有限公司与原审被告张某军、田某广缔结的担保合同无效；

四、上诉人何某、柏某于本判决生效之日起十日内，向被上诉人典当有限公司返还155553元，并按中国人民银行公布的同期同类贷款基准利率支付自2017年5月9日至2019年8月19日的利息；按全国银行间同业拆借中心发布的贷款市场报价利率支付自2019年8月20日至实际返还之日的利息；

五、驳回被上诉人典当有限公司的其他诉讼请求。

【法官后语】

一、典当关系与民间借贷关系的区分

典当是指当户将其动产或者其他财产权利作为当物质押或者将其房地产作为当物抵押给典当行，并交付一定比例费用，取得当票和当金，并在约定期限内偿还当金、支付当金利息、赎回当物的行为。借款合同是借款人向贷款人借款，到期返还借款并支付利息的合同。典当关系与民间借贷关系的交叉在于本质上均属于借贷关系，其区别主要在以下几点：(1) 法律关系的主体不同。典当关系的出借方必须是经依法设立的典当行，而民间借贷关系的主体是自然人、法人、其他组织。(2) 法律关系的内容不同。典当关系以交付当物质押、发放当金、收取综合费等实质合同约定及履行为合同成立的实质要件。民间借贷则不必然要求存在担保。(3) 权利义务内容不同。典当关系是一种有偿借款，且附质押、抵押条件，借款人必须以交付当物的方式才能取得当金，民间借贷合同则不必然要求是有偿借款或者要求附条件。本案何某、柏某未交付当物取得当金，仅以保证为担保方式的典当合同并不符合典当性质，而是属于“名为典当，实为民间借贷”的法律关系。

二、“名为典当，实为借贷”合同效力的认定

对“名为典当，实为借贷”的典当合同，在过去的司法实践中，往往采取包容的态度。典当合同有效的条件：(1) 典当行必须是经批准从事典当业务的法人；(2) 典当标的物必须符合法律规定；(3) 动产必须转移占有，财产权利、不动产必须依法登记。对于合同效力的认定，《中华人民共和国民法典》及其相关解释规定，合同无效必须是违反法律、法规效力性强制性规范。《典当管理办法》仅属部门规章而非法律或行政法规，故借款人以案涉借款协议违反《典当管理办法》相关规定主张合同无效的抗辩理由不能成立。

但随着经济社会的发展和融资渠道的多元化，很多典当有限公司超越国家许可经营的范围，在实际经营过程中存在大量未交付典物而发放信用贷款的情形，严重扰乱了金融市场秩序。《全国法院民商事审判工作会议纪要》第三十一条规定，违反规章一般情况下不影响合同效力，但该规章的内容涉及金融安

全、市场秩序、国家宏观政策等公序良俗的，应当认定合同无效。“名为典当，实为借贷”的合同被认定为无效的情形：(1) 典当有限公司存在未经批准开展经常性职业放贷业务的行为；(2) 典当有限公司在从事的典当业务中多次存在未交付典物而径行发放借款的行为；(3) 典当有限公司发放借款的行为扰乱了社会金融市场经济秩序。对该事实的认定应综合典当有限公司的注册资本、认缴出资方式及实缴资本、对外发放借款金额、出借借款的来源、对外发放借款的支付方式等因素综合进行认定，达到“排除合理怀疑”的证明标准；(4) 典当有限公司的行为违背诚实信用原则、公平原则或公序良俗原则。对该事实的认定应综合典当有限公司对外发放借款的利率水平、在约定借款利息的同时约定综合费率、预先扣除利息等情形。若典当有限公司在对外发放借款的过程中存在上述违法行为之一，应当认定该借款合同无效，基于该借款合同成立的担保合同亦应认定为无效。

编写人：湖北省咸丰县人民法院　王君娥

17

涉传销违法活动的民间借贷合同效力认定和处理

——庄某泉诉江某哉民间借贷案

【案件基本信息】

1. 裁判书字号

福建省厦门市中级人民法院（2021）闽 02 民终 7193 号民事判决书

2 案由：民间借贷纠纷

3 当事人

原告（被上诉人）：庄某泉

被告（上诉人）：江某哉

【基本案情】

2019年9月24日，庄某泉向案外人刘某云转账支付款项5万元。2019年9月25日，江某哉出具《借据》一份交庄某泉收执，载明向庄某泉借款5万元，借款利率按每月3%计算等。江某哉先后于2019年10月20日、2019年11月25日、2019年12月27日、2020年1月24日、2020年3月8日五次支付前述《借据》项下的利息各1500元，还于2020年5月30日向庄某泉支付利息1300元，合计支付8800元。

2019年12月15日，庄某泉转账支付江某哉2万元。同日，江某哉出具《借条》一份交庄某泉收执，确认借到庄某泉2万元，双方口头约定月利率3%。收到该2万元后，江某哉于当日随即将款项通过微信转账的方式支付给案外人施某舲。其后，江某哉先后于2020年1月10日、2020年2月9日、2020年3月14日三次支付前述《借条》项下的利息各600元，合计1800元。

江某哉庭审陈述，庄某泉、刘某云均系“某平台”成员，庄某泉系刘某云上线，二人一起发展其加入“某平台”；案涉5万元款项系其加入“某平台”所需款项，庄某泉、刘某云表示可以垫付相应款项，且承诺很快可以回本等，故其出具了《借据》；其系庄某泉转账给刘某云后第二天才知道，其后“他说利息该付了，我就按一个月1500元利息支付”；“借钱情况就是这样，这是5万元的情况”。其后的2万元款项系其为了发展下线即案外人凌某所需，“凌某信用卡刷了3万元，我从庄某泉那里借了2万元”。

庄某泉庭审陈述其与刘某云系普通朋友关系、认识六七年了，否认其与刘某云系情侣关系；否认参与“某平台”。庄某泉还陈述：案涉5万元系根据江某哉的电话指示转账给刘某云，“我有打电话给他，他说明天来写条子”，江某哉第二天签署了《借据》。借款的时候，江某哉和刘某云“他们有讲做139平台”，刘某云又叫其做“某平台”，其没有参与；刘某云“是在江某哉向我借钱之后叫我的。还没借钱之前。借第二笔之后叫我的”；刘某云没有向其介绍该平台的情况，“她跟我说很好赚，我没有理她”。

案件审理中，江某哉申请证人凌某、沈某煌出庭作证。凌某出庭作证陈述：

其与庄某泉因做产品认识，系普通朋友，无特殊关系；与江某哉、刘某云均系朋友关系；庄某泉与刘某云“应该是情侣关系”。江某哉有做“某平台”，该平台是刘某云推荐江某哉的，江某哉再推荐其加入“某平台”需要交纳费用为 49900 元/人，其有交费，其是将信用卡交给江某哉，刷了约 35000 元，由江某哉代为处理；江某哉系其上级。庄某泉有做“某平台”，因为“他经常和刘某云在一起”。

沈某煌出庭作证陈述：认识庄某泉，无特殊关系，与江某哉系朋友关系，也认识刘某云；庄某泉与刘某云是何关系其也不知道，只是听“他们说有在一起”。知道“某平台”，江某哉向其推荐，其没有参加；“他说要 5 万元左右，说叫 3 个人进去才能把钱分回来”。听江某哉说庄某泉也有做“某平台”，其没有进去故不知道。

【案件焦点】

庄某泉明知江某哉的借款用途涉嫌传销，仍向江某哉出借款项，双方之间的借贷合同效力该如何认定。

【法院裁判要旨】

福建省厦门市海沧区人民法院经审理认为：本案系民间借贷纠纷。虽然庄某泉系将案涉 5 万元款项转账支付给案外人刘某云，但即便根据江某哉的自认，其于次日就知悉了该支付事实，而结合其辩称的款项垫付、出具《借据》以及连续多次支付利息，显然江某哉对将款项支付给特定案外人的交付方式是认可的，其已经以自己的行为确认收到了相应的款项。至于其余 2 万元，庄某泉已转账支付至江某哉本人的银行账户，江某哉并无任何证据证明其之后将收到的款项支付给案外人系受庄某泉指示，江某哉有关该笔款项不能认定为实际交付的抗辩不能成立，不予采纳。综上，江某哉辩称出具《借据》《借条》后庄某泉未实际支付款项的抗辩不能成立，不予采纳。根据查明的事实，江某哉主张“某平台”组织传销，本院予以采信，但本案并无证据可以证明庄某泉参与其中，江某哉主张庄某泉涉嫌经济犯罪依据不足，本院不予采纳。江某哉系将案涉款项用于传销活动，而传销系违法犯罪活动。庄某泉自认借款时江某哉和刘某云“他们有讲做139平台”，且刘某云曾动员其加入。传销组织发展成员必然介绍相应情况，庄某泉的否认陈述不符合常理，不予采信。对于刘某云何时叫其参与“某平台”，庄某泉陈述不一，应承担不利后果，本院认定系在出借案涉款项之前。据此，可以认定庄某泉在向江某哉出借案涉款项时知道或应当知道江某哉借款用于传销但仍然提供借款，根据法律规定，双方之间的借贷合同应认定为无效。借贷合同无效，但双方之间的债权债务关系仍成立，江某哉应返还取得的款项。案涉款项合计7万元，扣减已经偿还的10600元（8800元+1800元）之后，尚余59400元，江某哉应偿还庄某泉。对于庄某泉超过前述认定部分的诉讼请求，均不予支持。

综合上述，一审法院判决如下：

一、被告江某哉于本判决生效之日起十日内偿还原告庄某泉款项59400元；

二、驳回原告庄某泉的其余诉讼请求。

江某哉不服一审判决，提起上诉。福建省厦门市中级人民法院经审理认为：围绕江某哉的上诉主张，分析如下：案涉款项发生在江某哉与庄某泉之间，江某哉主张案涉款项系为加入“某平台”而需缴纳的入会费，但江某哉并无证据证明庄某泉参与其中。根据一审查明事实，“某平台”属于传销组织，庄某泉明知仍向江某哉出借款项，故双方之间的借贷合同无效。庄某泉已将案涉借款实际支付，其中5万元款项转账支付给案外人刘某云，从江某哉出具《借据》且连续多次支付利息的行为可以印证。另2万元，江某哉亦在收款后出具《借条》，其主张收到款项后转给刘某云在某平台的上线，并不能作为还款的抗辩事由。故双方之间的债权债务关系仍成立，江某哉应返还取得的款项。另，案涉款项虽支付至刘某云账户，但庄某泉已出具《借据》《借条》予以确认，在案证据能够证明款项的支付情况，故本案无须追加刘某云参加诉讼。综上，江某哉的上诉请求，缺乏事实和法律依据。一审判决认定事实清楚，适用法律正确，予以维持。

二审法院判决如下：

驳回上诉，维持原判。

【法官后语】

本案系民间借贷纠纷。本案认定民间借贷合同效力的依据是《最高人民法院关于审理民间借贷案件适用法律若干问题的规定》（2020年第二次修正）（以下简称《民间借贷适用法律若干规定》）第十三条第四项之规定。该条文内容为："具有下列情形之一的，人民法院应当认定民间借贷合同无效……（四）出借人事先知道或者应当知道借款人借款用于违法犯罪活动仍然提供借款的……"

《中华人民共和国合同法》第五十二条第三项也有相应表述："以合法形式掩盖非法目的，合同无效。然而，《中华人民共和国民法典》出台后删除了该款，不再将以"合法形式掩盖非法目的"这一表述作为合同无效的法定事由。一是因为非法目的为当事人主观意图，难以判断；二是即使目的非法，其实施法律行为本身是否无效，还要根据具体情形处理。此外，《中华人民共和国民法典》第一百四十六条规定，行为人与相对人以虚假的意思表示实施的民事法律行为无效。以虚假的意思表示隐藏的民事法律行为的效力，依照有关法律规定处理。即前述条文中将《中华人民共和国合同法》第五十二条第三项对应的内容区分为虚假表示的行为和隐藏行为的效力。如果虚假意思表示无效，而隐藏法律行为有效，则按照有效处理。如果隐藏法律行为本身无效，那么按照无效处理。

因此，在具体适用《民间借贷适用法律若干规定》第十三条第四项时，我们认为应严格限制适用范围，着重从以下几个方面理解：

一、前提条件为出借人事先知道或应当知道

司法实践中，常有借款人为从事违法、犯罪活动进行民间借贷的案件发生，如为犯罪活动准备资金，借款用作赌资、毒资、嫖资、传销等。《民间借贷适用法律若干规定》第十三条第四项之规定明确合同无效的适用条件：出借人事先知道或者应当知道借款人借款系用于违法犯罪活动。签订借款合同的目的应是双方共同明知的目的，而非单独一方的目的。何为"应当知道"，必须结合案件的具体情况予以认定，如出借人明知借款人有赌博恶习而不问用途向其出借款项，则可认定出借人应当知道借款人借款用于赌博。例如，本案审理过程中，庄某泉自认其在借款时已知江某哉在做“某平台”组织传销，庄某泉明知却不问用途向其出借款项，应认定借款用于传销是双方意思表示一致的结果，庄某泉自认刘某云曾让其参与传销活动，必然对传销组织发展成员的情况是了解的，应当知道江某哉将借款用于传销，庄某泉称其不知情也有悖常理，且其对刘某云介绍传销的陈述也前后不一致，综合以上情形，本案认定庄某泉事先知道或应当知道借款用于违法犯罪活动。

二、借款人的借款系用于违法犯罪活动

根据《民间借贷适用法律若干规定》第十二条之规定，借款人的借款行为涉嫌犯罪，民间借贷合同并不当然无效，合同效力的审查必须依据法律、司法解释的明确规定，并不当然无效。要符合“借款人借款系用于违法犯罪活动”，则该合同效力的认定应以借款人是否参与犯罪为标准进行划分。本案中，江某哉举证的“某平台”基础知识测试、微信群成员截图、微信聊天记录截图、成员架构图等，能够证明其借款用于传销活动，“某平台”存在通过发展人员，要求被发展人员缴纳费用取得加入或者发展其他人员加入的资格，牟取利益的情况。

当然，出借人知道或应当知道借款人的借款用于违法犯罪活动与出借人自身参与违法犯罪活动不同，需要特别注意。如果出借人自身参与违法犯罪活动，则出借款项的行为是违法犯罪活动的一部分。于此情形，应根据《最高人民法院关于在审理经济纠纷案件中涉及经济犯罪嫌疑若干问题的规定》第十一条“人民法院作为经济纠纷受理的案件，经审理认为不属经济纠纷案件而有经济犯罪嫌疑的，应当裁定驳回起诉，将有关材料移送公安机关或检察机关”的规定处理，不再作为民事案件审理。本案中，并无证据可以证明庄某泉参与传销违法犯罪活动，江某哉主张庄某泉涉嫌经济犯罪依据不足，没有被法院采纳，故本案仍作为民事案件审理。

三、相应情形民间借贷合同无效后的法律后果

值得注意的是，合同无效，仅包括不按当事人合意的内容赋予效力，并非

不发生任何效力。本案的法律关系发生在《中华人民共和国民法典》施行之前，根据时间效力的司法解释应适用《中华人民共和国合同法》第五十八条的相关规定，合同无效或者被撤销后，因该合同取得的财产，应当予以返还。前述条文中规定的财产，包括物的所有权返还，也包括金钱的返还。当事人主张合同无效返还的请求权基础是不当得利返还请求权。

至于合同无效后利息的处理，司法实践中较为灵活。有的判决支持当事人主张的资金占用期间利息，有的判决对约定的利息不予保护。我们认为，设立不当得利制度的目的在于矫正缺失法律原因的财货流转，主要体现为返还不当领受的利益，如何填补实际获利与返还数额之间的差额，并非不当得利制度所关心。本案中，庄某泉与江某哉订立民间借贷合同，江某哉的借款目的在于参与传销活动，而庄某泉在借款时是应当知道的，且该款项实际用于了传销活动，根据《民间借贷适用法律若干规定》第十三条第四项之规定，应认定该民间借贷合同无效。合同虽无效，江某哉仍应根据《中华人民共和国合同法》第五十八条之规定，承担合同无效情形下的款项返还义务。因借贷合同无效，相应的利息约定亦无效，江某哉用于支付利息的款项应一并抵扣本金。

编写人：福建省厦门市海沧区人民法院　陈基周　陈思

18

套取银行贷款转贷的，民间借贷合同无效

——晏A诉晏B民间借贷案

【案件基本信息】

1. 裁判书字号

湖北省武汉市青山区人民法院（2021）鄂0107民初5215号民事判决书

2. 案由：民间借贷纠纷

3. 当事人

原告：晏A

被告：晏B

【基本案情】

晏B是晏A的老同学。某日，晏B打电话给晏A称急需用钱，晏A表示自己无钱可借，晏B听后提出以晏A的名义向银行贷款套钱出来再借给晏B，晏A最后答应了晏B的要求。遂晏A与渤海银行股份有限公司签订《借款合同》，借款11万元，借期为3年，借款年利率11.3%，还款方式为等额本息。渤海银行向晏A放款11万元的同日，晏A将该款悉数转给晏B。根据晏A的银行还款记录显示，每月晏A需向银行还款4705.4元。其后，晏B在晏A的还款日向晏A转款4710元左右的款项，但仅偿还了17个月，现晏A仍有19个月的银行贷款未还清。故晏A诉至法院，请求晏B返还剩下19个月的借款。

【案件焦点】

晏A与晏B之间借贷合同效力的认定。

【法院裁判要旨】

湖北省武汉市青山区人民法院经审理认为：晏B在微信中向晏A作出了还款及承诺还款的行为、晏A通过套取银行贷款后放款至晏B，二人之间的民间借贷合同成立。但根据法律规定，套取金融机构贷款转贷的，应当认定民间借贷合同无效。晏A出借给晏B的款项系来自渤海银行个人贷款，其套取金融机构贷款转贷的情形，违背了民间借贷出借的资金应为自有资金的规范要求，属于规避监管、扰乱金融秩序的行为，法院依法认定晏A与晏B之间的民间借贷合同无效。民事法律行为无效后，行为人因该行为取得的财产，应当予以返还，有过错的一方应当赔偿对方因此所受到的损失，各方都有过错的，应当各自承担相应的责任。晏B除向晏A返还11万元借款外，还应支付资金占用期间的利息损失。现晏A发生年利率11.3%为标准的利息损失系因其违反法律规定从金融机构贷款并转贷，但晏 B 明知款项来源系银行贷款并对转贷事宜起主导作用，亦对合同无效存在过错，且晏 B 实际占用并使用了晏 A 的资金，在综合考量双方过错程度以及转贷合同等因素的基础上，法院酌定晏 B 承担按照年利率 11.3%的标准计算自转贷行为发生时至本案立案之日前的利息损失，按一年期贷款市场报价利率的标准计算其后利息。最终，法院判决晏 B 向晏 A 返还款项 52525 元并支付以 52525 元为基数的利息损失 659 元。自 2021 年 7 月 30 日起至 2023 年 1 月 9 日实际清偿之日止，按照年利率 3.85%标准计算资金占用损失。

湖北省武汉市青山区人民法院依照《最高人民法院关于适用〈中华人民共和国民法典〉时间效力的若干规定》第一条，《中华人民共和国民法典》第一百五十七条、第五百零九条、第五百六十一条、第六百六十七条及《中华人民共和国民事诉讼法》第一百四十四条之规定，判决如下：

一、被告晏 B 于本判决生效之日起十日内向原告晏 A 返还款项 52525 元并支付利息损失 659 元；

二、被告晏 B 于本判决生效之日起十日内向原告晏 A 支付以 52525 元为基数，自 2021 年 7 月 30 日起至 2023 年 1 月 9 日实际清偿之日止，按照年利率 3.85%标准计算资金占用利息；

三、驳回原告晏 A 的其他诉讼请求。

判决后，双方当事人均未上诉，本判决现已生效。

【法官后语】

《最高人民法院关于审理民间借贷案件适用法律若干问题的规定》第十三条规定，具有：套取金融机构贷款转贷的；以向其他营利法人借贷、向本单位职工集资，或者以向公众非法吸收存款等方式取得的资金转贷的；未依法取得放贷资格的出借人，以营利为目的向社会不特定对象提供借款的；出借人事先知道或者应当知道借款人借款用于违法犯罪活动仍然提供借款的；违反法律、行政法规强制性规定的；违背公序良俗的情形之一的，人民法院应当认定民间借贷合同无效。其中本案符合前述第一种情形，应认定为合同无效。

从《最高人民法院关于审理民间借贷案件适用法律若干问题的规定》第十

三条的修改情况来看。现行规定认定套取金融机构贷款的民间借贷合同无效已经删去“高利”的前提条件，正是反映了国家对民间借贷活动的管控更为严格，降低了此类民间借贷合同无效的认定标准，扩大了适用范围。2015 年 6 月 23 日最高人民法院审判委员会通过的《最高人民法院关于审理民间借贷案件适用法律若干问题的规定》第十四条规定“套取金融机构信贷资金又高利转贷给借款人，且借款人事先知道或者应当知道的，人民法院应当认定民间借贷合同无效”，但随着民间借贷案件数量与日俱增，社会资金融通压力得到缓解的同时，诸多乱象也严重扰乱了经济金融秩序和社会秩序，反而加大了金融风险。2020 年 8 月 18 日，最高人民法院审判委员会通过并于 2020 年 12 月 23 日修改的《最高人民法院关于审理民间借贷案件适用法律若干问题的规定》第十三条的现行规定中，不仅对套取金融机构资金的种类作出了修改，删去了“信贷资金”的限制条件，而且对适用的条件亦进行了修改，删去了“高利”的限制条件，扩大了合同无效的范围。据此，只要是将银行等金融机构发放的贷款转贷给他人而订立的合同，无论是否收取高额利息，也无论借款人是否知情，均认定为无效。

一、合同效力评价

此类案件在已经查明出借人将款项实际交付至借款人的基础上，评价合同效力的关键问题有两个方面。

1. 资金来源的举证责任。《最高人民法院关于审理民间借贷案件适用法律若干问题的规定》第十三条第一项所规范的是以自用借款为由向金融机构贷出款项，而后未按照与金融机构约定的借款用途使用贷款，将该款项又转出借至他人的行为。那么，民间借贷的资金来源必须为自有资金，如果资金来源不是自有资金的，法律对此应予以否定性评价。结合最高人民法院于 2019 年 11 月 8 日出台的《全国法院民商事审判工作纪要》第五十二条规定，审查出借人的资金来源时，借款人能够举证证明在签订借款合同时出借人尚欠银行贷款未还的，一般可以推定为出借人套取信贷资金，但出借人能够举反证予以推翻的除外。参照会议纪要的精神，具体到案件审理过程中，人民法院应当对资金来源进行审查，在法庭调查时应要求出借人陈述资金来源，如果出借人自认其资金来源为向金融机构贷款的，人民法院应在查实并认定金融机构后，对合同效力予以否定性评价；如果出借人陈述其资金来源是自有资金，但借款人主张出借人有“套取”行为的，则由借款人负有初步举证责任，应达到能够证明出借人有尚欠贷款未清偿的证明标准，如出借人与金融机构的借款合同，此时证明责任分配至出借人，由出借人举证证明不存在其与金融机构的借款事实，如贷款结清凭证，出借人无法证明的应承担举证不能的法律后果，认定“套取”行为存在，法院应对合同效力予以否定性评价。需要说明的是，“房贷”“车贷”等消费性贷款普遍存在，在出借人负有“房贷”“车贷”时，再向借款人出借款项，不宜简单地认定为“套取”行为，应适当考虑贷款发放后资金使用的实际用途、办理消费性贷款的目的等进行综合评判。

2. 对于金融机构的认定。金融机构是金融管理部门监督管理的从事金融业务的机构，包括银行、证券、保险及其分支机构。另外，最高人民法院在《关于新民间借贷司法解释适用范围问题的批复》（以下简称《批复》）中就关于适用范围问题予以了明确，“经征求金融监管部门意见，由地方金融监管部门监管的小额贷款公司、融资担保公司、区域性股权市场、典当行、融资租赁公司、商业保理公司、地方资产管理公司七类地方金融组织，属于经金融监管部门批准设立的金融机构，其因从事相关金融业务引发的纠纷，不适用新民间借贷司法解释”。结合《批复》，在认定出借人的资金来源相关方是否为金融机构可以从审查相关方的金融业务从业资质着手，金融行业为特许经营行业，从业机构需取得相应证照，若资金来源相关方符合金融从业的资质，则可作出认定。

二、合同无效的法律后果

《中华人民共和国民法典》第一百五十七条规定，“民事法律行为无效、被撤销或者确定不发生效力后，行为人因该行为取得的财产，应当予以返还；不能返还或者没有必要返还的，应当折价补偿。有过错的一方应当赔偿对方由此所受到的损失；各方都有过错的，应当各自承担相应的责任。法律另有规定的，依照其规定”。

1. 返还本金

出借人与借款人之间签订的民间借贷合同被认定为无效后，人民法院应当依据《中华人民共和国民法典》第一百五十七条的规定进行裁判，借款人应将从出借人处获得的款项本金向出借人返还。

2. 支付资金占用损失

出借人与借款人之间的民间借贷合同被认定无效后，就合同中约定的利率条款亦当然无效，出借人无权请求借款人按照约定支付借款利息。但基于借款人是资金的实际使用人，享有占用资金的利益，故在借款人向出借人返还款项的同时，出借人可以要求借款人支付一定的资金占用损失。出借人与借款人之间的民间借贷合同被认定无效，不导致出借人与金融机构之间的金融借款合同无效，出借人仍要履行其与银行之间签订的金融借款合同，即出借人无权向借款人主张利息而仍需向金融机构支付利息。金融借款合同虽不应在出借人与借款人的民间借贷纠纷案件中处理，但金融借款合同中的银行贷款利率标准计算的利息数额即为出借人仍应向金融机构支付的数额，可以作为出借人受到的损失。

3. 损失的分配

按照法律规定，合同无效后应以过错原则对各项损失进行分担责任。虽然出借人实际履行了交付，完成了民间借贷合同的义务，但法律予以否定的原因在于出借人取得金融机构贷款后，未按照金融贷款合同约定的使用用途使用，出借人的行为导致了该笔资金向借款人交付后的合同无效。出台并加强对扰乱金融秩序行为无效认定的法律规定正在于以司法手段打击规避金融监管的行为。从这个角度上考虑，应当认定出借人对合同无效是具有过错的，亦应对损失承担责任。同时，借款人实际占用并实际使用了资金，因其未按照民间借贷合同的约定履行还款义务，具有明显过错。综合出借人的过错程度，按照过错分配后具体损失的承担情况为：借款人按照出借人与金融机构的金融借款合同利率标准计算至案件立案之日，自立案之日起至实际清偿之日止的利率标准则为立案之日的一年期贷款市场报价利率。这种分配在坚持公平原则的基础上，一方面是出于便利数据计算、提升司法效能的考虑；另一方面则在于树立警示作用，由出借人自行负担自身的损失，加重违法成本，以调整公众在社会生活中的行为。

“套取”金融机构贷款后转贷，扰乱了金融秩序，属于违反国家法律法规的行为，不受法律的保护。民间借贷中，存在出借人的资金并非自有资金，甚至是“套取”金融机构的贷款转贷给借款人的情况。而金融机构发放贷款，目的是支持贷款人的生活、生产和经营，而借款人将之转贷，不仅违背与银行约定的贷款用途，使信用资金脱离监管或难以监管，资金安全难以保障，还可能扰乱信贷秩序，如果此种行为获利数额较大且情节严重，甚至可能构成高利转贷罪。借款人将从金融机构取得的资金全部或部分转贷给他人，该行为破坏了金融秩序，扩大了金融市场的风险，司法对这种转贷行为的否认，体现了严厉打击各类与民间借贷有关的金融违法活动的态度，以期优化法治化营商环境，更好地实现金融为实体经济服务，畅通融资渠道，降低融资成本。另外，金融机构在审查放贷时，应着重查明贷款用途是否真实、借款人是否实际按照约定用途使用贷款，否则，一旦发现借款人未按照约定使用贷款，可着手提前收回贷款，保障金融市场安全。

编写人：湖北省武汉市青山区人民法院　张璇

19

以借款形式领取工程款所涉法律关系的认定思路

——建设公司诉曹某、建筑装饰公司民间借贷案

【案件基本信息】

1. 裁判书字号

北京市第三中级人民法院（2021）京03民终15688号民事判决书

2. 案由：民间借贷纠纷

3. 当事人

原告（上诉人）：建设公司

被告（被上诉人）：曹某、建筑装饰公司

【基本案情】

2020年8月，建设公司（发包方）与建筑装饰公司（承包方）签订《工程劳务分包合同》并约定："工程名称为低温乳品工厂项目钢结构工程。工程分包范围为：包人工、包机械、包质量、保工期、包措施、包验收、包安全、包风险。合同价款暂定40万元，具体结算额以建设公司审核确认为准。工程进度款按实际完成验收节点付款。"因建筑装饰公司拖欠工人工资，导致工人向政府部门信访投诉。2021年3月5日，在工人代表出具《情况说明》以及曹某书写《还款承诺书》的情况下，建设公司向16名工人发放工资311035元。曹某出具的《还款承诺书》确认该311035元视为曹某、建筑装饰公司向建设公司的借款，曹某对此债务承担连带责任，并承诺于2021年3月15日前偿还该款项，每逾期一日支付万分之五的违约金。工人代表出具《情况说明》亦确认上述资金视为曹某、建筑装饰公司从建设公司的借款，由两者共同偿还。故建设公司诉请曹某、建筑装饰公司连带偿还借款311035元并给付相应利息。曹某、建筑装饰公司辩称案涉款项实为建设公司应当支付的工程款，双方不存在借贷关系，案涉工程系劳务清包，故工程款以工人工资形式体现。

诉讼中，曹某、建筑装饰公司提交《合同补充协议》、劳务费发票，显示：建设公司与建筑装饰公司另就工程增量达成补充协议，约定工程增量为6万元，建筑装饰公司已向建设公司开具40万元劳务发票。

另查明，建筑装饰公司于2021年2月向建设公司出具《建筑装饰公司"蒙牛一期"工资表》，载明工人16人，应发工资435325元，借支122110元，剩余金额311035元。建设公司据此主张，项目推进中建筑装饰公司根据工程及工人实际需要向建设公司申请工资，建设公司向工人发放工资，双方至今未就案涉项目工程款进行结算。

【案件焦点】

1. 建设公司给付的款项属于借款还是工程款；2. 在曹某出具《还款承诺书》确认借款事实并承诺还款的情况下能否据此认定双方建立了民间借贷关系。

【法院裁判要旨】

北京市顺义区人民法院经审理认为：本案的争议焦点为建设公司代付的311035 元工人工资，应认定为借款还是工程款。建设公司将案涉劳务工程交与建筑装饰公司，从合同内容及双方当事人庭审陈述可以判断，建筑装饰公司付出的主要为劳务，建设公司针对其购买的劳务给付工程款，也即工程款的实质内容为工人工资。双方在合同中详细约定了工程进度款按实际完成验收节点付款，双方一致确认涉诉工程并未最终结算，且对实际工程量及价款存在争议。涉诉 311035 元系在政府部门的组织协调下，由建设公司向工人发放的工资，该发放金额与 2021 年 2 月建筑装饰公司出具的工资表中的金额一致。本院认为，建设工程施工过程中，以出具借条的形式预支工程款的情形较为常见。通常情形下，工程完工决算后，借条涉及的款项在应付工程款中扣除。从双方形成借贷的过程和所涉时间特征来看，双方以借贷名义预支工程进度款符合实际。因此，在发包方建设公司未举证证明其已按照合同约定完成工程进度款付款义务的情况下，其以出借款项的名义向工人给付工资，应视为支付工程款。曹某签署的《还款承诺书》所体现的借贷关系掩盖了工程欠款的事实，应以真实的施工合同关系认定款项性质。故《还款承诺书》所体现的借贷关系不具有真实性，其包括归还事项、还款期限、违约责任等约定对当事人不具有约束力。

北京市顺义区人民法院依照《最高人民法院关于审理民间借贷案件适用法律若干问题的规定》第十四条、《最高人民法院关于适用〈中华人民共和国民事诉讼法〉的解释》第九十条之规定，作出如下判决：

驳回原告建设公司的全部诉讼请求。

建设公司不服一审判决，提起上诉。二审法院经审理认为：曹某所主张的款项性质属于工程款（工人工资），并非借款性质，建设公司关于是否足额或超额支付工程款（工人工资）如有争议，其可另行选择其他法律关系起诉主张权利。

北京市第三中级人民法院依照《中华人民共和国民事诉讼法》第一百七十条第一款第一项之规定，作出如下判决：

驳回上诉，维持原判。

【法官后语】

在建设工程合同的实际履行过程中，发包方通过出借款项形式向施工方支付工程款，在行业内较为常见。具体来说，发包方并非直接向施工方支付项目进度款，而是双方签订一份借款合同，通过借款形式将工程款支付给施工方。以借款名义预支工程款，对于施工方存在一定法律风险，但由于施工方通常处于弱势地位，为尽快拿到工程款，只能接受此种方式。此后如项目顺利竣工结算，双方默认借款转为工程款，借款合同权利义务消灭。如施工合同履行出现纠纷，发包方很有可能以借款合同及转账凭证作为依据，要求施工方偿还本金并支付利息。一旦发生纠纷，案涉款项究竟属于借款还是工程款，属于该类案件审理的重点和难点。

司法实践中，人民法院一般从以下几个方面审查并认定双方当事人建立何种法律关系：

1. 合同主体层面。当事人的一致性是人民法院分析合同性质的重要考量因素。在建设工程施工过程中，处于优势方的发包方会通过其优势地位迫使施工方以签订借款协议为名提取工程款，此时借款协议的当事人往往是建设工程施工合同的双方当事人。此借款合同的目的往往是发包方在双方产生纠纷时，以借款合同产生的利息减少工程款。因此如果借款合同的双方当事人与建设工程合同的双方当事人一致，则很有可能存在以借款名义支付工程款的情况。若借款合同主体和建设工程合同主体不一致，人民法院更倾向于将案涉款项认定为借款，而不作为工程款。

2. 合同要素层面。《中华人民共和国民法典》第六百六十八条第二款规定借款合同的内容一般包括借款种类、币种、用途、数额、利率、期限和还款方式等条款。如果借款合同内容包含上述所有要素，人民法院会倾向于认定是借款合同。但建设施工过程中形成的借款合同往往将款项用途标注为支付工资、材料款等，这在一定程度上说明该借款合同是专款专用，并非单纯意义上的借款，人民法院应综合考量借款合同的实质意义。

3. 合同关联性层面。即分析案涉款项与建设工程之间是否存在关联，具体来说可从以下三点进行分析：

（1）支付条件。如借款合同中约定款项支付的条件是完成一定工程量或工程竣工验收结算，显然与建设工程存在关联性，人民法院更倾向于认定案涉款项为工程进度结算款或工程竣工结算款。

（2）支付时间。如借款合同的支付时间在应支付工程进度结算款或工程竣工结算款前后，人民法院更倾向于认定该借款为工程款，这往往是发包方拖延支付工程款的手段。如借款合同付款时间在建设工程合同签订前或工程完工结算后，则难以认定该合同与工程之间存在关联性，款项也难以认定为工程款。

（3）支付对象。通常情况下，借款合同中出借资金是直接支付给借款人。但在建设工程中，施工方预支工程款的目的通常是支付劳务费或建材款，以缓解资金压力。大多数情况下，发包方很有可能将款项支付给建材商、施工工人等。所以当发包方与施工方签订借款合同并将款项支付给与建设工程相关主体时，该款项被定性为工程款的可能性更大。

编写人：北京市顺义区人民法院　王思思　王丽媛

20

约定固定本息的投资协议，应认定双方成立以让渡资金使用权为目的的民间借贷关系

——耿某诉曹某杰民间借贷案

【案件基本信息】

1. 裁判书字号

山东省青岛市中级人民法院（2021）鲁 02 民终 3370 号民事判决书

2. 案由：民间借贷纠纷

3. 当事人

原告（被上诉人）：耿某

被告（上诉人）：曹某杰

【基本案情】

耿某向本院提出诉讼请求：1. 依法判令曹某杰返还投资款 134 万元、支付投资利润 482400 元，共计 1822400 元；2. 诉讼费用由被告承担。事实和理由：2017 年年底，曹某杰承包了莱西市广州路改造工程。耿某先后为其投资 134 万元。曹某杰承诺：工程结算后，除返还投资款本金 134 万元，还按照月息 1 分支付原告最低利润。该工程于 2018 年竣工，与发包方的工程款也已经结算完毕，但被告拒绝给原告分配利润，且拒绝返还原告的投资款。故诉至法院，请求判令所请。

曹某杰辩称，本案为合伙协议纠纷，依据法律规定及双方的约定，对于双方合伙投资的广州路项目应当在工程结算完毕后对于其利润及本金进行分配，但现在广州路工程并未结算完毕，双方之间的合伙事务无法进行清算，请求法

庭依法判令驳回原告的诉讼请求。

2017 年年底，曹某杰承包了莱西市广州路市政项目工程，耿某先后支付给曹某杰 134 万元。2020 年 3 月 4 日，被告出具签订《协议》1 份，内容如下："经协商一致欠款人曹某杰就耿某广州路投资款 134 万元达成以下协议 1. 就本金无论广州路市政项目工程盈亏均保证返还本金；2. 在工程结算完毕后先付清本金，利润部分由耿某和曹某杰均分。(利润部分最低保证起始日为 2017 年 11 月 16 日起的 1 分息) 曹某杰 (370225××××××××3554) 2020 年 3 月 4 日。"诉讼过程中，耿某认可该协议全文由其本人书写并签字捺印。

【案件焦点】

曹某杰应否返还耿某借款。

【法院裁判要旨】

山东省莱西市人民法院经审理认为：双方当事人争议的焦点是：曹某杰应否返还耿某借款。本案中，曹某杰与耿某签订《协议》，但协议约定耿某只出资，不负担风险，不符合"共同出资、共同经营、共享收益、共担风险"的合伙关系特征。耿某依约向曹某杰支付款项，到期后收回成本，符合借款合同的规定，双方之间应构成民间借贷法律关系，故，根据民事法律关系的性质，本案案由应为民间借贷纠纷。因双方约定借款利息为"一分"，"分"在借贷关系中的意义为"利率"，即一定时期内利息额与借贷资金额的比率。《新华字典》对于作为利率的"分"的解释是，"利率，月利一分按百分之一计算，年利一分按十分之一计算"。据此，双方签订《协议》明确约定耿某享有年利率不得少于"利息 1 分"，应认定不得少于年利率 12%的固定收益，上述协议约定的内容已明确地表达了耿某的缔约目的和合同预期为追求资产固定本息回报，应认定耿某名义上为投资，但实际的真实意思系以还本付息条款为核心的借款合同关系。合法的借贷关系受法律保护，耿某向曹某杰支付借款 134 万元的事实清楚，人民法院予以认定，因双方未约定还款期限，耿某作为债权人有权随时主张债权，故对于耿某要求曹某杰归还借款 134 万元的诉讼请求，法院予以支持。

关于案涉利息，双方协议约定，利息最低按照1分计算，现耿某主张曹某杰支付自2017年11月16日起至2020年11月15日止利息482400元的诉讼请求，并未违反相关法律规定，符合双方约定，法院予以支持。山东省莱西市人民法院依照《中华人民共和国合同法》第八条、第六十条、第一百零七条之规定，判决如下：

一、曹某杰于判决生效之日起十日内给付耿某借款本金134万元；

二、曹某杰于判决生效之日起十日内给付耿某利息，以134万元为基数，自2017年11月16日起至2020年11月15日止共计482400元。

山东省青岛市中级人民法院认为原审判决曹某杰向耿某偿还借款本息并无不当，同意一审法院的裁判意见。

【法官后语】

一、成立民间借贷关系的判断标准

民间借贷主要指自然人之间、法人或其他组织相互之间，以及自然人与法人或其他组织之间，以货币或其他有价证券为标的进行资金融通的行为。[①] 民间借贷合同特点：第一，借款合同标的物为货币，不包括消耗物或不可消耗物。第二，借款合同一般是有偿合同，对于借款人而言，不但应当返还本金，还应当按照约定支付利息。自然人借款合同也可以是无偿的，但约定利率不得违反国家有关借款利率的规定。第三，借款合同为双务合同，作为出借人，应当按照合同约定的日期和金额提供借款，借款人要到期返还本金并按照约定支付利息。第四，自然人之间的借款合同为实践性合同，自出借人提供借款时成立，其主要特点是借款人要偿还本金和相应的利息。

二、民间借贷关系与投资关系的区别

投资是指投资者当期投入一定数额的资金而期望在未来获得回报，特点是具有不确定性，即投资有风险，最终既可能盈利，也可能亏损。投资和借贷两者区别如下：从协议内容来看，投资行为本质特征共同投资、共同经营、共担

① 参见朱庆育：《民法总论》，北京大学出版社2013年版，第409页。

风险、共享收益；借款行为本质特征是借款到期，借款人无条件按约定还本付息。本案中，双方签订的《协议》名为投资，但内容约定的是被告固定还本付息，而无原告承担风险的约定，系民间借贷法律关系的特征，非投资法律关系。从实际履行来看，“合伙人”原告支付了被告约定金额，被告保证“合伙人”在合同期间的固定本息收益，即“合伙人”并不承担投资风险，投资关系的核心是收益具有不确定性，案涉协议中存在保底性条款，符合民间借贷法律关系特征。从行为后果来看，本案中《协议》并非真正意义上的投资，原告仅出资，完成出资后并不参与合伙项目的经营和管理，只是按照协议收取固定回报，不承担风险，本质上系让渡了资金使用权，实质为民间借贷关系。

三、穿透式法律思维的实践运用

案件审理过程中，法院应根据双方当事人在合同中的约定或事实行为，适用穿透式审判的逻辑，进一步区分不同权利义务约定，应穿透合同的标题、形式去审视合同的实质内容，以界定其法律关系并确定案由。本案中，原告的诉讼请求系要求返还“投资”的本金和利息，法院依照民事法律关系的性质，确定案由为民间借贷纠纷，并判决被告返还本息。从表面上看，法院的裁判结果不在当事人诉讼请求覆盖范围之内，但在实质上，本案诉讼请求相对于裁判结果来说，具有涵盖性，案件审理过程中，法院适用穿透式裁判思维，在该涵盖性诉请覆盖之下进行具体裁判，无须要求当事人变更诉讼请求或者提出新的诉讼请求，也无须裁定驳回起诉后由当事人另行解决。

诉讼请求涵盖性规则，在《最高人民法院关于民事诉讼证据的若干规定》第五十三条第一款规定如下：“诉讼过程中，当事人主张的法律关系性质或者民事行为效力与人民法院根据案件事实作出的认定不一致的，人民法院应当将法律关系性质或者民事行为效力作为焦点问题进行审理……”根据诉请涵盖性规则的原理，对当事人主张的法律关系性质或者民事行为效力与人民法院根据案件事实作出的认定不一致的，不影响裁判结果。一方面可以减轻当事人诉累，减少诉讼成本；另一方面也能防止诉讼程序空转，有助于一次性解决纠纷。

编写人：山东省莱西市人民法院　单松源

二、夫妻共同债务认定

21

非直接借款人的沉默能否认定为对借款行为的追认

——刘某诉王某、张某民间借贷案

【案件基本信息】

1. 裁判书字号

北京市第三中级人民法院（2021）京03民终6653号民事判决书

2. 案由：民间借贷纠纷

3. 当事人

原告（被上诉人）：刘某

被告（上诉人）：王某

被告（被上诉人）：张某

【基本案情】

张某与王某于2013年5月结婚，于2019年11月离婚。刘某系张某、王某孩子的课外辅导老师。

2019年1月28日，张某向刘某出具两张借条，共借款85万元，并约定了利息。王某主张，张某向刘某所借债务为个人债务，王某无义务偿还。

刘某与张某的微信聊天记录中，多次出现打款、付息的确认信息，同时几次出现“需要钱过桥、集中过桥”等信息，张某陈述：“你放心，咱们合作快一年了……”

刘某与王某的微信记录中，多为就孩子教育、上辅导课等进行沟通。刘某曾在微信聊天记录中向王某提及张某向其借款一事，并表达了自己的担心，王某让其不用担心。

【案件焦点】

非直接借款人的沉默能否认定为对借款行为的追认。

【法院裁判要旨】

北京市朝阳区人民法院经审理认为：张某向刘某借款时与王某仍属夫妻关系存续期间，刘某提供的证据可以证明王某知晓张某借款一事。王某主张张某未将所借款项用于家庭生活和夫妻共同经营，但其未就此提供任何证据，法院不予采信。涉诉债务应属于张某与王某的共同债务，应由二人共同偿还。

北京市朝阳区人民法院依照《中华人民共和国合同法》第二百零一条、第二百零六条、第二百零七条，《中华人民共和国民事诉讼法》第一百四十四条之规定，判决如下：

一、张某、王某于判决生效后十日内连带偿还刘某借款本金85万元；

二、张某、王某于判决生效后十日内连带支付刘某逾期还款利息。

王某不服一审判决，提起上诉。

北京市第三中级人民法院经审理认为：本案中，案涉借条虽形成于张某与王某夫妻关系存续期间，但案涉借条系张某个人所签，转入张某个人账户，加之案涉借款金额较大，已超出家庭日常生活需要，故刘某应就案涉借款属于夫妻共同债务进行举证。刘某提交的微信聊天记录中对“借贷”言语不详且指向不明，同时亦无法与刘某、张某之间的借款发生时间完全对应，未显示王某对借款事宜予以追认。刘某作为债权人，其提交的证据不足以证明案涉款项用于夫妻共同生活、共同生产经营或者基于夫妻双方共同的意思表示。故刘某主张王某承担共同还款责任，依据不足，不予支持。

北京市第三中级人民法院依照《最高人民法院关于审理涉及夫妻债务纠纷案件适用法律有关问题的解释》第三条、《中华人民共和国民事诉讼法》第一百七十条第一款第二项之规定，判决如下：

一、撤销北京市朝阳区人民法院（2020）京0105民初38171号民事判决；

二、张某于判决生效后七日内偿还刘某借款本金85万元；

三、张某于判决生效后七日内支付刘某逾期还款利息；四、驳回刘某的其他诉讼请求。

【法官后语】

本案涉及夫妻共同债务中一个比较典型的问题，即涉及夫妻共同债务时，非直接借款人的沉默能否认定为共同意思表示。

《最高人民法院关于审理涉及夫妻债务纠纷案件适用法律有关问题的解释》（法释〔2018〕2号）第一条规定，夫妻双方共同签字或者夫妻一方事后追认等共同意思表示所负的债务，应当认定为夫妻共同债务。实践中，非直接借款方往往不会通过明示的方式直接表达借款意思，常见的情形诸如在借条上不署"借款人"，而是以"配偶""见证人"或"财产共有人"的名义签字，或者是签署借条时在场但不签字，或者借款人将所借款项汇入配偶掌握的银行账户，还有非直接借款方偿还部分款项等。此时对非直接借款方的行为如何认定，往往涉及意思表示的解释问题，其本质是能否将非直接借款方的行为认定为就借款行为进行了追认。

意思表示的解释是民法学中的重要课题。《中华人民共和国民法典》第一百四十二条第一款规定，"有相对人的意思表示的解释，应当按照所使用的词句，结合相关条款、行为的性质和目的、习惯以及诚信原则，确定意思表示的含义"。不同的解释方案可能源于不同案件中具体案情的差异，同时也包含着民事裁判的价值取向。在涉及默示的意思表示解释时，尤其需结合案件具体事实和举证责任分配来恰当作出裁判。例如，面对非举债方主动向债权人还款的行为，依据常理认定非举债方的行为属于追认的意思表示，符合解释规则中的"习惯以及诚信原则"，因为非举债方的还款行为仅是代举债方"转交欠款"，在生活中并不常见。此时，非举债方若要否认夫妻共同债务，应承担举证责任。但如果非直接借款方在债权人催款时作出还款行为，此时将还款行为直接等同于对债务的追认并不妥当，尚需对该还款行为的性质进行下一步判断。非直接借款人对债务的知情情况、债权人催讨债务的场景和方式等均应当被纳入具体的考量因素。又如，以汇款去向作为意思表示判断要素时，则要区分“配偶掌握的银行账户”和借款方实际控制的“配偶名下的银行账户”，以及债权人的知情情况、当事人之间的交易习惯等，对意思表示背后的风险分配进行实质性分析。

综上，对沉默的性质进行评价时，实质问题是判断非直接借款人的“知晓且未提出异议”的“可归责性”。应该说要求非直接借款人知晓“债务的存在和具体数额”，或至少要求其知晓“举债事实”是必要的，但对其具体行为的解释还需要结合案件情况进行具体判断。

具体到本案中，张某向刘某出具的借条系张某个人所签，转入张某个人账户，且案涉借款金额较大已超出家庭日常生活需要。依照《最高人民法院关于审理涉及夫妻债务纠纷案件适用法律有关问题的解释》（法释〔2018〕2号）第三条之有关规定，刘某首先应举证证明案涉债务用于张某、王某的夫妻共同生活、共同生产经营或者基于双方的共同意思表示。刘某为此确实提交了与王某的微信聊天记录，但是其提交的微信聊天记录对“借贷”言语不详且指向不明，同时亦无法与刘某、张某之间的借款发生时间完全对应，未显示王某对借款事宜予以追认。故刘某作为举证责任方未完成举证责任，应该承担不利后果。而综观双方的微信聊天记录内容可知，双方多就王某孩子的辅导学习进行交流，即使刘某曾提到张某借贷一事，其模糊的内容指向及王某的表达，均不能得出王某对案涉借贷已经进行了追认，故刘某以夫妻共同债务为由要求王某承担偿还责任，缺乏依据，二审的判决是正确的。

编写人：北京市第三中级人民法院　王世洋　金妍熙

22

夫妻公司一人对外借款用于公司生产经营应认定为夫妻共同债务

——虞某诉张某等民间借贷案

【案件基本信息】

1. 裁判书字号

江西省高级人民法院（2021）赣民申1606号民事裁定书

2. 案由：民间借贷纠纷

3. 当事人

原告：（被上诉人、再审被申请人）：虞某

被告（上诉人、再审申请人）：张某

被告：景德镇瓷业公司、杨某蜚、杨某、冯某民

【基本案情】

景德镇瓷业公司成立于2010年5月20日，杨某、张某为景德镇瓷业公司的股东，张某为景德镇瓷业公司的监事。杨某与景德镇瓷业公司于2016年4月19日向虞某出具借条一张，载明："今借到虞某人民币叁拾万圆整，期限为半年，2016年4月19日至2016年10月19日止。"由杨某在借款人处落款签名，并加盖景德镇瓷业公司合同专用章，冯某在担保人处签名。2017年1月20日，双方约定续一年合同时间，杨某在上述借条上加载："续壹年合同时间2017年1月20日至2018年1月19日。"该借条反面备注："收款人杨某、账号62×××62、开户银行工商银行；收款人杨某、账号62×××89、开户银行建行。"虞某于借条出具当日分别从其工商银行账号转账给杨某（工商银行卡号：62×××62）

10 万元、从其建设银行账号转账给杨某（建设银行卡号：62×××89）194000 元。冯某于 2016 年 6 月 15 日至 2019 年 9 月 13 日总计向虞某微信转账 95000 元。杨某于 2017 年 4 月 23 日向虞某微信转账 5000 元、于 2017 年 4 月 26 日转账 1000 元，总计 6000 元。

杨某与张某于 2017 年 1 月 11 日办理离婚登记。杨某与张某的离婚协议约定："男女双方婚内共同出资开办景德镇瓷业公司，杨某持股 66%，张某持股 34%，双方共同确认公司是夫妻共同财产范围，在本次离婚协议之时按各自持有股份比例予以分割。离婚后两人独自享用该股权的所有权、收益权、经营权等，不再属于夫妻共同财产；男女双方共同确认夫妻关系存续期间，因共同经营景德镇瓷业公司所欠债务（借据、欠条均有张某、杨某共同签字或加盖公章）双方确认为经营公司共同债务，男女双方对此部分债务予以确认，并不提出异议，承诺由双方按公司股东投资比例进行偿还。"杨某于 2018 年 8 月去世，其第一顺位继承人为其父杨甲及其子杨某蜚。杨某蜚在 2020 年 4 月 14 日在景德镇市景德公证处作出放弃继承权声明书，该声明书记载："杨某蜚放弃对杨某遗留景德镇瓷业公司的股权（实缴出资额人民币陆拾陆万圆，出资比例 66%）的继承权。"2020 年 4 月 26 日，杨某蜚在（2020）赣 0202 民初 108 号案件审理过程中出具放弃继承承诺书，承诺放弃继承杨某名下遗产，若查明杨某有其他遗产的，确定一并放弃。

【案件焦点】

杨某是否为案件借款主体及杨某对外借款是否为夫妻共同债务。

【法院裁判要旨】

江西省景德镇市昌江区人民法院经审理认为：

（1）杨某是否为涉案借款主体。杨某与景德镇瓷业公司于 2016 年 4 月 19 日向虞某借款并向虞某出具借条一张，虞某于当日向指定账户转账 294000 元。虞某主张本案借款人系杨某以及景德镇瓷业公司，张某辩称涉案借款并非杨某以其个人名义借款，而是以公司名义进行借款。该院认为，杨某以及景德镇瓷业公司分别在上述借条的借款人处签名、盖章。杨某、景德镇瓷业公司与虞某之间的借款关系属实，债权债务关系明确，也不存在法律所规定的无效债权的事由，应认定杨某、景德镇瓷业公司与虞某之间借贷关系合法有效。且本案所涉借款接受账户为杨某的个人账户，如本案借款的借款人仅为被告景德镇瓷业公司，根据《中华人民共和国公司法》第一百七十一条第二款有关“对公司资产，不得以任何个人名义开立账户存储”的规定，本案所涉借款应转账至景德镇瓷业公司账户而非杨某个人账户，对被告张某的答辩意见本院不予采信，该院认定杨某以及景德镇瓷业公司均为本案所涉借款的借款人。

（2）杨某对外借款是否为夫妻共同债务。虞某主张本案所涉债务属于杨某与张某夫妻关系存续期间的共同债务，张某应承担本案借款的偿还责任。张某辩称借条上没有其的签字也未获得其的追认，该笔借款未汇入景德镇瓷业公司公账也没有加盖景德镇瓷业公司的公章，不应认定为夫妻共同经营公司形成的债务，其不应对该笔借款承担偿还责任。该院认为，本案所涉借款发生于杨某与张某夫妻关系存续期间，该借条加盖被告景德镇瓷业公司的合同专用章，可以认定本案借款系用于景德镇瓷业公司的生产经营，景德镇瓷业公司为杨某与张某婚姻关系存续期间的夫妻共同财产，在杨某与被告张某婚姻关系存续期间由双方共同经营管理。综上，本案所涉债务可以认定为杨某与被告张某在婚姻关系存续期间共同生产经营需要所负的债务，为杨某与被告张某在婚姻关系存续期间的共同债务，张某应就本案所涉债务向虞某承担偿还责任。

基于以上，一审法院判决涉案债务系杨某与景德镇瓷业公司共同借款，该债务为夫妻共同债务，张某应对该债务承担还款责任。

一审宣判后，张某提起上诉，景德镇市中级人民法院经审理认为：

（一）本案的争议焦点应先确定涉案债务是否为夫妻共同债务，在确定系夫妻债务基础上再评判夫妻债务责任承担问题。涉案债务是否属于夫妻共同债务，首先需确认借款主体是否包含杨某个人。据已查明的事实，2016 年 4 月 19 日，杨某与景德镇瓷业公司向虞某出具的借条，杨某在借款人处落款签名，并加盖景德镇瓷业公司合同专用章，冯某在担保人处签名。单从借条看，涉案的借条存在借款人是景德镇瓷业公司还是杨某与景德镇瓷业公司共同借款的分歧，但综合整个案件分析：第一，根据《中华人民共和国税收征收管理法》第十七条第一款、《中华人民共和国公司法》第一百四十八条第一款第二项之规定，公司经营过程中应当依法开立和使用银行账户，本案借款若是景德镇瓷业公司单独借款，应转到景德镇瓷业公司开立的银行账户。第二，涉案借款汇入杨某的账户，而非景德镇瓷业公司账户，且该借条反面亦写明收款人为杨某以及杨某的汇款银行账户。至于借款被用于景德镇瓷业公司生产经营，并不影响借款人景德镇瓷业公司与杨某作为借款主体资格的认定；第三，2017 年 1 月 20 日，杨某在涉案借条下方注明："续壹年合同时间 2017 年 1 月 20 日至 2018 年 1 月 19 日，落款处杨某签名。"该续一年合同签字仅有杨某的个人签字，此证据进一步证实杨某为本案借款人。第四，虞某主张杨某与景德镇瓷业公司为共同借款人，且借款被用于景德镇瓷业公司生产经营不持异议。与之相反，张某否认杨某为共同借款人，却未能提供相反的证据佐证杨某非借款人。张某上诉主张杨某仅是以景德镇瓷业公司的名义行使职务行为，杨某非借款人理由不充分，一审法院认定案涉借款人为杨某和景德镇瓷业公司并无不当。

（二）杨某的借款是否属于杨某与张某夫妻共同债务应当结合本案具体证据及案情综合认定。根据《最高人民法院关于审理涉及夫妻债务纠纷案件适用法律有关问题的解释》第三条的规定，张某的主张不应支持：一是景德镇瓷业公司股东杨某与张某出资已全部实缴到位，能够证明股东出资符合公司法规定，不存在注册资本不到位的情形，但股东出资到位与否，与杨某的借款是否属于夫妻共同债务属于两个不同的法律关系，两者之间不存在互为因果的前提条件；二是张某与杨某在 2017 年 1 月 11 日《离婚协议》中约定景德镇瓷业公司属于夫妻共同财产，属于张某与杨某的自认行为，按照公司法的规定，杨某与张某作为景德镇瓷业公司的股东，享有景德镇瓷业公司相应的股权，但景德镇瓷业公司的财产不属于夫妻共同财产，景德镇瓷业公司具有独立人格。杨某与张某的出资是否为夫妻共同财产与杨某借款是否属于夫妻共同债务亦不存在互为因果的前提条件；三是张某作为景德镇瓷业公司的股东，依照公司法的相关规定，享有公司的决策权、公司利润分配权和选择管理者的权利以及法定的知情权等，张某对于其权利行使并无证据证明存在事实和法律上的障碍；四是张某作为景德镇瓷业公司监事，根据《中华人民共和国公司法》第五十三条第一款第一项、第二项、第三项，第一百四十七条第一款之规定，张某负有对公司日常经营监督管理的职责，杨某与景德镇瓷业公司的借款行为应推定为其明知。本案借款用于景德镇瓷业公司生产经营后，张某作为景德镇瓷业公司股东和监事对杨某的借款行为一直没有提出异议，包括在2017年1月11日张某与杨某签订离婚协议分割夫妻共同财产时亦未提出异议。结合以上四点，涉案借款应属于夫妻共同债务。

景德镇市中级人民法院作出判决，维持原审判决。

张某随后提起再审，江西省高级人民法院作出裁定，驳回张某的再审申请。

【法官后语】

本案的争议焦点在于评判杨某是否为涉案借款主体及杨某对外借款是否为夫妻共同债务。夫妻公司中夫妻双方系公司股东。认定借款为夫妻共同债务，首先，需先确定借款主体是否涵涉夫妻中一方。在确定夫妻一方以个人名义对外的借款后，需再审查该借款是否用于公司生产经营，如用于公司生产经营，该债务应认定为夫妻共同债务，应由夫妻双方共同偿还。

一、夫妻公司对外借款主体的认定

夫妻公司并非严格意义上的法律概念，亦不是法定的公司类型，通常是指股东为夫妻二人或者控股股东为夫妻二人的有限公司；夫妻有限责任公司的特点在于公司的股东为夫妻二人，或者公司的主要控股股东就是夫妻双方。夫妻公司对外借款通常有三种方式，第一种是以公司的名义对外借款；第二种是以公司法定代表人个人名义与公司名义共同对外借款。第三种是以个人名义对外借款用于公司经营。第一种、第三种对外借款方式不作论述，在此主要认定如何判别公司法定代表人与公司共同对外借款。根据法律及相关司法解释，可以从以下两个方面判别公司法定代表人与公司是否共同对外借款。第一，银行流水是在开立的银行账户进行收入和支出交易的明细账单，能够清晰反映夫妻公司与股东相互间资金流动情况，认定公司法定代表人与公司是否对外共同借款，借款资金走向可作为判别的考虑因素之一。根据《中华人民共和国税收征收管理法》第十七条第一款、《中华人民共和国公司法》第一百四十八条第一款第二项之规定，公司经营过程中应当依法开立和使用银行账户，不得将公司资金储存于个人账户内。第二，认定公司法定代表人是否与公司共同对外借款，不仅可以从资金流向进行判断，亦可以从公司法定代表人事后的书面承诺与资金流向双向分析。本案借款主体是否涵涉景德镇瓷业公司与杨某。若本案借款仅为景德镇瓷业公司单独借款，应转到景德镇瓷业公司开立的银行账户，而不是汇入杨某个人账户，且本案借条反面亦写明收款人为杨某以及杨某的汇款银行账户。至于借款被用于景德镇瓷业公司生产经营，并不影响借款人景德镇瓷业公司与杨某作为借款主体资格的认定。且2017年1月20日，杨某在涉案借条下方注明："续壹年合同时间2017年1月20日至2018年1月19日，落款处杨某签名。"该续一年合同签字仅有杨某的个人签字，此证据进一步证实杨某为本案借款人。虞某主张杨某与景德镇瓷业公司为共同借款人，且借款被用于景德镇瓷业公司生产经营不持异议。

二、夫妻公司一方对外借款用于公司经营，如何界定基于夫妻一方同意

《最高人民法院关于审理涉及夫妻债务纠纷案件适用法律有关问题的解释》第三条规定："夫妻一方在婚姻关系存续期间以个人名义超出家庭日常生活需要所负的债务，债权人以属于夫妻共同债务为由主张权利的，人民法院不予支持，但债权人能够证明该债务用于夫妻共同生活、共同生产经营或者基于夫妻双方共同意思表示的除外。"根据该条法律条文要旨，认定以个人名义超出家庭日常生活需要所负债务系夫妻共同债务需要满足两个条件：第一，夫妻关系存续期间；第二，债权人能够证明该债务用于夫妻共同生活、共同生产经营或者基于夫妻双方的共同意思表示。亦即认定夫妻共同债务可以从三个角度进行分析，且三个角度系"或"的关系而非"且"的关系。笔者认为，本案认定夫妻共同债务可以从两个角度进行分析：一是从夫妻共同生产经营角度；二是从双方共同意思表示角度。从夫妻双方共同经营角度讲，有观点认为，判断生产

经营活动是否属于夫妻共同生产经营，要根据经营活动的性质以及夫妻双方在其中的地位作用等综合认定。夫妻从事商业活动，视情适用公司法、合同法、合伙企业法等法律及司法解释的规定。夫妻共同生产经营是指夫妻基于共同意思向第三人举债，并将其借款用于生产经营相关联事项中，在生产经营中，着重要注意“共同”，该“共同”又并非完全指双方夫妻共同决定、参与、处理生产经营事项，还应包括由夫妻一方决定，债务用于夫妻公司经营。本案景德镇瓷业公司有且仅有两名股东即杨某与张某，其中杨某为公司法定代表人，张某为公司监事，借款时双方系在婚姻关系存续期间，该借款被用于景德镇瓷业公司各方并不持异议。是故，公司对外的借款应认定为用于夫妻共同生产经营，该债务系夫妻共同债务，应由夫妻双方共同偿还。从双方共同意思表示角度讲，《中华人民共和国公司法》第五十三条规定：“监事会、不设监事会的公司的监事行使下列职权：（一）检查公司财务；（二）对董事、高级管理人员执行公司职务的行为进行监督，对违反法律、行政法规、公司章程或者股东会决议的董事、高级管理人员提出罢免的建议；（三）当董事、高级管理人员的行为损害公司的利益时，要求董事、高级管理人员予以纠正……”第一百四十七条第一款规定：“董事、监事、高级管理人员应当遵守法律、行政法规和公司章程，对公司负有忠实义务和勤勉义务。”根据《中华人民共和国公司法》第五十三条、第一百四十七条法律要旨，监事负有对公司财务、高级管理人员监督的职责，在没有证据证明监事无法正常行使职责的情况下，视为监事知晓公司财务相关情况。案件中对于监事的知晓采用推定，采用推定的理由在于不存在直接证据或仅凭直接证据尚不足以证明待证事实的真实性时，通过间接证据与待证事实之间的常态联系进行推理，推理的基础在于常态联系和法律政策。常态联系即指经验法则，在人们生活经验上，通常有依据某一个已经存在或者可以确信的事实，基于直接经验而判断另一事实存否的心理过程，不断累积如此判断的经验，人们自然会归纳出判断这种事实的具体法则即经验法则。本案张某作为公司监事，从公司法律、公司章程及日常经验讲，张某负有对公司日常经营监督管理的职责，在张某无证据证明其无法行使监事职责的情况下，杨某与景德镇瓷业公司对外共同借款行为应推定为其明知。本案借款用于景德镇瓷业公司生产经营后，张某作为景德镇瓷业公司股东和监事对杨某的借款行为一直没有提出异议，包括在2017年1月11日张某与杨某签订离婚协议分割夫妻共同财产时亦未提出异议。是故涉案借款应属于夫妻共同债务，张某应承担还款责任。

编写人：江西省景德镇市中级人民法院 叶心华 王乘

23

夫妻共同债务的认定及举证责任

——教育咨询公司诉邱某喜民间借贷案

【案件基本信息】

1. 裁判书字号

福建省厦门市海沧区人民法院（2020）闽0205民初639号民事判决书

2. 案由：民间借贷纠纷

3. 当事人

原告：教育咨询公司

被告：邱某喜

第三人：吴某芬

【基本案情】

教育咨询公司成立于2017年12月5日，类型为有限责任公司（自然人投资或控股），初始登记股东为张某玉（投资比例95%）、吴某锋（5%）。教育咨询公司的股东于2018年9月3日变更登记为：张某玉、吴某芬、厦门教育服务有限公司、罗某。前述股东的持股比例分别为39%、37%、21%、3%。2018年

9月3日至2020年1月16日，吴某芬担任教育咨询公司的执行董事兼总经理，为教育咨询公司的法定代表人。其间，2018年10月31日、2019年2月1日、5月10日、10月21日，教育咨询公司与“吴某芬”签订四份《借款合同》。教育咨询公司于2018年10月31日、2019年2月1日、5月10日、10月22日将相应借款金额分别为764612.65元、1088489.75元、174202.41元、363363.87元转账至吴某芬名下的银行账户。后吴某芬未返还上述合计2390668.68元。教育咨询公司诉至本院，立案号（2020）闽0205民初422号，请求判令吴某芬立即偿还教育咨询公司借款2390668.68元及逾期付款利息（利息以2390668.68元为基数，自2020年1月1日起按月利率2%计算，应计算至吴某芬付清之日止）。本院于2020年12月1日作出（2020）闽0205民初422号民事判决书，该判决的本院认为部分阐述，教育咨询公司支付给吴某芬的案涉四笔款项并非分配利润，而是分配摊算收入或净现金流，吴某芬对其性质也是明知的。结合《“创盟计划”投资协议书》的有关约定，教育咨询公司与吴某芬之间已成立事实上的借款关系并已实际支付借款。该判决书判决：邱某喜吴某芬于本判决生效之日起十日内偿还教育咨询公司借款本金2390668.68元并支付逾期利息；后教育咨询公司与邱某喜均不服，提起上诉。2021年3月30日，福建省厦门市中级人民法院作出（2021）闽02民终1104号《民事判决书》，判决驳回上诉，维持原判。在（2021）闽02民终1104号《民事判决书》的事实查明部分载明：吴某芬仅签署了363363.87元的借款合同，其余三份借款合同吴某芬并未签署。本院认为部分阐述：一审法院关于教育咨询公司支付给吴某芬的案涉四笔款项而是分配摊算收入或净现金流，本质上是吴某芬向教育咨询公司无息借款的认定并无不当。（2021）闽02民终1104号《民事判决书》事实部分查明，吴某芬仅签署了363363.87元的借款合同，其余三份借款合同吴某芬并未签署。

吴某芬收到款项后将其中1099637元转账支付至邱某喜名下的银行卡。在法律审理过程中，邱某喜及吴某芬陈述该银行账户系吴某芬在使用。

本案审理过程中，本院依教育咨询公司申请，作出（2021）闽0205民初

3168号民事裁定书，裁定查封、扣押、冻结邱某喜、吴某芬名下价值274万元的财产。教育咨询公司向本院缴纳财产保全申请费5000元。

另查明，邱某喜与吴某芬于2009年1月19日登记结婚，系夫妻关系。

【案件焦点】

夫妻共同债务的认定及举证责任。

【法院裁判要旨】

福建省厦门市海沧区人民法院经审理认为：本案系民间借贷纠纷。本院作出的（2020）闽0205民初422号民事判决认定吴某芬尚欠教育咨询公司2390668.68元借款及利息，并判令吴某芬返还2390668.68元借款及支付利息，该判决已生效。案涉借款发生在邱某喜和吴某芬婚姻关系存续期间。由于上述借款达200多万元，明显超过日常生活家庭的需要，那么，教育咨询公司作为债权人，则必须证明上述借款系用于夫妻共同生活、共同生产经营或者基于夫妻双方共同的意思表示。

首先，吴某芬向教育咨询公司借款是否具有夫妻共同的意思表示。从（2020）闽0205民初422号民事判决事实部分认定，教育咨询公司支付给吴某芬的案涉四笔款项是分配摊算收入或净现金流，而（2021）闽02民终1104号《民事判决书》事实部分查明，吴某芬仅签署了363363.87元的借款合同，其余三份借款合同吴某芬并未签署。因此，系由于教育咨询公司特殊的财务现金周转制度，将本应保存在公司公账的公司收入或者现金流分别依照股份比例存进股东账户而形成事实上的借款合同关系。因此，教育咨询公司的特殊财务制度及吴某芬股东身份是导致实际借款产生的根本原因。此借款的发生并不受邱某喜是否与吴某芬是夫妻关系的制约。其次，教育咨询公司并未提供相应能够证实邱某喜有同意借款的证据。因此，吴某芬的上述借款，与邱某喜并没有共同的意思表示。最后，吴某芬的上述借款是否用于夫妻共同生活或者共同生产经营，此仍然应由教育咨询公司承担举证责任。教育咨询公司认为吴某芬对教育咨询公司进行投资的资金大部分由邱某喜转账支付给吴某芬，因此认为系邱某喜与吴某芬夫妻共同投资，再由共同投资行为推导出借款即夫妻共同举债。本院认为，投资款来源于邱某喜与吴某芬的夫妻共同财产，并不必然推导出教育咨询公司将案涉款项转账给吴某芬即夫妻共同举债。也就是说，投资款来源于夫妻共同财产与借款系夫妻共同借款之间没有相应的逻辑关系或者必然的因果关系。同时，吴某芬将 1099637 元转账支付至邱某喜名下的账户，此一单纯的转账行为不能推导出吴某芬向教育咨询公司借款 2390668.68 元系用于邱某喜与吴某芬的夫妻共同生产经营或者夫妻共同生活。夫妻共同生产经营或共同生活，是一个客观的法律事实，其共同生活或者共同生产经营的内容应当具体、明确，如共同炒股、共同开厂、共同购房等，只有相应的法律事实的存在才能产生相应的法律后果，而不是仅凭借抽象、简单地推导。因此，教育咨询公司认为吴某芬的上述借款用于夫妻共同生活或者共同生产经营，事实依据不足，本院不予采信。

综上，教育咨询公司请求确认案涉债务为邱某喜与吴某芬的夫妻共同债务，证据不够充分，本院不予认定。教育咨询公司诉请邱某喜共同偿还上述债务及其利息，本院不予支持。教育咨询公司诉请邱某喜与吴某芬支付教育咨询公司财产保全费 5000 元，同样理由不充分，不予支持。

另外，本案处理的系案涉借款是否属于邱某喜与吴某芬夫妻共同债务的问题及邱某喜是否应当承担共同还款责任的问题，与此前处理过的案涉借款是否为吴某芬借款的问题并不属于同一诉讼，二者并不相同也不冲突，不属于一事二理。福建省厦门市海沧区人民法院依照《中华人民共和国民法通则》第九十条，《最高人民法院关于适用〈中华人民共和国婚姻法〉若干问题的解释（二）》第二十四条、《中华人民共和国民事诉讼法》第六十四条第一款之规定，判决如下：

一、驳回教育咨询公司的全部诉讼请求。

二、案件受理费 28720 元，由教育咨询公司负担。

宣判后，原、被告双方均未提起上诉，判决已发生法律效力。

【法官后语】

本案涉及民间借贷案件中常见的焦点问题：夫妻共同债务的认定及举证规则。关于夫妻共同债务的认定，除了夫妻共同意思表示和为家庭日常生活需要所负债务，还有一类情形属于夫妻共同债务，即只要为夫妻“共同生活”“共同生产经营”所负债务，无论是夫妻双方共同举债还是一方个人举债，都应当认定为夫妻共同债务，包括夫妻家庭生活消费，也包括夫妻共同生产经营支出。《最高人民法院关于审理涉及夫妻债务纠纷案件适用法律有关问题的解释》第三条规定：夫妻一方在婚姻关系存续期间以个人名义超出家庭日常生活需要所负的债务，债权人以属于夫妻共同债务为由主张权利的，人民法院不予支持，但债权人能够证明该债务系用于夫妻共同生活、共同生产经营或者基于夫妻双方共同意思表示的除外。本案中吴某芬在与邱某喜婚姻关系存续期间以吴某芬的名义向教育咨询公司借款2390668.68元，系夫妻一方在婚姻关系存续期间以个人名义所负债务，且明显超过家庭日常生活的需要。针对该情形下夫妻共同债务的认定，债权人应对该债务用于夫妻共同生活、共同生产经营或者基于夫妻双方共同意思表示承担举证责任。在债权人举证不能的情形下，借款人配偶无须共同承担偿还责任。

本案中，教育咨询公司并未提供相应证据证实邱某喜与吴某芬有夫妻共同借款的意思表示。那么该债务是否为夫妻“共同生活”“共同生产经营”所负债务。该举证责任仍由债权人承担。

关于夫妻共同生活的范围，夫妻双方共同消费支配或者用于形成夫妻共同财产的支出，都属于“夫妻共同生活”的范围。随着我国经济社会的发展，城乡居民家庭财产结构、类型、数量、形态以及理财模式等发生了很大变化，人们的生活水平不断提高，生活消费日趋多元化，很多夫妻的共同生活支出不再局限于以前传统的家庭日常生活消费开支，还包括大量超出家庭日常生活范围的支出。这些支出系夫妻双方共同消费支配，或者用于形成夫妻共同财产，或者基于夫妻共同利益管理共同财产产生的支出，性质上均属于夫妻共同生活的范围。夫妻共同生活包括但不限于家庭日常生活，但夫妻共同生活超出家庭日常生活需要范围的部分，需要债权人举证证明。笔者认为，案件审理中，可通过日常生活经验，对非举债方的收入、消费情况等进行分析，判断债务是否用于夫妻共同生活。

关于夫妻共同生产经营的范围。一般认为，夫妻共同生产经营主要是指由夫妻双方共同决定生产经营事项，或者虽由一方决定但另一方进行了授权的情形；夫妻共同生产经营所负的债务一般包括双方共同从事工商业、共同投资以及购买生产资料等所负的债务。判断经营活动是否属于夫妻共同生产经营，要根据经营活动的性质及夫妻双方在其中的地位、作用等进行综合认定。

本案考察吴某芬、邱某喜夫妻的家庭收入和消费情况，结合2390668.68元这一明显超过家庭日常生活需要的借款金额，无法间接断定借款是用于“共同生活”。且债权人教育咨询公司也不能证明吴某芬将借款明确、直接地用于“共同生活”的情形，如将借款用于购置大宗资产等形成夫妻共同财产等。此外，教育咨询公司不能证明吴某芬、邱某喜夫妻共同投资设立有限责任公司、共同经营企业，也不能证明所欠债务事实上用于夫妻共同生产经营。因此，在债权人举证不能的情形下，借款人配偶无须共同承担偿还责任。

编写人：福建省厦门市海沧区人民法院　吴建中

24

夫妻一方为另一方提供担保的债务应为夫妻共同债务

——张某廷诉孙某璐、赵某涛民间借贷案

【案件基本信息】

1. 裁判书字号

山东省临沂市河东区人民法院（2021）鲁1312民初3283号民事判决书

2. 案由：民间借贷纠纷

3. 当事人

原告：张某廷

被告：孙某璐、赵某涛

【基本案情】

被告孙某璐、赵某涛系夫妻关系，2019 年 3 月 10 日，被告孙某璐向原告张某廷借款 15000 元，立有借条一份，约定“借期内月利息 2 分及借款总额 10%的违约责任，全部本息于 2020 年 4 月 9 日一次性还清”，被告赵某涛在借条“担保人”处签字。同日，原告张某廷通过银行转账完成出借事实。借款到期后，原告张某廷主张被告孙某璐、赵某涛至今没有还款，二被告主张收到原告转账 15000 元当日即支取 1000 元现金作为“砍头息”交付原告，实际借款本金为 14000 元，且根据原告的授意，添加用户名为“往后余生”的微信账号，每月向该微信账号转账 500 元至 3000 元不等，共计还款 19400 元，另偿还现金 2000 元。

【案件焦点】

1. 是否存在 1000 元“砍头息”；2. 借款是否已经偿还；3. 本案债务，系被告孙某璐个人债务，被告赵某涛承担担保责任，还是系夫妻共同债务，由二被告共同偿还。

【法院裁判要旨】

山东省临沂市河东区人民法院经审理认为：关于是否存在 1000 元“砍头息”。根据原告张某廷出具的 15000 元转账明细，被告孙某璐、赵某涛确认收到原告转账 15000 元，但主张当日支取 1000 元现金作为“砍头息”交付原告，实际借款本金为 14000 元。本院认为，二被告未能提供证据证明其主张，该“1000 元现金”与本案案件事实关联性不足，本院认定欠付借款本金为 15000 元。

关于本案借款是否已经偿还，本院认为，二被告主张根据原告授意向用户名为“往后余生”的微信账号还款达19400元，另偿还现金2000元，但未能提供证据证明原告的授意及“往后余生”代理的真实性，应当承担举证不能的法律后果，对于二被告的主张，本院不予采信。

关于本案债务，应系被告孙某璐个人债务，被告赵某涛承担担保责任，还是系夫妻共同债务，由二被告共同偿还。本院认为，被告赵某涛虽然在借条“担保人”处签字，但是根据夫妻双方以共债的共同意思表示共同签名或者夫妻一方在婚姻关系存续期间以个人名义为家庭日常生活需要所负担的债务均构成夫妻共同债务，本院认定本案债务为夫妻共同债务，应当由被告孙某璐、赵某涛共同偿还。

山东省临沂市河东区人民法院依照《中华人民共和国民法典》第五百八十五条第一款、第六百六十七条、第六百七十四条、第六百七十五条、第六百七十六条、第一千零六十四条，《最高人民法院关于审理民间借贷案件适用法律若干问题的规定（2020年修正）》第二十五条、第二十九条、第三十一条第一款，《最高人民法院关于适用〈中华人民共和国民事诉讼法〉的解释》第九十条的规定，判决如下：

一、被告孙某璐、赵某涛于本判决生效之日起十日内偿还原告张某廷借款本金15000元及利息（利息以15000元为基数，自2019年3月10日起至2020年4月9日止，按照2020年4月全国银行间同业拆借中心发布的一年期贷款市场报价利率的四倍计算）；

二、被告孙某璐、赵某涛于本判决生效之日起十日内支付原告张某廷违约金1500元；

三、驳回原告张某廷的其他诉讼请求。

判决后，双方当事人均未上诉，本判决现已生效。

【法官后语】

《中华人民共和国民法典》（以下简称《民法典》）第一千零六十四条规定，夫妻双方共同签名或者夫妻一方事后追认等共同意思表示所负的债务，属于夫妻共同债务。本案系夫妻一方为另一方提供担保的债务，是否符合前述条款规定中的共同意思表示所负债务？司法实践中主要有以下两种观点：

一种观点认为，类似本案这种债务的形式，夫妻双方各自的意思表示十分明确，即一方为债务人，另一方为担保人，亦即夫妻双方的明确意思表示并非一致成为债务人，故本案债务当然不能适用《民法典》第一千零六十四条规定而直接认定为夫妻共同债务，相反，应当根据《民法典》第六百八十六条的规定，担保人承担一般保证责任，在主合同纠纷未经审判或者仲裁，并就债务人财产依法强制执行仍不能履行债务前，有权拒绝向债权人承担保证责任。

另一种观点认为，本案债务中，夫妻双方对于债务的形成及负担是明知且同意的，虽然一方为债务人，另一方在“担保人”处签字确认，但对于债务形成及负担的意思表示应不拘泥于表面形式，另一方的签字确认实际构成对该债务的知晓，同意受该债务的拘束，应当构成夫妻共同意思表示，该债务应定性为夫妻共同债务。

关于对夫妻共同债务共同意思的理解，在2018年1月18日，最高人民法院施行的《关于审理涉及夫妻债务纠纷案件适用法律有关问题的解释》（以下简称《解释》），开篇即强调夫妻共同债务形成时的共债共签，规定“夫妻双方共同签字或者夫妻一方事后追认等共同意思表示所负的债务，应当认定为夫妻共同债务”，《民法典》第一千零六十四条吸收了《解释》的内容，明确了夫妻共同债务的认定标准，确立了“共债共签”的基本原则，符合民法意思自治原则和合同相对性原则。“共债共签”制度，其表现形式可以是事前的共同签字，也可以是事后一方的追认。主要考虑是，夫妻作为平等的主体，在婚姻关系存续期间，均有权知悉涉及婚姻家庭利益以及共同财产、共同债务的重要信息，在此前提下夫妻双方对共同财产、共同债务行使平等处理权，这是夫妻共同财产制下双方地位平等、享有平等处理权的应有之义。夫妻一方的知情权、同意权和决定权，关系到地位平等、意思自治等基本法律原则和公民基本财产权利人格权利，应当优先保护。虽然强调“共债共签”可能会使交易效率受到一定的影响，但适当增加交易成本不仅有利于保障未举债夫妻一方的知情权、同意权和决定权，有利于保障交易安全，还可以减少事后纷争，从根本上提高交易效率，故“共债共签”原则与交易效率本质上并不矛盾。此外，在债务形成之前，债权人在交易中处于优势地位，对其课以合理的审慎注意义务及提高风险防控意识，并没有增加债权人的负担。

本案中，孙某璐、赵某涛在夫妻关系存续期间，因做生意缺乏资金，孙某璐作为借款人、赵某涛提供担保，向张某廷借款15000元，该行为表明，赵某涛对孙某璐的借款事实知晓，并同意受该债务拘束，孙某璐并未侵犯赵某涛的知情权和同意权，相反，赵某涛为该借款提供担保，更能说明其夫妻二人对于借款的发生及负担已然有了充分的考虑，享有了平等处理权，债权人张某廷也有理由相信其二人对于债务的形成及负担有着共同的意思表示。由此，笔者认为，夫妻一方为另一方提供担保的债务，理应视为夫妻共同意思表示而形成的夫妻共同债务。认定担保责任的观点，既不符合夫妻身份关系的特殊性，也不符合夫妻共同意思表达的合意，更不利于债权人债权的实现，应当摒弃。

本案系夫妻身份关系对合意之债定性产生的影响。实践中，人民法院在审查认定担保人担保责任的同时，应注意审查担保人是否系债务人配偶，如果夫妻一方为另一方债务提供担保，该担保行为本质上是担保人在知晓同意共同债务的前提下，为本应自己承担的共同债务提供担保，逻辑不通，该债务应直接视为夫妻共同意思表示而形成的夫妻共同债务，由夫妻二人共同承担清偿责任。

编写人：山东省临沂市河东区人民法院　夏利元

25

借贷案件中的家事代理权

——翟某根诉李某松民间借贷案

【案件基本信息】

1. 裁判书字号

江苏省南京市高淳区人民法院（2021）苏0118民初3374号民事判决书

2. 案由：民间借贷纠纷

3. 当事人

原告：翟某根

被告：李某松

【基本案情】

2014年3月16日，李某松向翟某根出具借条一张，约定借款金额为1万元，未约定利息及还款期限。

2021年1月18日，李某平出具收条一张，载明“收到李某松欠我老公（翟某根）人民币壹万圆整”。

另查明，翟某根、李某平于2008年2月28日登记结婚，于2021年9月17日经安徽省铜陵市义安区人民法院调解离婚。

再查明，李某平与李某松系姐弟关系。

【案件焦点】

1. 原告与案外人李某平当时已处于分居状态，被告还款给李某平能否视为还款；2. 案外人李某平出具收条，无交付凭证，是否能证明还款已实际交付。

【法院裁判要旨】

江苏省南京市高淳区人民法院经审理认为：被告辩称该款已归还给原告前妻李某平，但鉴于被告与李某平系姐弟关系，李某平亦未出庭作证，未能确定款项实际交付。依照《中华人民共和国民法通则》第九十条、第一百零八条，《最高人民法院关于适用〈中华人民共和国民法典〉时间效力的若干规定》第一条，《中华人民共和国民事诉讼法》第一百四十四条之规定，判决如下：

被告李某松于本判决生效之日起十日内支付原告翟某根借款本金 1 万元。

判决后，双方当事人均未上诉，本判决现已生效。

【法官后语】

《中华人民共和国民法典》第一千零六十条规定：夫妻一方因家庭日常生活需要而实施的民事法律行为，对夫妻双方发生效力，但是夫妻一方与相对人另有约定的除外。夫妻之间对一方可以实施的民事法律行为范围的限制，不得对抗善意相对人。

对“家庭日常生活”的认定，一般包括日常生活消费、日常精神消费、日常投资性消费以及为赡养老人、教育抚育子女的合理花费等，因为不同夫妻之间的经济水平、社会地位等存在差异，需结合夫妻双方职业、收入、家庭生活水准、当地经济水平及交易习惯、交易双方的关系、借贷目的等因素综合考虑。

对于本案中，夫妻双方分居状态下，能否行使家事代理权的问题，可区分不同情况予以考虑，分居状态下，代理日常家庭所需，金额较小，如日常生活用品，柴米油盐酱醋茶、孩子学费等支出，仍属于行使家事代理权的范围；对于代理超过日常所需事项，金额较大，则不属于行使家事代理权的范围。

一、借款中的家事代理权

《中华人民共和国民法典》第一千零六十四条规定：夫妻双方共同签名或者夫妻一方事后追认等共同意思表示所负的债务，以及夫妻一方在婚姻关系存续期间以个人名义为家庭日常生活需要所负的债务，属于夫妻共同债务。夫妻一方在婚姻关系存续期间以个人名义超出家庭日常生活需要所负的债务，不属于夫妻共同债务；但是，债权人能够证明该债务用于夫妻共同生活、共同生产经营或者基于夫妻双方共同意思表示的除外。

“家庭日常生活需要”是指家庭日常生活中的必要支出，包括衣食住行、医疗保健、交通通信、文娱教育及服务等。认定是否为“家庭日常生活需要”所负的债务，应当结合债务金额、举债次数、债务用途、家庭收入状况、消费水平、当地经济水平和一般社会生活习惯等予以综合判断。以下情形可以作为认定超出“家庭日常生活需要”所负债务的考量因素：（1）债务金额明显超出债务人或者当地普通居民家庭日常消费水平的；（2）债权人明知或者应知债务人从事赌博、吸毒等违法犯罪活动仍出借款项的；（3）债权人明知或者应知债务人已大额负债无法偿还，仍继续出借款项的。

二、还款中的家事代理权

根据债务履行相对性原则，借款人向谁借款就应当向谁偿还。借款人应将还款资金直接交付给出借人或汇入出借人账户用于清偿债务。若借款人将还款资金归还给第三人，未能证明出借人授意，出借人不予认可的，视为尚未偿还。

对于实践中借款人将还款交付出借人配偶一方的情况，对于金额较小，符合日常生活需要的，配偶一方代收还款可认定为属于家事代理权的范围。对于金额较大，不属于日常生活需要范围的，不属于行使家事代理权的范围，但如果符合表见代理的条件，可认定为表见代理。

对于借款人将还款交付出借人同住同生活成年家属的，可认定为表见代理，即使同住同生活成年家属未将还款交付出借人的，也应认定借款人已经偿还借款。但以下几种情形例外：

1. 借款人明知出借人以个人资金出借，又明知出借人与其配偶处于感情不和分居状态，为使出借人配偶得到该笔款项而恶意将还款交付出借人配偶的，导致出借人配偶侵占该笔还款的，不能认定为借款人已履行还款义务；

2. 借款人明知出借人父母与子女已分家未共同生活的，将还款交付出借人子女或父母的，导致出借人父母或子女侵占该笔还款的，不能认定为借款人已履行还款义务；

3. 借款人将还款交付出借人未成年子女，未成年子女丢失还款的，借款人清偿债务的行为具有过失，应承担相应的过失责任。

编写人：江苏省南京市高淳区人民法院　祁武林　杨可馨

26

离婚协议中对债务清偿的约定不对债权人请求双方偿还夫妻共同债务产生效力

——孙某根诉贺某峰等民间借贷案

【案件基本信息】

1. 裁判书字号

陕西省大荔县人民法院（2021）陕 0523 民初 2647 号民事判决书

2. 案由：民间借贷纠纷

3. 当事人

原告：孙某根

被告：闫某荣、贺某峰、贺某强

【基本案情】

原、被告系同村村民，被告闫某荣、贺某峰系夫妻关系。2018 年 9 月 15 日，被告闫某荣、贺某峰夫妻以给其父亲看病、买车为由向原告借款 2 万元，约定月息 1.5 分，期限为一年，给原告书写了借条。被告贺某强提供担保并在借条上签名。借款期满后，原告与担保人一起向被告催要，被告贺某峰于 2020 年 1 月 23 日向原告微信转账支付利息 2000 元，之后经原告多次催要，二被告再未偿还借款本息。

被告闫某荣在与本院的电话联系中称：自己已经与贺某峰协议离婚，离婚协议中约定全部债务由贺某峰偿还，故自己不应向原告偿还。

【案件焦点】

夫妻双方在离婚协议上对共同债务进行了分配，是否可以有效对抗债权人。

【法院裁判要旨】

陕西省大荔县人民法院经审理认为：合法的借贷关系应受法律保护。被告闫某荣、贺某峰从原告借款后，即应按期向原告偿还借款并支付利息，但被告一直未还本金，且利息仅支付了2000元，已经构成违约，故原告要求其偿还2万元本金及剩下利息的诉讼请求，本院予以支持。

另查明，根据闫某荣、贺某峰离婚档案中的离婚协议，获知二被告于2021年4月15日协议离婚，协议第五条债务的处理为“欠孙某根债务2万元由男方承担”。

被告闫某荣辩称离婚时已经协议由贺某峰偿还原告该笔借款，故自己不应偿还，但《最高人民法院关于适用〈中华人民共和国民法典〉婚姻家庭编的解释（一）》第三十五条第一款规定，当事人的离婚协议已经对夫妻财产分割问题作出处理的，债权人仍有权就夫妻共同债务向男女双方主张权利，故对被告闫某荣该辩称本院不予采信。

陕西省大荔县人民法院依据《最高人民法院关于适用〈中华人民共和国民法典〉时间效力的若干规定》法释〔2020〕15号第一条，《中华人民共和国民法通则》第九十条、第一百零八条，《中华人民共和国担保法》第十九条、第二十一条，《最高人民法院关于适用〈中华人民共和国民法典〉婚姻家庭编的解释（一）》第三十五条，《最高人民法院关于审理民间借贷纠纷案件适用法律若干问题的规定》第二十八条、第三十一条之规定，判决如下：

被告闫某荣、贺某峰于本判决生效后偿还原告孙某根借款2万元，并自2019年5月25日起按月息1.5%支付至实际还款之日的利息，被告贺某强对上述借款本息承担连带清偿责任。

判决后，双方当事人均未上诉，本判决现已生效。

【法官后语】

夫妻共同债务的认定。《中华人民共和国民法典》第一千零六十四条第一款规定："夫妻双方共同签名或者夫妻一方事后追认等共同意思表示所负的债务，以及夫妻一方在婚姻关系存续期间以个人名义为家庭日常生活需要所负的债务，属于夫妻共同债务。"根据上述规定，夫妻双方在婚姻关系存续期间，共同签名借款或者为家庭日常生活需要产生的债务，属于夫妻共同债务。本案中，被告闫某荣、贺某峰在婚姻关系存续期间，因购买车辆及为老人看病向原告借款，并且在出具的借条上共同签名，明显系夫妻共同债务，夫妻共同债务应共同偿还。

离婚协议不能对抗共同债务。《最高人民法院关于适用〈中华人民共和国民法典〉婚姻家庭编的解释（一）》第三十五条第一款规定："当事人的离婚协议或者人民法院生效判决、裁定、调解书已经对夫妻财产分割问题作出处理的，债权人仍有权就夫妻共同债务向男女双方主张权利。"根据上述规定，夫妻协议离婚可以约定债务各自承担或者归一方全部承担，但是夫妻之间的离婚协议约定只对夫妻双方产生效力，不能约束第三人，也就是说，债务协议在离婚夫妻之间是有效的，但对外不发生法律效力。除非第三人明知夫妻之间对债务各自承担的约定，否则夫妻之间关于债务承担的约定不能对抗债权人。本案中，被告闫某荣、贺某峰系夫妻关系，婚姻存续期间二被告因家庭日常生活需要向原告借款，后双方离婚协议中约定欠原告的债务由贺某峰承担，原告孙某根作为债权人对此约定并不知情，二被告的协议约定只对其双方有效，并不能对抗原告，故原告有权向二被告双方主张权利。

承担责任后的追偿。《最高人民法院关于适用〈中华人民共和国民法典〉婚姻家庭编的解释（一）》第三十五条第二款规定："一方就夫妻共同债务承担清偿责任后，主张由另一方按照离婚协议或者人民法院的法律文书承担相应债务的，人民法院应予支持。"根据上述规定，夫妻双方协议离婚时，对共同债务由一方偿还的约定系在夫妻双方内是有效的，债权人向夫妻双方主张权利，另一方向债权人清偿后有权进行追偿。本案中，被告闫某荣与被告贺某峰离婚协议中约定欠原告孙某根的债务由贺某峰承担，若被告闫某荣向原告孙某根清偿了债务，可向被告贺某峰进行追偿。

编写人：陕西省渭南市大荔县人民法院　帖妮

陕西省渭南市中级人民法院　亢俊谦

27

为维持家庭主要收入而产生的债务应由夫妻共同承担

——杨某诉车某、于某民间借贷案

【案件基本信息】

1. 裁判书字号

山东省烟台市莱山区人民法院（2021）鲁0613民初1249号民事判决书

2. 案由：民间借贷纠纷

3. 当事人

原告：杨某

被告：车某、于某

【基本案情】

车某因公司经营需要向杨某借款，双方签订了借款担保合同，约定年利率为20%。借款合同第十一条第二款载明，借款人在还款期限届满时，未能足额偿还借款本息的，视为严重违约，应另行向出借人支付全部贷款本金10%的违约金，并承担出借人为实现债权支付的全部费用（包括诉讼费和律师费等）。杨某已依约向被告出借款项。车某与于某系夫妻关系，借款发生在夫妻关系存续期间。车某经营公司所得收入用于家庭生活，借款发生时，于某待业在家没有收入。借款后，车某偿还部分借款。在车某还款期限届满时，杨某曾以短信向于某催款，于某以个人账户向杨某还款。截至起诉之日，车某尚欠杨某借款本息 1593300 元。

【案件焦点】

涉案债务是否为车某、于某夫妻共同债务。

【法院裁判要旨】

山东省烟台市莱山区人民法院经审理认为：本案中，车某自 2012 年 12 月 12 日起陆续向杨某借款合计 747000 元，约定借款年利率 20%，违约金为逾期还款金额的 10%，车某已偿还杨某借款利息 367600 元的事实清楚，可以认定。诉讼中，杨某及车某对涉案借款 2012 年 12 月 12 日至 2021 年 10 月 11 日的利息、违约金计算方式已达成一致意见，且未超出法定标准，本院对此予以确认。根据法律规定，2021 年 10 月 12 日之后的逾期利息应按借期内利率计算，借期内利率超出法定标准的，依照法定标准计算。杨某主张的 2021 年 10 月 12 日之后的逾期利息计算方式未超出法定标准，本院对此予以采信。杨某与车某签订的《借款担保合同》对律师费已作出明确约定，该合同系双方的真实意思表示，应当依法履行，且杨某主张的律师费未超出法定标准，故本院对此予以支持。

通过于某与杨某之间的短信能够认定，于某知晓车某向原告借款，且于某还曾用其银行账户向杨某还款。涉案借款用于车某经营公司，借款期间，于某待业在家，没有收入，车某的经营所得应系其家庭主要收入来源。故涉案借款应认定为夫妻共同债务。本院对杨某要求二人承担连带还款责任的诉讼请求予以支持。

综上，本院对原告的诉讼请求予以支持。判决如下：

一、被告车某于本判决生效之日起十日内向原告杨某偿还借款 747000 元、截至 2021 年 10 月 12 日未还利息 736494.03 元、违约金 74700 元合计 1558194.03 元，并继续支付 2021 年 10 月 13 日至款项偿清之日期间利息（以 747000 元为基数、按年利率 15.4%的标准计算）；

二、被告车某于本判决生效之日起十日内向原告杨某支付律师费 5000 元；

三、被告于某对上述第一、二项款项承担连带清偿责任。

判决后，双方当事人均未上诉，本判决现已生效。

【法官后语】

目前随着经济发展，民间借贷纠纷日益增多，在这之中引发较多争议，社会影响较大的，就是以个人名义所负债务能否认定为夫妻共同债务。对此，《中华人民共和国民法典》第一千零六十四条规定："夫妻双方共同签名或者夫妻一方事后追认等共同意思表示所负的债务，以及夫妻一方在婚姻关系存续期间以个人名义为家庭日常生活需要所负的债务，属于夫妻共同债务。夫妻一方在婚姻关系存续期间以个人名义超出家庭日常生活需要所负的债务，不属于夫妻共同债务；但是，债权人能够证明该债务用于夫妻共同生活、共同生产经营或者基于夫妻双方共同意思表示的除外。"审判实践中，当事人的举证责任如何分配；如何认定"家庭日常生活需要""用于夫妻共同生活、共同生产经营"成为此类案件审理的难点。

1. 举证责任分配。本案中，杨某请求法院认定涉案债务为夫妻共同债务。涉案债务系车某因公司经营需要向杨某借款，若认定其为夫妻共同债务，需证明该债务用于夫妻共同生活、共同生产经营。根据《中华人民共和国民法典》一千零六十四条的规定，此种情况下债权人负有举证责任。债权人举证不能或提交的证据不足以认定债务用于夫妻共同生活、共同生产经营的，不能将债务认定为夫妻共同债务。

2. "家庭日常生活需要""用于夫妻共同生活、共同生产经营"的认定。本案中，杨某提交的证据显示于某在收到杨某向其发送的催款短信后，以其个人账户向杨某还款，足以证明于某知晓并认可涉案借款。法院同时也调查了二被告的家庭收入情况，确认借款时于某待业在家无经济收入，车某借款经营的公司为家庭主要收入来源。经综合分析后，法院认定涉案借款系用于夫妻共同生活、共同生产经营，为夫妻共同债务。认定"家庭日常生活需要""用于夫妻共同生活、共同生产经营"可以从以下几方面着手：（1）借款用途。可以从借款凭证载明的借款用途，借款款项的资金流向及具体用途，夫妻双方自认的借款用途等入手，查明实际借款用途，以确认借款是否用于夫妻共同生活、共同生产经营。(2) 夫妻双方对于债务的意思表示。若一方以自己的实际行动或意思表示追认债务，如还款、共同签名等，则可以确认债务为夫妻共同债务。(3) 夫妻收入来源、收入情况。以个人名义所负债务若用于经营的，应当审查经营收入是否为家庭主要收入来源，夫妻双方是否有共同经营行为，若否，不能当然认定涉案债务为夫妻共同债务。

编写人：山东省烟台市莱山区人民法院　姜宁

28

未对配偶借款行为提出异议并收取配偶的大额款项，应推定存在共同借款的意思表示

——葛某宇诉杨某、刘某民间借贷案

【案件基本信息】

1. 裁判书字号

北京市朝阳区人民法院（2020）京 0105 民初 38313 号民事判决书

2. 案由：民间借贷纠纷

3. 当事人

原告：葛某宇

被告：杨某、刘某

【基本案情】

刘某与杨某于 2013 年 3 月 30 日登记结婚。2019 年，杨某多次向葛某宇提出借款请求。葛某宇自 2019 年 4 月起，多次向杨某及指定收款人转账，出借金额共计 88.1 万元。经葛某宇催要后，杨某向葛某宇出具借据，承诺于 2019 年 8

月31日还清，逾期按月利率1%计付逾期利息。后杨某偿还了部分款项，尚欠735766.2元。

葛某宇表示杨某向其借钱，称卖完房之后再将钱还给他，但杨某卖房之后并未偿还借款，而是将售房款转给刘某，并向杨某出示其于2019年8月转账给刘某的银行交易明细。葛某宇与刘某微信联系，在微信中葛某宇向刘某表示借钱给杨某，杨某说卖完房还钱，但未偿还，其向刘某询问卖房情况，刘某回复不知道情况，其说找杨某问下。葛某宇认为，刘某与杨某系夫妻关系，涉案借款系发生于二被告婚姻关系存续期间，刘某应对借款承担连带清偿责任。

【案件焦点】

刘某知晓杨某的借款行为并收取杨某的大额转账款项，杨某所负债务是否属于夫妻共同债务。

【法院裁判要旨】

北京市朝阳区人民法院经审理认为：夫妻一方在婚姻关系存续期间以个人名义超出家庭日常生活需要所负的债务，不属于夫妻共同债务；但是，债权人能够证明该债务用于夫妻共同生活、共同生产经营或者基于夫妻双方共同意思表示的除外。刘某系杨某配偶，借款发生于婚姻关系存续期间；刘某虽未在借条上签字，但现有证据显示，葛某宇于2019年7月25日将杨某借款一事告知刘某，此时刘某对负债一事已知晓。此后，杨某又于约定的还款日期临近前，将大额款项汇入刘某的银行账户，亦无证据显示刘某对借款提出异议，本院可推定该借款用于夫妻共同生活、共同生产经营或者基于共同意思表示，涉案借款属于夫妻共同债务。故对于葛某宇要求刘某承担连带清偿责任的诉讼请求，本院予以支持。

北京市朝阳区人民法院依照《中华人民共和国民法典》第一千零六十四条、《最高人民法院关于适用〈中华人民共和国民法典〉时间效力的若干规定》第四条、《最高人民法院关于适用〈中华人民共和国民事诉讼法〉的解释》第九十条、《中华人民共和国民事诉讼法》第一百四十四条之规定，作出如下判决：

一、被告杨某、刘某于本判决生效之日起七日内，给付原告葛某宇借款本金七十三万五千七百六十六元二角；

二、被告杨某、刘某于本判决生效之日起七日内，支付原告葛某宇逾期还款利息（以七十三万五千七百六十六元二角为基数，自二〇一九年九月一日起至实际清偿之日止，按年利率百分之十二的标准计算）。

判决后，双方当事人均未上诉，本判决现已生效。

【法官后语】

夫妻共同债务的认定一直是民间借贷纠纷类案件讨论的重点和难点，夫妻共同债务认定日益复杂化。一方面，夫妻之间可能为了双方的利益而虚构事实，妨碍债权人举证；另一方面，举债人为躲避或减少己方承担的债务份额，可能独自或与他人一起虚构借贷事实。

《中华人民共和国民法典》（以下简称《民法典》）第一千零六十四条的规定，沿袭、吸纳了《最高人民法院关于审理涉及夫妻债务纠纷案件适用法律有关问题的解释》的有关内容，进一步确立了“共债共签”原则，在一定程度上为夫妻共同债务的厘清作出了示范和引导；但该条第二款涉及的大额借款下推定的夫妻共同债务，其内涵和外延不确定，也导致了司法实践的适用困难。笔者认为，在涉及“非共签”的大额夫妻共同债务认定时，可以依次从以下三个层面，重点审查该债务情况。

一是借款用途。是否用于夫妻共同生活、共同生产经营，该认定标准应立足于“必要”，即借款金额及利息的适度、理性与借款人夫妻的职业、收入、家庭开支、消费理念等相契合，其实质乃是债务是否使夫妻双方或家庭获得利益。此前已有大量案例对此进行阐述，不再赘述。

二是举债人配偶对于债务的态度及资金流向。即该债务是否基于夫妻共同意思表示，也即能否推定为夫妻对借款达成了合意，这也是《民法典》第一千零六十四条对于夫妻共同债务的特别规制。仔细审查举债人配偶对于债务情况是否知晓以及知晓后对此表达的态度、意愿，也是借贷合意推定的应有之义；

而举债人配偶的资金流向，则属于从实际行动上判断是否构成夫妻共同债务的参考因素。比如，举债人配偶是否知情或应当知情而明显对此借款并不反对，是否直接或间接收取借款款项，是否存在代为还款的行为等。

三是考量债权人是否对举债人配偶享有正当信赖利益。债权人需证明其尽到了足够的善意、审慎义务，且其对举债人配偶享有的信赖利益合法、正当。如债权人给付借款本金的时间节点是否发生在婚姻关系存续期间，是否充分了解举债人配偶的意见。比如，债权人根本不知晓举债人的借款是否用于夫妻共同生活，也不知悉举债人配偶对此的基本态度，或明知举债人配偶可能不同意该举债行为，则难以认定债权人尽到了足够的善意、审慎义务。债权人能证明其确实有足够的理由信赖举债人的借款用于夫妻共同生活，且举债人配偶不反对的，债权人对举债人配偶享有合法、正当的信赖利益，可以认定为夫妻共同债务。

本案中，对于杨某所借大额款项，刘某作为配偶虽未在借据上签字，但葛某宇提供的证据显示，葛某宇于2019年7月25日将杨某借款一事告知刘某，刘某对负债一事明确知晓，也未就此提出异议。而在杨某承诺的还款日期临近前，刘某收取了杨某的大额汇款，此时可推定该借款用于夫妻共同生活、共同生产经营，认定刘某就借款一事与杨某达成合意。故该案认为该笔借款属于夫妻共同债务，刘某应承担连带清偿责任。

编写人：北京市朝阳区人民法院　杨晶晶

三、借款主体认定

29

借名贷款的实际债务人应承担银行利息

——付某诉严某明民间借贷案

【案件基本信息】

1. 裁判书字号

江西省宜春市中级人民法院（2021）赣09民终1033号民事判决书

2. 案由：民间借贷纠纷

3. 当事人

原告（被上诉人）：付某

被告（上诉人）：严某明

【基本案情】

2011年1月20日至2012年9月20日，严某明陆续向付某借款，并出具了四张借条：2011年1月20日的58万元借条、2011年7月13日的20万元借条、2011年8月2日的20万元借条、2012年9月20日的50万元借条，合计借款148万元，且上述借条均未约定借款利息和还款期限。其中2011年1月20日的58万元借款及2012年9月20日的50万元借款，系付某作为借款人从银行贷款，并委托银行直接汇款至严某明银行账户，另查明，58万元借款本金在2011

年至 2016 年的银行年利率为 8.4%、2017 年至 2020 年的银行年利率为 7.8%，50 万元借款本金在 2012 年至 2017 年的银行年利率为 7.8%、2017 年至 2020 年的银行年利率为 7.6125%。借款后严某明归还了部分本息，对于剩余的借款本息，原告追偿未果，遂向上高县人民法院提起诉讼。

【案件焦点】

付某向银行贷款取得的资金转借严某明后，严某明是否应当承担按银行利率向付某承担利息。

【法院裁判要旨】

江西省上高县人民法院经审理认为：双方在借条上未约定利息，且原告未提供证据证明双方就利息达成了口头约定，故对于 40 万元的个人借款，视为未约定利息。但对于原告从银行贷款的 108 万元借款，原告委托银行直接将该 108 万元转至被告严某明的账户，原告一直在支付相关的银行利息，应视为被告认可银行的相关利息规定。对于该两笔银行贷款，因年利率有所不同，为计算方便，取其平均数，年利率为 7.9%。至 2020 年 8 月 3 日止，被告尚欠原告的借款本金为 595707.44 元及利息 177000 元，共计 772707.44 元。

江西省上高县人民法院依据《中华人民共和国民法通则》第九十条、第一百零八条，《中华人民共和国合同法》第二百零六条，《最高人民法院关于审理民间借贷案件适用法律若干问题的规定》第二十五条的规定，判决如下：

一、限被告严某明在本判决生效之日起三十日内向原告付某偿还借款本金 772707.44 元和以其中借款本金 595707.44 元为基数按年利率 7.9%自 2020 年 8 月 4 日起计算至本金还清之日止的利息；

二、驳回原告付某的其他诉讼请求。

严某明不服一审判决，提起上诉。江西省宜春市中级人民法院经审理认为：其一，我国法律法规虽然规定没有约定利息的民间借贷不予支持利息，其本意系约束出借人从中获取利益，但本案中严某明获得的借款系从银行贷款出来后直接转入严某明账户，银行贷款必然会产生利息，付某并未从其向严某明出借款项中获得利息利益，严某明承担的银行贷款利率标准的利息最终由银行获得。其二，严某明无论是在一审中还是二审中均陈述代付某支付过银行的利息，说明其知晓并接受银行贷款利息的存在及计算标准。最终，二审法院维持了一审法院判决。

【法官后语】

近年来，随着社会征信系统的日益完善，实际借款人因个人征信问题或贷款额度受限等问题，实践中出现不少用他人名义进行贷款的现象。对于此类案件，法院应秉持公正原则，可将实际借款人与名义借款人的关系认定为委托贷款合同关系，名义借款人可依照银行贷款利率向实际借款人追偿。本案例为类似民间借贷案件提供了一定的参考。

一、套取金融机构贷款后的借贷合同属于无效合同，但不影响实际借款人从中获利

相较于2015年制定的《最高人民法院关于审理民间借贷案件适用法律若干问题的规定》，2020年修正的《最高人民法院关于审理民间借贷案件适用法律若干问题的规定》将“套取金融机构贷款转贷的民间借贷合同被认定无效”的条件删除了“高利转贷”的要求。由此引起的法律后果是，不管出借人是否从中牟利，是否善意帮助借款人均不影响转贷合同被认定为无效，与之相关的利息约定也应视为无效约定。即不管双方是否对转贷行为约定利息，均视为没有约定利息，名义借款人均无法依据借贷法律关系向实际借款人主张利息。但转贷合同被认定无效后，并不影响实际借款人严某明从中获利。实践中，实际借款人从名义借款人处获取到了本无法获取的贷款资金及免除了本应由实际借款人自己承担的相应贷款利息。名义借款人作为受损人，其有权向获利人（实际借款人）追偿相应的损失，即由名义借款人向银行承担的贷款本金及利息均应由实际借款人承担。

二、实际借款人与名义借款人实际构成委托贷款合同关系

在实际借款人先行向名义借款人提出借款要求后，实际借款人明知名义借款人出于好意向银行贷款，在实际借款人获得名义借款人的银行贷款资金时，

双方实际上完成了委托贷款的合同。与一般委托合同关系不同，实际借款人往往是基于自身贷款额度、征信受限等原因，在银行已明确排除与实际借款人订立合同的情况下，名义借款人不如实的向银行披露实际借款人及双方存在的委托合同关系，由名义借款人以自己的名义进行贷款。[①] 因名义借款人并不是以实际借款人的名义向银行贷款，加之银行已排除实际借款人介入银行债权，实际借款人便无法取得与名义借款人同等向银行偿还贷款本金及利息的地位，债权人银行同样无法向实际借款人进行直接主张其债权。在此情况下，根据代理行为产生的后果应由被代理人承担的法理依据，名义借款人有权依照银行贷款利率向实际借款人主张其尚欠的借款本金及利息。

三、若将银行利息定义为只能由名义借款人承担，将与社会主义核心价值观不符

根据《最高人民法院关于审理民间借贷案件适用法律若干问题的规定》第十三条规定，"具有下列情形之一的，人民法院应当认定民间借贷合同无效：(一) 套取金融机构贷款转贷的……" 此条法律规定，既有约束出借人从中牟利的目的，又有规范监管，打击扰乱金融秩序行为的目的。名义借款人套取金融机构贷款资金后再行转贷，虽有规避监管的主观意图，但此条法律规定并不应作为实际借款人逃避银行利息债务，加重名义借款人义务的法律依据。实际借款人作为该违规行为的真正受益人，倘若强行将银行利息定为只能由名义借款人承担，将致使名义借款人丧失了对实际借款人的追索权，无疑将对善意的名义借款人造成损失。这与我们长期坚守的团结互助优良传统和全社会倡导的诚信友善的社会主义核心价值观相违背。

在此，需要注意的是，人民法院在认定名义借款人是否是善意，有无牟利时，可结合名义借款人与实际借款人的关系，名义借款人是否为职业放贷人，名义借款人获取的利益是否明显超过正常人出于人情世故为感谢他人帮忙贷款而支付的报酬等因素予以认定。

编写人：江西省上高县人民法院　彭育林

---

① 刘燕波、许旭涛：《为借名贷款提供担保后的追偿权行使》，载《人民司法》2022 年 8 月（总第 955 期）。

30

出借个人银行账户的名义借款人需与实际借款人共同承担还款责任

——徐某诉李某民间借贷案

【案件基本信息】

1. 裁判书字号

北京市第三中级人民法院（2021）京 03 民再 110 号民事判决书

2. 案由：民间借贷纠纷

3. 当事人

原告（被上诉人）：徐某

被告（上诉人）：李某

第三人：陈某

【基本案情】

徐某诉李某民间借贷纠纷一案，要求李某偿还借款 154.8 万元，北京市朝阳区人民法院（以下简称朝阳法院）作出一审判决，判决李某偿还借款 45.2 万元。李某不服，上诉至北京市第三中级人民法院（以下简称三中院）。该院作出二审判决：驳回上诉，维持原判。徐某和李某均不服，向北京市高级人民法院申请再审。该院作出裁定，指令三中院再审本案。三中院作出第一次发回重审裁定，撤销原审判决并将案件发回重审。朝阳法院发回重审一审认为，徐某提交的证据材料不足以证明与李某存在民间借贷关系，裁定驳回徐某的起诉。徐某不服，上诉至三中院。该院认为陈某在发回重审一审中以证人身份承认其为实际借款人，应慎重审查陈某是否应作为必要当事人参与诉讼，故作出第二次发回重审裁定，撤销一审裁定并将案件发回重审。

第二次发回重审一审中，徐某变更诉讼请求为：李某偿还借款60.7万元。李某辩称，本案的实际借款人是陈某，系陈某借用其的银行账户与徐某进行资金往来。陈某述称，认可李某的意见，但是对徐某的借款其已偿清。

经审理查明，徐某与陈某系同乡，通过陈某认识李某。根据现有证据及当事人陈述可知，徐某于2010年9月至2012年7月先后向李某名下账户转款298.1万元，李某先后向徐某名下账户回款152.1万元，徐某另认可李某给付85.3万元。

徐某表示涉案款项系李某就“某装修工程”和“某改扩建工程”向其的借款，均约定了利率。李某认可所有款项往来的情况，但表示不清楚借款期限和利息，称所有收款均系徐某通过其账户向陈某的出借款，且其收到后都已转给陈某、提现给陈某或向陈某指定的案外人转款；所有回款均系陈某给的现金或陈某指定的案外人向其的转款。陈某认可李某的意见。

涉案款项流转过程中涉及的案外人达二十余人。其中，仅三名案外人到庭做证称涉及自身的款项均系与陈某的经济往来，与李某无关。徐某对上述证人证言均不予认可。

二审期间，三中院补充查明以下事实：2014年8月，徐某诉陈某民间借贷纠纷一案，徐某要求陈某偿还借款本金80万元及利息，主要依据是总计金额80万元的五张借条。后徐某撤回起诉。

另，陈某曾在第一次发回重审期间以证人身份提交了其向徐某及案外人转款的银行账户明细，欲证明其已清偿徐某的借款，包括通过李某账户还款的152.1万元。

【案件焦点】

1. 涉案款项的实际借款人是李某还是陈某；2. 徐某主张的欠款60.7万元应由谁承担还款责任。

【法院裁判要旨】

朝阳法院经审理认为：徐某主张涉案款项系向李某的出借款。李某、陈某虽否认上述款项系李某向徐某的借款，而是通过李某名下账户对陈某的借款，但现有证据无法证明徐某与李某、陈某曾就此达成合意或李某、陈某曾向徐某披露其二人对于债务主体的约定。

此外，从李某所收款项去向及回款资金来源情况看，徐某将涉案各笔款项转入李某名下账户后，李某并未按笔全额给付陈某，而是拆分转付案外人或提现支取；其回款金额亦无法显示全部直接来源于陈某，亦涉及多名案外人的给付行为。现所涉及的众多案外人中，仅有曹某、卢某、王某到庭尚不足以证明李某、陈某主张的陈某全部收、还款及陈某为实际借款人等情况。综上，对于徐某有关与李某间民间借贷事实的主张应当采信。徐某要求李某偿还尚欠款项的诉讼请求，应当予以支持。李某与陈某之间就涉案款项如有争议可另行解决。

综上，朝阳法院依照《最高人民法院关于审理民间借贷案件适用法律若干问题的规定》（2015 年）第二条、第十七条之规定，判决如下：李某偿还徐某借款 60.7 万元。

后李某提出上诉。

三中院经审理认为：本案争议焦点一为涉案款项的实际借款人是李某还是陈某。1. 关于徐某认可案外人转款 85.3 万元是否算作李某还款的问题。经查，上述款项系陈某通过自己名下渤海银行账户于 2014 年 1 月 26 日转款给徐某 80 万元，通过工商银行账户于 2013 年 4 月转款给徐某 5 万元，另外 3000 元没有转款凭证。据此，可以认定陈某就涉案借款向徐某还款 85 万元的事实成立。陈某就涉案借款向徐某还款的行为可以证明其是实际借款人。2. 关于李某收款 298.1 万元后的用途问题。根据李某、陈某的陈述及转款凭证，可以认定李某将收到的款项或通过其账户分别转款给多名案外人，或转款给陈某，或提现给陈某。现无证据证明李某将收到的款项自用，故不能依据收款情况认定李某是实际借款人。3. 关于李某通过其账户向徐某回款的资金来源的问题。根据李某、陈某的陈述及转款凭证，可以认定回款资金或来自多名案外人的转款，或是陈某交付的现金存入李某的账户。现无证据证明李某向徐某回款的资金来源是其个人财产，故不能依据回款情况认定李某是实际还款人。4. 关于陈某是否借用李某名下银行账户向徐某借款的问题。根据李某、陈某的陈述及证人证言，可以认定陈某借用李某名下银行账户向徐某借款的事实成立。5. 关于陈某与徐某之间有无借款关系的问题。陈某认可涉案借款系其债务，并主张其已向徐某还款 400 万余元。综上，应当认定李某出借其名下银行账户用于陈某向徐某借款的事实成立。原审法院认定李某系本案借款人与事实不符，应予以纠正。

本案争议焦点二为徐某主张的欠款 60.7 万元应由谁承担还款责任。《最高人民法院关于适用〈中华人民共和国民事诉讼法〉的解释》第六十五条规定，借用业务介绍信、合同专用章、盖章的空白合同书或者银行账户的，出借单位和借用人为共同诉讼人。本案中，李某出借其名下银行账户用于陈某向徐某借款，可以参照上述规定予以处理。原审法院依职权将实际借款人陈某追加为第三人并无不当。因此，陈某作为本案的共同诉讼人，应当承担还款责任。虽陈某主张已经清偿徐某的借款，但就本案争议款项，因双方没有清算凭证，也不能证明双方之间的借款数额，且陈某提供的还款证据不能直接对应本案尚欠款项 60.7 万元，故不能依据陈某的主张认定其已清偿本案借款。关于陈某与李某之间的债务纠纷可另行解决。虽李某上诉称涉案借款系陈某所借的事实成立，但李某出借自己的银行账户，亦帮助陈某操作收款、转款，其实际参与了借款过程，其对于出借银行账户的风险应当预知。现陈某与徐某之间的借款纠纷长期未解决，导致债权人徐某就本案借款的相关权益受到损害。本着保护债权人利益、避免当事人诉累、有效化解纠纷的原则，李某应与陈某共同承担还款责任。

综上，三中院依照《中华人民共和国民事诉讼法》（2017 年修正）第一百七十条第一款第二项之规定，撤销一审判决并判决如下：

李某、陈某共同偿还徐某借款 60.7 万元。

【法官后语】

本案涉及民间借贷纠纷案件中的举证责任、名义借款人与实际借款人诉讼主体地位的确定、出借银行账户的法律责任等诸多要点，且经二审实体审查，历审裁判结果均具有典型意义。

一、民间借贷纠纷案件中的举证责任

《最高人民法院关于审理民间借贷案件适用法律若干问题的规定》第十五条、第十六条、第十七条，现为2022年第二次修正版第十四条、第十五条、第十六条规定，原告仅依据债权凭证或金融机构的转账凭证提起民间借贷诉讼的，被告抗辩已经偿还借款、偿还双方之前借款或其他债务的，被告应当对其主张提供证据证明。且被告依据基础法律关系提出抗辩或者反诉的，人民法院应当审查基础法律关系等。具体到本案中，徐某仅依据银行账户明细提起诉讼，李某就其并非实际借款人的抗辩负有举证责任。但是涉案款项往来近百笔，涉及案外人多达二十余人，李某是否需就每笔收款的去向、每笔回款的来源进行说明，并联系所有案外人出庭做证称涉案款项与其无关，才算完成举证责任？根据终审判决，李某的举证责任只要达到高度盖然性的程度即可。不能仅依据收款情况就认定李某为实际借款人，亦不能仅依据回款情况就认定李某为实际还款人。根据查明情况足以认定涉案借款系发生在徐某和陈某之间。

二、出借银行账户的名义借款人与实际借款人诉讼主体地位的确定

《最高人民法院关于适用〈中华人民共和国民事诉讼法〉的解释》第六十五条，现为2022年修正版第六十五条规定："借用业务介绍信、合同专用章、盖章的空白合同书或者银行账户的，出借单位和借用人为共同诉讼人。"此规定调整的诉讼主体虽为"出借单位"，但最高人民法院曾有判例认为该规定可引申至"出借人个人"，且个人出借银行账户的情况较为常见，参照适用上述规定便于"一揽子"解决纠纷。具体到本案中，面对名义借款人和实际借款人分离的情形，若徐某仅起诉陈某，则无法提供实际出借款项的有力证据；若徐某仅起诉李某，除了银行账户明细其无法提供与李某间存在借贷合意的相关证据。故从维护债权人利益及减少诉讼成本的角度出发，在个人出借银行账户的民间借贷纠纷中，无论债权人起诉的是名义借款人还是实际借款人，依据上述规定将余下一方追为共同诉讼人（依原告诉讼请求可追为共同被告或无独立请

求权的第三人），更有利于妥善化解纠纷。

需要说明的是，该裁判规则与《最高人民法院关于审理民间借贷案件适用法律若干问题的规定》（2022年第二次修正）第二条第二款之规定，即“被告对原告的债权人资格提出有事实依据的抗辩，人民法院经审查认为原告不具有债权人资格的，裁定驳回起诉”，并不矛盾。该规定调整的主要是发生在亲朋好友之间、债权凭证上没有载明债权人名称的具有简易性、随意性特征的借贷情形。

三、出借银行账户的法律责任

《人民币银行结算账户管理办法》第四十五条第二款规定：“存款人不得出租、出借银行结算账户，不得利用银行结算账户套取银行信用。”出借银行账户虽然违反金融管理规定，但该行为在民间借贷纠纷案件中大量存在。最高人民法院曾在《关于出借银行账户的当事人是否承担民事责任问题的批复》中指出“应区别不同情况追究出借人相应的民事责任”，但该批复已于民法典生效时被废止，且其中并未言明相应的民事责任是何种责任。司法实践中，本案类案案件类型或为民间借贷纠纷，或为合同纠纷，抑或为侵权责任纠纷。而人民法院在认定出借银行账户的名义借款人（单位）的民事责任时，存在以下三种裁判思路：名义借款人（单位）承担补充责任、连带责任或共同还款责任。连带责任需要法律规定或者当事人明确约定，共同还款责任不等同于连带责任。连带责任人一方承担责任后，可向其余方追偿，而共同还款人彼此之间不可追偿。

虽尚无统一规定，但出借银行账户的行为存在极高法律风险，应尽可能避免此种行为；如确需出借账户用于代收、付款，也应以书面形式厘清责任，规避风险。

编写人：北京市朝阳区人民法院　武鑫蓉

31

借款账户所有人是否系借款人的认定

——胡某某诉谷某某、何某某民间借贷案

【案件基本信息】

1. 裁判书字号

北京市密云区人民法院（2021）京 0118 民初 4382 号民事判决书

2. 案由：民间借贷纠纷

3. 当事人

原告：胡某某

被告：谷某某、何某某

【基本案情】

胡某某与谷某某经左某某介绍相识。2016 年至 2018 年，胡某某通过其尾号为 1172 的中国农业银行账户分别转账给左某某 61 万元、谷某某 423.9 万元，并按照谷某某的微信提示，转账两笔 50 万元给彭某某、转账 49 万元给邵某某、转账 100 万元给景某某、转账 37.6 万元给刘某某，以上共计 771.5 万元。

2017 年 9 月，邵某某转账 150 万元至胡某某尾号为 1172 的中国农业银行账户。2017 年至 2018 年，谷某某陆续转账 200 万元至胡某某尾号为 1172 的中国农业银行账户，同时通过银行账户及微信转账分别支付胡某某 68.15 万元及 6.59 万元。2019 年至 2020 年，谷某某共计通过微信转账支付胡某某 5.2 万元。

就上述事实，胡某某认为所有转账均系对谷某某的借款，共计 771.5 万元，已经归还 350 万元，谷某某对胡某某其余零散的银行及微信转账系支付借款利息。因为双方比较熟，因此没有写借条，现在起诉谷某某要求偿还尚欠的本金

421.5万元及自2019年2月以来的利息。谷某某否认系其借款，认为其是中间人，别人通过其账户借款及还款，共计还款350万元，现在胡某某起诉的借款主要是何某某使用的，不同意胡某某的诉讼请求。何某某表示与胡某某没有直接借款的情况，都是通过谷某某借的，钱确实用了，但是数额不对，谷某某让其写了借条并摁手印了。

【案件焦点】

胡某某与谷某某之间是否存在借贷关系、谷某某是否应承担还款义务。

【法院裁判要旨】

本案中，第一，根据银行转账记录显示，胡某某借款大部分转至谷某某的银行账户，且谷某某承认已经归还的350万元系通过其账户转至胡某某账户，而根据法律规定，以银行转账、网上电子汇款等形式支付的，自资金到达借款人账户时视为自然人之间的借款合同成立，即可视为胡某某与谷某某之间的借款合同成立。第二，通过双方的微信聊天记录显示，胡某某转给邵某某等人不同账户的钱款，系听从谷某某指示，根据谷某某提供的银行卡号及账户名进行转账，即胡某某转账借款的合同相对方仍然是谷某某，谷某某主张系邵某某等人的借款，但其并未提交证据证明胡某某与邵某某等人存在借款协议。第三，根据胡某某提交的银行及微信转账记录显示，谷某某2017年至2019年每月定期的通过银行及微信向胡某某转账支付利息，该行为符合民间借款的通常还款操作，可视为谷某某对借款行为的默认。第四，根据谷某某提交的有借款人何某某签名的借条显示，何某某借款的利息是每月3%，并非胡某某主张的每月1.5%，且何某某当庭表示其借款是从谷某某处借的，借条也是谷某某让打的，还款也是要通过谷某某的账户，其借款行为只面向谷某某，可认定为谷某某与何某某之间存在独立的借贷关系。

综上，虽然胡某某未能向本院提交谷某某借款的借条证明双方之间的借贷关系，但是综合双方之间的银行转账及微信转账记录、微信聊天记录、双方证据质证及庭审情况，本院认定胡某某与谷某某之间的借款合同成立，且虽然双方没有书面约定借款利息，但有些微信转账明确注明系利息。故对胡某某要求谷某某归还借款本金及利息的诉讼请求，本院予以支持。法院最终判决被告谷某某于本判决生效之日起七日内偿还原告胡某某借款本金421.5万元及利息。

判决后，双方当事人均未上诉，本判决现已生效。

【法官后语】

随着人民生活水平的日益提高，在满足基本的衣食住行之余，我国城镇居民的可支配收入日益增多。囿于投资渠道狭窄，很多居民受高息的吸引，将钱借给一些急需用钱的个人或者投资公司，同时这些借贷行为又催生了一批中间介绍人、职业放贷人。对于到期无法收回的借款，出借人诉至法院，导致民间借贷纠纷案件日益增多。

对于多方之间的转账，出借人主张转入借款账户的所有人即借款人，要求其承担还款责任，而该账户所有人辩称其仅仅是为出借人居间介绍以收取一定的好处费，甚至有些人辩称是别人借用其账户转账。如果仅仅是为借贷双方提供媒介服务，出借人请求其承担还款责任，应不予支持。故而转入借款的账户所有人是借款人还是居间介绍人，是这类案件常见的争议焦点，尤其是在双方之间没有直接签署借条的情况下。笔者认为，应从以下几个方面进行审查，以综合认定：

一是审查双方的借款意向。双方之间是否存在借款意向，是借贷关系成立的重要证据。最常见的借款意向就是借款合同。如果签订了书面的借款合同或者达成了口头的借款协议，则能直接证明转入账户所有人是否系借款人。本案中，胡某某与谷某某虽然没有签订书面借款合同，但是胡某某申请的证人及提交的证据证明双方就借款及还款事宜有过约定及协商，能够印证双方之间存在借款意向。

二是审查双方之间银行账户往来情况。如果是借用银行卡或者居间介绍，应为某笔款项转入后即全额转出，或者每笔扣留固定的好处费再转出，不容易积累成大笔数额的未还款项。而借款则是借用一定时间后再行还款，还款数额不一定对应转入的数额，导致最后多笔未还累积成讼，诉至法院，且大部分借款会在固定的时间归还利息。本案中，胡某某与谷某某账户来回多次转账并持续三年，转账数额并非一一对应，最终多笔未转回，累积成欠款，且谷某某每月定期的支付利息，符合民间借贷的形式特征，可视为谷某某对借款行为的默认。

三是审查相关案外人与借款的关联。此点旨在审查转账账户所有人对其并非借款人的辩称，如辩称是出借银行与他人使用，则结合借卡人是谁、其与借卡人的关系来审查，如辩称是居间介绍，则审查最终借款人是谁、与谁达成协议以及向谁还款等。本案中，谷某某辩称是何某某使用的借款，其居间为实际借款人介绍以收取好处费，但经审查，何某某是直接向谷某某借款的，其向谷某某出具的借条，并直接向谷某某还款。由此可见，何某某与谷某某存在独立的借款协议，而非向胡某某借款。故本案最终认定谷某某系借款人，而非居间介绍人，判定谷某某承担相应的还款责任。

综合上述分析，虽然《最高人民法院关于审理民间借贷案件适用法律若干问题的规定》（2020 年修正）第九条第二项明确规定，自然人之间以银行转账、网上电子汇款等形式支付的，自资金到达借款人账户时视为借款合同成立。但是大部分的民间借贷案件，不能仅仅依靠转账汇款直接认定收款账户所有人即借款人，要求其承担还款责任。而是应该综合审查出借人与收款账户所有人之间是否存在借款合意，包括书面和口头的借款合同，借条或者欠条等，同时查看双方之间的银行流水，每笔转账是否能一一对应、差额是否与借款人主张的对应以及利息归还情况，最后结合案外人与借款、借款账户的关联情况，综合认定收款账户所有人是否应承担还款责任。

此类案件的审理结果，对民间借贷现象日益普遍的社会来说，有着十分重要的现实意义，是对我国广大居民的一次重要的普法宣传活动。对于普通居民来说，是一次重要的提示，银行卡出借有风险，需谨慎对待，避免因为蝇头小利，让自己卷入借贷纠纷，甚至面临偿还借款的风险。对于借贷双方以及居间介绍人来说，同样具有重要的提示意义，让各方切实认清各自所承担的责任和风险，提前预判自身行为的法律后果，严格按照各自承诺及法律规定行事，切实减少不必要的矛盾纠纷，大大减少法院的诉讼案件量，切实节约司法资源，同时有助于促进和谐社会的建设。

编写人：北京市密云区人民法院　何琴玲

32

民间借贷中名义借款人是否需要承担还款责任

——周某诉刘某秋民间借贷案

【案件基本信息】

1. 裁判书字号

吉林省辉南县人民法院（2021）吉0523民初1443号民事判决书

2. 案由：民间借贷纠纷

3. 当事人

原告：周某

被告：刘某秋

第三人：吴某波

【基本案情】

2014年7月29日至11月2日被告刘某秋陆续给原告周某出具借条，金额共计75000.00元。2015年6月30日，被告给原告出具借款还款合同书，载明：被告先后经周某之手借款7笔，本金7.5万元到2015年6月30日利息为16548.00元，共计人民币91548.00元，用于做生意，本人同意用自己的车辆和营运补做借款抵押，经双方协商约定分三年还清，每年12月30日前还本利4万元整，如按期还款从2015年6月30日起利息按月利1.5分，如不能按期还款从2015年6月30日起利息按月利2分，并负责经济责任和法律责任。借款还款合同书中附借据，被告在借款人处签字。原告承认以上借款本金7.5万元中，其中6万元为被告刘某秋打的借条，实际使用人为第三人吴某波。

被告提出他只是此民间借贷案件的名义借款人，实际借款人是第三人吴某波，原告对此也予以承认，故此被告认为此笔借款应由第三人偿还，自己不承担清偿责任。

【案件焦点】

名义借款人是否需要对借款承担清偿责任。

【法院裁判要旨】

本案的争议焦点是刘某秋作为名义借款人是否需要偿还以自己的名义所出具欠条的6万元欠款。本院综合评判如下：1. 原告周某持有被告刘某秋所书写的借条原件，诉争借款虽直接汇入了第三人吴某波的账户，但原、被告都陈述每次都是由被告开车拉着原告到银行进行汇款，被告对于原告直接汇款给第三人是知情并且认可的，鉴于签写借条和与原告去银行汇款行为均是刘某秋，故原告以刘某秋为被告提起诉讼并无不当。2. 刘某秋作为完全民事行为能力人，应该对自己在借款合同和借款凭证上签字所引起的法律后果自行承担法律责任。且根据合同相对性原则，刘某秋作为借款合同的相对方，借款合同对刘某秋应该具有法律约束力。刘某秋在承担还款责任后，可依法向第三人吴某波进行追偿。综上，被告刘某秋应当对原告起诉的借款本金91548.88元承担还款责任。

最后判决被告刘某秋给付原告周某借款本金91548.88及利息［自2015年6月30日至2020年8月19日，按年利率18%计算；2020年8月20日至给付完毕时止，按2020年8月全国银行间同业拆借中心公布的一年期贷款市场报价利率（LPR）标准四倍，即15.4%计算］，上述款项于判决生效后五日内给付。

判决后，双方当事人均未上诉，本判决现已生效。

【法官后语】

名义借款是否承担责任需从以下几个方面考量。第一，原告借款时的真实意思表示，本案中虽然原告认可实际用款人是第三人吴某波，但是由于吴某波身负众多债务，与其而言还款能力非常低，原告虽愿意提供款项给其使用，但又不相信其还款能力，因此才出现吴某波每次借款时都要被告刘某秋为原告出具借据的现象，实际上被告在此借贷关系中起到的是保证人的作用，也就是说原告是相信被告的还款能力，才借款给第三人的。第二，在存在实际借款人的情况下，合同相对性原则是否能够突破。本案中原、被告双方借贷事实存在，双方借款合同成立，那么此借款合同就对原告和被告有所约束，如果判决第三人承担责任，那么就突破了合同相对性原则。一般突破合同相对性原则都需要有法律明确规定，如买卖不破租赁原则等，在没有具体规定的情况下就随意突破合同相对性原则，这会对日常交易的稳定性造成冲击，况且在名义借款人承担责任后，依然可以向实际借款人追偿，其救济途径是存在的。第三，被告也即名义借款人应该对自己的民事行为承担法律责任。一个具有完全民事行为能力的人，在做任何民事行为的时候，都应该意识到这么做的法律后果，他在替实际借款人出具借据的时候就以实际行动认可了自己保证人的身份，因此不能在权利人要求其承担责任时免除其责任。

综上，出借款项并未签订书面借款合同的，对于借款人的认定应依据借条出具、账户提供、用款还款等情况进行综合判断。虽然名义借款人和实际借款人不一致，但借条和转款账户的出具主体均是名义借款人，故名义借款人应承担还款义务。名义借款人在承担清偿责任后，可依法向实际借款人进行追偿。

最后，民间借贷是百姓较为常见的民事法律行为，任何一个成年人在从事民事法律行为时都应该清楚的知道自己需要承担的法律后果，如本案的被告随随便便替他人出具借据，最后却需要自己承担清偿责任，可谓得不偿失。

编写人：吉林省辉南县人民法院　李娜

33

私刻公章行为与被代理人责任的认定

——李某华诉清障施救公司、陆某民间借贷案

【案件基本信息】

1. 裁判书字号

湖南省炎陵县人民法院（2021）湘0225民初187号民事判决书

2. 案由：民间借贷纠纷

3. 当事人

原告：李某华

被告：清障施救公司、陆某

【基本案情】

被告清障施救公司成立于2014年，陆某为该公司成立之时的股东，陆某自2015年4月起为清障施救公司法定代表人。2020年6月16日，清障施救公司全体股东陆某、谭某辉、张某林、张某明召开股东会并形成决议，免去陆某的执行董事与法定代表人职务，选举谭某辉为法定代表人。2020年8月22日，被告清障施救公司原4名股东以及新收股东罗某岸、谭某岚再次召开股东会，形成决议和选举罗某岸为法定代表人，免去谭某辉法定代表人职务，陆某所持股份51%转让给其他股东，陆某退出公司股东身份。2020年8月31日，被告清障施救公司法定代表人变更为罗某岸。

2020年6月17日，被告陆某单独找到原告李某华要求借款，李某华表示不同意陆某个人向其借款，陆某必须以公司名义借款，后陆某持一枚自己在炎陵县武阳印章制作有限公司雕刻的刻有“清障施救公司”公章再次向原告李某

华借款。原告同意并与被告签订借款合同，约定借款金额4万元，借款期限为3个月自2020年6月17日起至9月16日止，月利率为3%，逾期按日1%计算违约金，被告陆某为连带责任保证人。李某华在甲方（出借人）处签名，被告陆某在乙方（借款人）处加盖公章与签公司名字。同时陆某在保证人处签上自己名字承诺为连带保证责任人，陆某还向李某华出具盖有“清障施救公司”的授权委托书，明确李某华将借款资金4万元汇入陆某个人账户。同日，李某华将4万元转入委托书指定的账户上。因被告未能在约定的时间内偿还借款本金与利息，原告诉至法院。

【案件焦点】

原、被告之间签订的借款合同是否构成表见代理，被告清障施救公司是否要承担清偿责任。

【法院裁判要旨】

法院经审理后认为：本案清障施救公司原法定代表人陆某的行为客观上足以形成具有代理权的表象，相对人李某华在借贷过程中已尽到充分的注意义务，主观上善意且无过失。故该借贷行为构成表见代理，该代表行为有效，合同发生法律效力，陆某私刻公章的行为不能排除被代理人清障施救公司的责任，其签订的合同所产生的法律后果应由清障施救公司承担。

本案经本院审判委员会讨论决定，判决如下：

一、限被清障施救公司于本判决生效后十日内偿付原告李某华借款本金40000元及利息5149元（利息计算至2021年3月17日止）；2021年3月18之后的借款利息按年利率15.4%计算至债务全部清偿完毕为止；

二、被告陆某对被告清障施救公司上述款项承担连带保证责任。

判决后，双方当事人均未上诉，本判决现已生效。

【法官后语】

表见代理行为的认定一直是理论界和实务界争议的难点，尤其是在涉及私刻公章情形中。本案结合相关理论和实践经验，探索对私刻公章的规范化裁判路径。

一、司法认定：盖章与表见代理的关系

盖章对单位合同而言是重要的形式要件，但在司法实践中将其视为直接构成表见代理的“风向标”，只要存在单位没有授权的盖章行为就认定表见代理，会打破维护交易秩序与单位利益之间的价值平衡。而只将盖章视为一个重要的证据，具体审查其合同行为背后的意思表示、授权公示效力、注意义务来进行判断，这样能够防止绝对化的裁判方式，彰显司法认定的法理化和合理化。

1. 审查行为人的授权公示效力

本案中陆某自2015年4月起至2020年6月止担任被告清障施救公司的法定代表人，长达5年时间，对外已经形成较强的公示效力。原告李某华已通过其本人为法定代表人的炎陵华昌公司与清障施救公司签订借款合同等途径早已知晓清障施救公司的法定代表人一直以来为陆某，其具有签订合同的职权。被告清障施救公司在2020年6月16日内部召开股东会，免去了陆某的法定代表人职务，

2020年的9月30日，清障施救公司才在登记部门进行法定代表人的变更登记。2020年6月17日，原告李某华在合同签订时对陆某身份发生变化无从知晓。清障施救公司未公示的内部变更行为不能阻碍之前陆某身份形成较强且稳定的公示效力。

2. 审查相对人的意思表示

本案经审查发现原告李某华明确了不与陆某个人发生借贷法律关系，只有陆某所代表的清障施救公司才能借款，并且陆某又持有“清障施救公司”的公章，因此李某华主观上要求发生法律关系的主体就是清障施救公司，而并非陆某。

3. 审查相对人的注意义务

经鉴定，借款合同与委托书上的印章与清障施救公司的公章存在差别，但原告李某华已尽到了外观的审慎义务，鉴别公章的同一性是一项专门技术手段，李某华作为普通人不具有该特有的技术本领，法律不能过分地要求李某华负有

鉴别公章同一性的高度谨慎义务。

因此，在本案中陆某的行为客观上足以形成具有代理权的表象，相对人李某华在借贷过程中已尽到了充分的注意义务，主观上善意且无过失，故该借贷行为构成表见代理。

二、程序路径：是否中止审理

在判断案件中存在私刻公章情形是否直接导致民事案件中止审理。在审理过程中不能以存在私刻公章情形，对民事案件“一刀切”，防止出现当事人故意拖延审理、过长时间等待审理等状况。

本案中，法官首先将陆某私刻公章的线索移交公安部门，并且给予了适当回复时间，后公安机关对陆某是否构成犯罪未立案。然后对照有关规定详细分析情形，根据《最高人民法院关于在审理经济纠纷案件中涉及经济犯罪嫌疑若干问题的规定》第五条的规定，明确了只有在行为人已构成了犯罪的情况下，公司才对行为人该犯罪行为所造成的经济损失不承担民事责任。同时，又依据《最高人民法院关于审理民间借贷案件适用法律若干问题的规定》第六条的规定，法院发现与民间借贷案件虽有关联但不是同一事实的涉嫌非法集资等犯罪的线索、材料的，法院应当继续审理民间借贷纠纷案件。

编写人：湖南省炎陵县人民法院　刘建忠　余勤

34

银行账户出借人的民事责任界定

——陈某关诉王某健、王某乐民间借贷案

【案件基本信息】

1. 裁判书字号

浙江省绍兴市中级人民法院（2021）浙 06 民终 3174 号民事判决书

2. 案由：民间借贷纠纷

3. 当事人

原告（上诉人）：陈某关

被告（被上诉人）：王某乐

被告：王某健

【基本案情】

被告王某健与被告王某乐系父子关系。2019年8月16日，被告王某健向原告出具《借条》一份，载明：本人向陈某关借款人民币陆拾万元整，用于资金周转，借期壹个月，借款、借期均以银行或现金本人实收到为准，特此留条。借款人：王某健，备注有身份证号码及住址。担保人：张某发，备注有身份证号码及住址。借条左下方备注：账号62148657988×××××，王某乐，招商银行金华分行。原告于2019年8月17日分三次向被告王某乐名下招商银行62148657988×××××账户转账5万元、5万元、20万元，8月26日再次转账30万元，合计60万元。2020年3月22日，被告王某健向原告出具《承诺书》一份，载明：借陈某关陆拾万元整欠款，本人承诺在2020年4月10日前还叁拾万元整，4月30日前还叁拾万元整，月息1分，此款与利息由金某国具体落实，并给金某国送达建设公司委托书，立此为据。承诺人：王某健（捺印）。2020年5月8日、9月30日，被告王某乐尾号为9988的银行账户转账给原告5万元、5万元，共计10万元。《借条》及《承诺书》出具时被告王某乐未到场。原告起诉要求被告王某健归还借款，并要求被告王某乐承担连带清偿责任。被告王某乐自认自2017年起将其名下账号为62148657988×××××的招商银行卡借给王某健使用，但认为其不是借款合同的当事人，对借款及使用情况不知情，无须承担连带清偿责任。

【案件焦点】

被告王某乐是否需要承担连带清偿责任。

【法院裁判要旨】

法院生效裁判认为，原告与被告王某健之间的民间借贷关系，双方主体适格，意思表示真实，内容未违反法律和行政法规的强制性规定，应认定为合法有效。根据原告提供的证据及被告王某健的自认，可以认定被告王某健尚欠原告借款 50 万元的事实。现借期已满，原告要求被告王某健归还借款，于法有据，本院予以支持。双方约定的利息未超过法律规定，故对原告主张的利息，本院亦予以支持。本案的争议焦点为被告王某乐是否应承担连带清偿责任，现分析如下：首先，案涉借款系被告王某健出面向原告所借，《借条》及《承诺书》亦是由被告王某健一人出具，原告基于与被告王某健的约定将 60 万元汇入被告王某乐账户，汇款时均备注有"王某健款"或"借王某健款"字样。由此可见，原告与被告王某健于 2019 年 8 月 16 日达成借贷合意，借款人为王某健，被告王某健指示原告付款至被告王某乐招商银行 62148657988×××××账户，并不足以导致原告在借款主体上的认识错误；案涉借条及承诺书已明确借贷双方为陈某关与王某健，根据合同相对性原则，陈某关应向借款人王某健主张权利。其次，陈某关主张借款流入王某健方的资金池后用于王某乐名下的家庭经营企业或用于王某乐还贷等，王某乐对案涉借款实际受益。但根据陈某关提供的银行流水，尚不能证明本案借款最终流向了其主张的王某健与王某乐的家庭企业。而且即便如此，也仅能证明借款人王某健借款后如何支配及使用借款，陈某关以此直接要求王某乐对案涉借款承担连带清偿责任，也没有法律依据。至于陈某关主张的王某健与王某乐可能存在转移财产、逃避债务的行为，与本案并非同一法律关系，不属于本案审理范围，双方如有纠纷，陈某关可另循相应的法律途径进行主张。最后，陈某关主张王某乐出借银行账户给王某健，根据《最高人民法院关于适用〈中华人民共和国民事诉讼法〉的解释》第六十五条规定以及《最高人民法院关于出借银行账户的当事人是否承担民事责任问题的批复》，王某乐应承担连带清偿责任。对此，本院认为，《最高人民法院关于适用〈中华人民共和国民事诉讼法〉的解释》第六十五条仅系对当事人诉讼地位作出规定，而

《最高人民法院关于出借银行账户的当事人是否承担民事责任问题的批复》意在规范金融管理秩序，对账户出借人的民事责任仅表述为“应区别不同情况追究出借人相应的民事责任”，并未明确账户出借人在民间借贷纠纷中应承担何种民事责任。本案中，陈某关依王某健指示将借款转入王某乐账户，对借款转入王某乐账户系明知，而且也没有证据证明借款未能归还系王某乐过错及该交付方式所致，亦无证据证明王某乐因出借账户本身获取了使用费用或其他非法利益。综上，原告主张王某乐出借银行账户应承担连带清偿责任，无事实和法律依据。

【法官后语】

出借银行账户在现实生活中大量存在，是无法避免的事实。在司法实践中，出借银行账户的案件也存在不同的裁判结果，既有判决无须承担责任的，也有判决承担连带清偿或者共同责任的。由此可见，对账户出借人民事责任的承担问题实践中存在争议。本案从出借人与借用人之间的关系、债权人的损失后果与出借人出借银行账户的原因和目的、出借人出借银行账户所获得的利益、汇入借用账户的资金动向以及借用人对汇入借用账户内的资金支配和处分等要素，对账户出借人承担的民事责任进行界定。

一、账户出借人概念的相关法律规定及评析

（一）《最高人民法院关于适用〈中华人民共和国民事诉讼法〉的解释》第六十五条规定：“借用业务介绍信、合同专用章、盖章的空白合同书或者银行账户的，出借单位和借用人为共同诉讼人。”该条款解决了诉讼主体问题，账户出借人和借用人在诉讼上形成了密不可分的诉讼权利义务关系，应确定成为共同诉讼人。但该条款对账户出借人和借用人的具体承担和分担的责任没有明确规定和划分。

（二）《最高人民法院关于出借银行账户的当事人是否承担民事责任问题的批复》中明文规定：“出借银行账户是违反金融管理法规的违法行为。人民法院除应当依法收缴出借账户的非法所得并可以按照有关规定处以罚款外，还应区别不同情况追究出借人相应的民事责任。”该条款确定了行政法上的责任，对账户出借人通过出借银行账户获取非法利益的行为予以惩戒，反之，如果账户出借人没有获取相关利益，那么就不存在非法获利问题。根据批复规定，实事求是地区分不同情况追究账户出借人相应的民事责任，能够有效解决账户出借人民事责任问题。不同情况下出借人承担何种责任值得我们研究和探讨。

（三）《人民币银行结算账户管理办法》第六十五条规定，存款人不得出租、出借、转让银行结算账户，上述规定系金融系统内部操作规定。

二、账户出借人的民事责任

参照最高人民法院“相应的民事责任”之规定，账户出借人的法律责任应该审查账户出借人与账户借用人之间的关系，债权损失后果与出借银行账户行为之间的因果关系、账户出借人对债权人损失后果的过错程度、出借银行账户的动机，账户出借人的获利情况及账户出借时间、次数等要素，区别对待不同情节下确定账户出借人承担不同的民事责任。出借银行账户的具体法律责任分为三种：

（一）账户出借人不承担法律责任

账户出借人仅一次出借银行账户、不是以“获利”为目的，且对债权人的债权损失没有过错，账户出借人对账户借用人向债权人所负债务不承担责任。按照权利与义务对等原则，账户出借人亦不承担责任。

（二）账户出借人承担连带责任

1. 账户出借人以盈利为目的出借银行账户。与出借次数、获利多少无关，账户出借人应该承担连带责任。依照“权责统一”原则，账户出借人通过将银行账户出借给他人获取利益的，必须承担相应的责任。行政规章明文规定禁止出借银行账户行为，账户出借人通过出借银行账户获取非法利益，违反规定，且主观过错较重，应该处以较重的民事责任，对这种违规违法行为应该给予严厉打击，引导并倡导正确的规范行为。

2. 账户出借人与账户借用人属实存在亲属关系、合伙关系、挂靠关系等，在没有约定共同财产的情况下，账户出借人与账户借用人之间对外承担连带责任。账户出借人与账户借用人之间为父母子女关系、兄弟姐妹关系等其他亲属关系，债权人在对账户出借人与账户借用人亲属关系信任的基础上，账户出借人应该对账户借用人所负债务承担连带责任。账户出借人与账户借用人存在合伙、挂靠关系等经营上的牵连的，参照对价原则，账户出借人与账户借用人存在经营上的关系，出借人应当承担连带责任。

3. 账户出借人对债权人的债权损失有故意或者重大过失的。例如，在账户出借人控制银行账户的情况下，债权人知道借款人即借用银行账户人不还款，通知账户出借人不要将银行账户中的资金交给银行账户借用人，账户出借人依然故我，将账户中的资金交给账户借用人，直接导致债权人损失的，账户出借人存在主观故意，应该负有连带责任。

4. 账户出借人与账户借用人共同使用出借银行账户内资金的。表面上看，只有账户借用人向债权人借款，实际上使用这笔款项的是账户出借人和账户借用人，两个人的行为实际上构成了共同借款人，在法律上承担责任，共同还款责任与连带还款责任没有区别。

5. 账户出借人承担补充责任。账户出借人主观上只有一般过失或者长期无偿出借银行账户等实际情况，账户出借人应该承担补充责任。补充偿还责任的具体份额也就是具体金额数量，应该综合考虑账户出借人和账户借用人之间的关系、账户出借人对债权人损失的造成程度、账户出借人出借银行账户的动机、汇入该账户资金的去向、账户出借人或者账户借用人对汇入该银行账户内的资金支配或处理情况等给予具体确定。

三、本案账户出借人责任分析

本案处理的要点在于王某乐是否需要承担连带责任。在审理过程中存在以下观点：

第一种观点认为，王某健向陈某关借款60万元，有王某健出具的借条予以证明，王某健应承担还款责任。王某健的儿子虽出借了账户，但其不是以“获利”为目的，同时对债权人的债权损失不存在过错，且债权人未能提供充分证据证明账户出借人王某乐与账户借用人王某健有共同举债的合意，根据借款合同相对性原则，账户出借人王某乐不应承担法律责任。

第二种观点认为，根据《人民币银行结算账户管理办法》第四十五条“存款人不得出租、出借银行结算账户，不得利用银行结算账户套取银行信用”的规定，参照《最高人民法院关于适用〈中华人民共和国民事诉讼法〉的解释》第六十五条“借用业务介绍信、合同专用章、盖章的空白合同书或者银行账户的，出借单位和借用人为共同诉讼人”，本案中王某健的儿子王某乐实际收到陈某关银行转账60万元，应认定王某健和王某乐系共同借款人，承担共同清偿责任。

第三种观点认为，根据《最高人民法院关于出借银行账户的当事人是否承担民事责任问题的批复》的规定，“出借银行账户是违反金融管理法规的违法行为。人民法院除应当依法收缴出借账户的非法所得并可以按照有关规定处以罚款外，还应区别不同情况追究出借人的民事责任”。王某乐是否需要承担连带责任，需要区分以下三种情况：一是账户出借人是否以盈利为目的出借银行账户；二是账户出借人与账户借用人是否共同使用出借银行账户内的资金；三是账户出借人与账户借用人是否存在合伙关系、联营关系等。

账户出借人是否需要承担责任应全面审查账户出借人与借用人之间的关系、债权人的损失后果与出借人出借银行账户的原因和目的、出借人出借银行账户所获得的利益、汇入借用账户的资金动向以及出借人或借用人对汇入借用账户内的资金支配和处分等要素，对账户出借人承担的民事责任进行具体分类。本案中，第一，案涉借条及承诺书已明确借款系发生在陈某关与王某健之间，款项经王某健指定转入王某乐账户仅能说明借款的交付方式，亦不能直接证明王某乐系借款人。根据合同相对性原则，陈某关应向借款人王某健主张权利。第二，借款后资金流向仅证明支配及使用借款情况，陈某关提供的证据无法证明王某乐对案涉借款实际受益。本案中，陈某关依王某健指示将借款转入王某乐账户，对借款汇入王某乐账户系明知，而且也没有证据证明借款未能归还系王某乐过错及该交付方式所致，亦无证据证明王某乐因出借账户本身获取了使用费用或其他非法利益。因此综合认定王某乐无须承担连带清偿责任。

编写人：浙江省绍兴市越城区人民法院　陈琴琴　张锴

四、债务偿还认定

35

场外配资合同被认定无效后，应区分缔约损失和履约损失分别进行损失的认定与分担

——李某华诉林某华民间借贷案

【案件基本信息】

1. 裁判书字号

江苏省无锡市中级人民法院（2021）苏02民终1181号民事判决书

2. 案由：民间借贷纠纷

3. 当事人

原告（上诉人）：李某华

被告（被上诉人）：林某华

第三人：林某宏

【基本案情】

2016年11月10日，李某华通过林某宏与林某华达成《股票投资合作协议》，具体约定：李某华提供股票交易账户，林某华投入该账户300万元保证金，林某华向李某华所借的1200万元借款也由李某华直接投入该账户，账户内共计1500万元资金由林某华独立进行股票操作，李某华不得修改账户密码。盈

亏都归属林某华，与李某华无任何关系，林某华保证每月向李某华支付资金使用费，账户内资金亏损至1350万元时，李某华可立即卖出账户内所有股票，由此造成的损失由林某华承担。

后双方按约履行，该账户进行了多只股票的多笔买卖交易，李某华于2017年修改账户密码，且一直未将修改后的密码告知林某华。2018年，该账户股票交易结束。因李某华控制账户后取回部分资金，故以民间借贷为由起诉要求林某华返还剩余借款本金5465464元及相应利息。林某华辩称，本案实为场外配资合同纠纷，协议应属无效，并提起反诉请求判令该协议无效、李某华返还其投入的300万元保证金。

【案件焦点】

场外配资合同被认定无效后，对于合同双方的损失，如何进行认定与分担？

【法院裁判要旨】

江苏省无锡市滨湖区人民法院经审理认为：《股票投资合作协议》因违反国家特许经营以及证券法相关规定而应被认定无效。根据《合同法》第五十八条的规定，合同无效后，因该合同取得的财产应予以返还，有过错的一方应当赔偿对方因此所受到的损失，双方都有过错的，应当各自承担相应的责任。李某华和林某华转账至证券账户的1200万元和300万元应分别予以返还，但实际上双方在股票操作过程中已取回部分资金，故林某华实际损失16.5万元，李某华实际损失5000464元。因双方在涉案股票操作中均有过错，上述损失由双方分别承担相应责任。根据双方当事人的过错情况，酌定由林某华与李某华分别承担本案损失70%、30%的责任，即林某华应向李某华返还损失3500325元（5000464元×70%），李某华应向林某华返还损失4.95万元（16.5万元×30%），双方返还金额相互抵销后，林某华应向李某华返还3450825元。由于场外配资行为违反证券法、扰乱金融秩序，李某华要求林某华承担利息损失的请求不能成立，不予支持。

江苏省无锡市滨湖区人民法院依照《中华人民共和国合同法》的相关规

定，判决如下：

一、本案《股票投资合作协议》无效；

二、林某华向李某华返还3450825元；

三、驳回李某华的其他诉讼请求；

四、驳回林某华的其他反诉请求。

李某华不服一审判决，提起上诉。江苏省无锡市中级人民法院经审理认为：场外配资合同无效后，对于李某华和林某华的损失，应按照各自的过错程度，区分缔约损失和履约损失分别进行损失的认定与分担。

首先，关于缔约损失的分担。1. 李某华作为配资方，明知其没有股票配资资质且不可能获得资质的情况下，从事配资这一非法活动，对合同无效存在过错，故其依场外配资合同的约定主张林某华向其支付约定的利息和费用，不予支持。因李某华投入涉案账户的1200万元实际由林某华使用，林某华应予以返还，并支付资金占用期间的费用。2. 林某华作为用资人，追求高额收益，要求更高杠杆的配资比例，与配资方签订场外配资合同，表明其愿意承担更高的本金亏损风险，故其在配资方不存在其他过错加重的一般情况下，因证券市场波动及自行操作买卖股票而造成的损失，应由其自行承担，不能以使用配资导致投资损失为由主张配资方予以赔偿。林某华投入涉案账户的300万元与李某华投入的1200万元，均由林某华使用，林某华自行操作买卖股票造成的损失应由其自行承担，该损失已超过300万元，故李某华无须返还林某华300万元。

其次，关于履约损失的分担。虽林某华自行操作股票造成的损失由其自行承担，但在配资方采取更改密码等方式控制账户使得用资人无法及时平仓止损的情形下，因配资方对用资人因此遭受的损失存在过错，应承担相应责任。李某华虽于2017年3月31日更改账户密码，但大连电瓷股票在2017年3月2日之后一直停牌无法抛出，2017年12月6日复牌后连续跌停至2017年12月11日盘中打开跌停，在2017年12月11日前，客观上李某华无法卖出该股票平仓，故林某华因李某华更改密码无法及时平仓而遭受的损失应按照2017年12月11日股票可以卖出之日（每股13.69元）与2018年2月22日股票实际卖出之日（每股 7. 88 元）的市值差额予以计算，即为 2569182 元。另林某华在 2017 年 12 月 7 日微信表示明天不能抛售股票，到有点盈利的时候再卖掉，明天抛售不会赔一分钱。从该内容分析，林某华确实要求过李某华不能卖出股票，但既有 2017 年 12 月 8 日不能卖出的意思表示，又有等有点盈利再卖出的意思表示，综合考虑该微信内容对李某华的影响及双方的过错程度，酌定该部分损失由林某华自担 30%的责任即承担 770754. 6 元，李某华承担 70%的责任即承担 1798427. 4 元。

最后，本案中，李某华投入资金 1200 万元，已取回 305 万元和 3484536 元，林某华已向李某华支付利息 45. 6 万元。因李某华对 2017 年 12 月 11 日至 2018 年 2 月 22 日的损失承担 70%的责任，而此期间李某华实际控制账户，故酌定林某华仅应支付此期间 30%的资金占用费用。经核算，截至 2018 年 2 月 22 日，林某华尚应返还李某华本金 5477755. 63 元。上述应返还本金扣除李某华应向林某华承担的损失 1798427. 4 元后，林某华尚应向李某华返还 3679328. 23 元。

江苏省无锡市中级人民法院依照《中华人民共和国合同法》的相关规定，判决如下：

一、维持原审判决第一项、第四项；

二、撤销原审判决第三项；

三、变更原审判决第二项为：林某华向李某华返还 3679328. 23 元及资金占用期间的费用；

四、驳回李某华的其他诉讼请求。

【法官后语】

场外配资是近年来金融创新与民间资本活跃的产物。实践中，投资者以低本金（保证金）通过高杠杆配资轻易便可操纵数倍乃至数十倍于本金规模的投资，极易引起系统性金融市场风险。《全国法院民商事审判工作会议纪要》（以下简称《九民纪要》）、《中华人民共和国民法典》为判定此类合同效力提供了明确的司法依据，场外配资合同因违反国家特许经营而无效。但就场外配资合同无效后的损失认定与分担问题，《九民纪要》虽在第八十七条加以规定，但司法实践中仍存在具体适用时的同案不同判现象。

一、以是否区分损失产生的原因进行归责的两种裁判逻辑分歧

一种为融为一体式裁判逻辑。第一，明确双方的损失为投入资金扣除已取回资金；第二，对该损失结合双方在缔约中的过错和履行中的不当行为，确定过错程度，酌定责任比例。比如，本案一审的裁判逻辑。另一种为阶层递进式裁判逻辑。首先，明确合同无效后所涉及的配资款和保证金应予返还；其次，分担缔约过错导致的直接损失，如资金占用期间的利息损失；最后，分担未按约强制平仓等履约不当导致的损失。本案二审的裁判逻辑即属阶层递进式裁判逻辑。

二、“阶层递进式裁判逻辑+因果关系要件”分担损失合法合理

第一，《中华人民共和国合同法》第五十八条隐含区分缔约损失分担和履约损失分担之意。对于《中华人民共和国合同法》第五十八条规定的损失赔偿责任性质，通说认为，仍属于缔约过失责任。赔偿范围似只包括对合同无效的原因有过错而导致缔约信赖利益损失的赔偿。场外配资合同纠纷的特殊之处在于合同虽然被确认无效，但通常已伴随合同已实际履行完毕且产生了亏损的情况。如果将缔约过失责任仅限定在由对合同无效的原因有过错而导致的损失赔偿责任，则会使对履约过错导致的损失进行救济时缺乏法律依据，这明显不符合合同已履行完毕的实际情况。

第二，区分缔约、履约过错分别认定损失是因果关系构成要件的应有之义。融为一体式裁判逻辑忽略缔约过错和履约过错与亏损之间是否具有因果关系，配资方往往认为其只存在对合同无效的过错为何要承担用资人操作股票的亏损，或者用资人认为双方对合同无效都有同等过错为何投资亏损都要其承担等。而阶层递进式裁判逻辑考虑了合同已经实际履行且产生亏损的情况，原则是不能因场外配资合同无效而简单地否认证券、期货交易行为及结果，对损失进行分担时，严格考量过错与损失之间的因果关系，损失分担的结果更符合当事人的预期。

三、“阶层递进式裁判逻辑+因果关系要件”指引的损失认定与分担

场外配资合同无效后的损失分担规则，应以阶层递进式裁判逻辑为指引，

充分考量因果关系要件，区分缔约损失和履约损失分别进行损失分担。第一阶逻辑为缔约过错导致的损失分担，包括配资款和保证金的返还，资金占用期间的利息损失，配资方招揽、劝诱而订立合同的损失；第二阶逻辑为履约过错导致的损失分担，包括配资方不存在过错时的损失，强制平仓的损失，配资方采取更改密码等方式控制账户使得用资人无法及时平仓止损的损失。

尤其要注意本案中出现的配资方采取更改密码等方式控制账户使得用资人无法及时平仓止损的损失认定与分担情形。根据“谁操作配资账户谁负责”的原则，配资方更改密码后控制账户导致用资人无法对配资账户进行操作，配资方亦负有相应减损义务，配资方对用资人因此遭受的损失存在过错，应承担相应的责任。对于该因此遭受损失的认定，以计算配资方更改密码后可以卖出股票之日的股票市值与实际卖出股票之日的股票市值（实际平仓线）差额计算损失，更能体现该更改密码控制账户行为与损失之间的相当因果关系，更加合理，在分担该损失时，还需考虑配资方与用资人之间具体的履约过错程度。

编写人：江苏省无锡市中级人民法院　王静静　刘英

36

借贷双方约定以虚拟货币抵债的协议无效，应基于双方过错程度认定债务人应承担的还款责任范围

——文某诉左某民间借贷案

【案件基本信息】

1. 裁判书字号

湖南省长沙市中级人民法院（2021）湘01民终6311号民事判决书

2. 案由：民间借贷纠纷

3. 当事人

原告（上诉人）：文某

被告（被上诉人）：左某

【基本案情】

文某与左某自2015年起有借款往来，2017年5月26日经结算，左某向文某出具借款55万元的借条，约定月利息1.8%。左某还款5万元后，余欠款项双方约定由左某以360个以太坊币抵偿。文某2019年12月4日向左某出具证明，证明左某已归还欠款，借贷关系结束，此前借条无效。自2019年10月22日起左某帮文某进行虚拟货币的布局。2019年11月16日文某问左某虚拟货币怎么变现，2019年12月3日文某问左某虚拟货币什么时候可以提现，左某回复“马上就会开通”。经查，对于涉案虚拟货币项目交易平台手机APP①，2019年11月平台用户可以在该APP上相互转让虚拟货币，但无法提现为人民币；二审中该APP已无法打开，且在手机APP市场上也无法搜索到该APP。另，文某主张其收到左某交付的虚拟货币为虚拟货币，在一审中提供了涉案虚拟货币项目交易平台APP的截屏，显示“Hmio 15957.96”以及“我的余额（MGP）1113.6”；左某辩称其向文某交付的是虚拟货币换成的以太坊币，但并未提交证据证明。因虚拟货币无法提现，文某诉至一审法院要求左某偿还剩余借款。一审法院以“上述抵债清偿有效且已全部实际履行，双方债权债务关系消灭”为由，驳回文某的诉讼请求，文某上诉至二审法院。

【案件焦点】

1. 虚拟货币的性质；2. 以虚拟货币抵债的行为是否有效；3. 还债行为无效后双方责任的承担。

---

① App是英文Application的简称，多指智能手机的第三方应用程序。下文不再对此进行标注。

【法院裁判要旨】

湖南省宁乡市人民法院一审认为，合法的民间借贷关系应受法律保护。文某支付了出借款项，左某收到了文某出借的款项后出具的借条系其真实意思表示，且未违反法律、行政法规强制性规定，法院依法认定合法有效，双方之间的民间借贷关系成立。2019 年 10 月，左某偿还文某 5 万元后，用 360 个以太坊币抵还其余债务，且已全部实际履行。2019 年 12 月，文某向左某出具证明书，文某在证明书注明："左某与文某的借贷关系结束，今天之前的借条无效，此证明复印同样有法律效力"。上述抵债清偿的行为，系当事人的真实意思表示，且已全部实际履行，文某与左某之间的借贷关系结束，债权债务关系消灭，借条失去效力。现文某持失去效力的借条提起诉讼，文某的诉讼请求不应得到支持。据此，法院依据《中华人民共和国合同法》第九十一条第一款第一项、《中华人民共和国民事诉讼法》第六十四条第一款、《最高人民法院关于民事诉讼证据的若干规定》第二条之规定，判决如下：

驳回文某的诉讼请求。

文某不服一审判决，向湖南省长沙市中级人民法院提起上诉。

二审法院认为：根据《中国人民银行、中央网信办、工业和信息化部等关于防范代币发行融资风险的公告》的规定，本案中的虚拟货币既非货币，也不具有虚拟财产的属性，涉案虚拟货币项目本质上是一种未经批准非法从事代币发行融资的行为，亦可能涉嫌非法发售代币票券、非法集资、金融诈骗、传销等违法犯罪活动。虽然无法律和行政法规直接明确禁止虚拟货币的交易，但虚拟货币项目作为非法从事代币发行融资的行为已为中国人民银行等金融监管部门所明令禁止，扰乱了经济金融秩序，亦可能造成系统性金融风险，威胁人民群众的财产安全、损害社会公共利益，因此应对虚拟货币相关的（通过存入以太坊币）兑换、买卖、以币抵债以及此后延伸的相关交易行为作出否定性评价，依据《中华人民共和国合同法》第五十二条第四项之规定，文某与左某约定以 360 个以太坊币抵偿债务，但实际交付的是虚拟货币，上述行为损害了社会公共利益，应认定为无效。

对于涉案以虚拟货币抵债的无效协议，双方当事人均存在一定程度的过错，应当各自承担相应的法律责任。涉案虚拟货币项目在运行过程中是以虚拟货币为载体赚取利润，虽双方约定以 360 个以太坊币抵偿债务，但可以认定左某实际交付的虚拟货币并在交付一个月左右就失去价值，无法达到抵偿债务的法律效果。文某当时接受了该以币抵债的债务清偿方式，主观上也想谋求虚拟货币市场上的高额利润，客观亦参与了涉案虚拟货币项目的炒币活动，也未采取其他防范虚拟货币投资风险的措施，故文某和左某在本案中均存在过错，应各自承担相应的法律后果。

综上所述，文某的上诉请求部分成立；一审判决认定事实不清，适用法律错误，依法改判。依照《中华人民共和国合同法》第五十二条、第五十八条，《中华人民共和国民事诉讼法》第一百七十条第一款第二项规定，判决如下：

一、撤销湖南省宁乡市人民法院（2020）湘 0124 民初 7033 号民事判决；

二、左某自本判决生效之日起十日内向文某偿还借款本金 45 万元；

三、驳回文某的其他诉讼请求。

【法官后语】

本案名为民间借贷，实质上系因虚拟货币的炒币交易发生的纠纷。虚拟货币是指非真实的货币。根据《中国人民银行、中央网信办、工业和信息化部等关于防范代币发行融资风险的公告》的规定，虚拟货币不是真正意义上的货币，它并非货币当局即中国人民银行发行，不具有法偿性和强制性等货币属性，不具有货币等同法律地位，不能且不应作为货币在市场上流通使用。2021 年 5 月 18 日，中国互联网金融协会、中国银行业协会、中国支付清算协会联合发布《关于防范虚拟货币交易炒作风险的公告》，明确表示有关机构不得开展与虚拟货币相关的业务。本案中，借款方以虚拟货币抵扣债务的行为系中国人民银行等金融监管部门所明令禁止的非法从事代币发行融资行为的延伸行为，属于不受法律保护的无效行为，应对其作出否定性评价。

一、本案中的虚拟货币不具有法偿性和强制性，不是真正的货币

随着计算机通信技术的应用及互联网的发展，出现了摆脱物质形态，只以

电子信号形式存在的虚拟货币。一般来说，虚拟货币与法定货币具有以下区别：1. 虚拟货币与法定货币的价值基础不同，法定货币作为一般等价物，具有等价交换的价值；虚拟货币是一种特定的虚拟商品，是个性化货币，不具有等价交换的价值。2. 法定货币由国家货币发行机构也即中国人民银行决定；虚拟货币由个人决定。3. 法定货币的价值转换，在货币市场内完成，虚拟货币的价值转换在虚拟货币市场内完成。

本案中，双方对于借款数额无异议，仅对虚拟货币能否作为抵债物存在争议，这就需要对虚拟货币的性质进行界定。本案所涉的虚拟货币、以太坊币、MWALLET币是一种类似于比特币的网络“虚拟货币”，并非中国人民银行发行，不具有一般货币等价交换的价值，不具有与货币等同的法律地位，不能作为货币在市场上流通使用，不能作为交易结算的工具，也即不具有法定货币具有的法偿性和强制性。

二、虚拟货币的投资交易行为不受法律保护

基于虚拟货币的上述特点，虚拟货币的流通交易极易产生各种风险和问题，最典型的表现方式则是虚拟货币的发展为非法发售代币票券、非法集资、金融诈骗、传销等非法金融活动提供了土壤和工具，严重扰乱了经济金融秩序，损害了社会公共利益。鉴于此，中国人民银行连同其他相关部门出台了一系列监管政策。

2013年12月，中国人民银行连同工业和信息化部、银监会、证监会等部门出台《关于防范比特币风险的通知》，明确了比特币不是真正意义上的货币。之后，中国人民银行会同相关部门发布了《关于防范代币发行融资风险的公告》《关于防范以“虚拟货币”“区块链”名义进行非法集资的风险提示》等规定，均明确虚拟货币不具有与法定货币等同的法律地位，虚拟货币的相关业务活动属于非法金融活动；明确任何法人、非法人组织和自然人投资虚拟货币及相关衍生品，违背公序良俗的，相关民事法律行为无效。

《中华人民共和国民法典》第一百二十七条规定虽然明确了法律对数据、网络虚拟财产的保护有规定的，依照其规定。但该条规定仅表明对虚拟网络财产保护有规定的，从其规定。目前对虚拟货币进行了规定的仅为中国人民银行连同有关部门作出的上述规范性文件，不仅未对虚拟货币的保护进行规定，还明确任何金融机构、支付机构以及代币融资交易平台不得从事法定货币与代币、虚拟货币相互之间的转换业务，虚拟货币的投资交易行为不受法律保护。

具体到本案中，借款方以虚拟货币作为抵债币的行为实际上系将借款方持有的虚拟货币与出借方进行交易，该行为违反上述规定，不符合国家所倡导的稳定经济秩序和善良风俗的要求，不受法律保护，应认定借款方的还款行为无效。一审法院认为借款方以虚拟货币作为抵债币的行为未违反法律、行政法规强制性规定的观点应予纠正。随着国家对虚拟货币监管政策的日趋严格，也随着市场上部分“空气币”的不断爆雷，为防止虚拟货币对金融秩序和经济稳定的影响，人民法院应当从严把握虚拟货币民事案件的法律效力认定。

三、涉案虚拟货币不具有法律保护的财产价值

虽然某些虚拟货币如比特币可看作一种特定的虚拟商品，但并非所有的虚拟货币都具有受法律保护的财产价值，绝大部分虚拟货币不具有种类物的属性，不具有现实的可返回性，也无法使用法定货币进行量化，缺乏合法的经济评价标准。虽然《中华人民共和国民法典》第一百二十七条承认了网络虚拟财产的价值属性，但如上所述，该条的立法原意并非将网络虚拟财产纳入民法典的保护范畴[①]，事实上，我国尚未有相关法律法规明确其为民法上之物，只有当其具备合法财产的稀缺性、可流通性和价值属性才属于民法典认可的具有保护价值的虚拟财产。

根据查明的事实，本案中借款方以其持有的虚拟货币进行还款时，在本案虚拟货币项目指定交易的平台上，虚拟货币和以太坊币均无法提现为人民币。此时虚拟货币不具有合法财产的可流通性和价值属性，虚拟货币的交易投资行为不受法律保护，虚拟货币因无法提现而不具合法财产的价值属性，此时虚拟货币只是一个虚拟符号，不具有应受法律保护的财产价值。

---

① 参见李伟、赵蕊：《虚拟货币的法律属性及争议解决现状分析——以北京市近三年司法裁判文书为样本》，载《民主与法制》2022年第21期。

四、本案还款行为无效，因根据双方过错承担责任

鉴于本案以虚拟货币抵债的行为违反国家对于虚拟货币交易的相关强制性规定，不利于稳定经济秩序的构建及善良交易习惯的倡导，该还款行为应认定为无效，因返款合同无效取得的财产应当返还，有过错的一方应当赔偿对方因此遭受到的损失，双方都有过错的，应当各自承担相应的法律责任。

本案中，借款方在涉案虚拟货币项目平台上帮出借方完成虚拟货币布局后，以约定向其交付360个以太坊币的方式抵债，而借款方实际交付的是虚拟货币，且其交付的虚拟货币无法提现，不具有民法意义上的虚拟财产的价值属性，无法达到抵偿债务的法律效果。对于出借方而言，其接受该以币抵债的债务清偿方式，主观上存在谋求虚拟货币市场高额利润的想法，客观上参与了涉案虚拟货币项目的炒币活动，在知道该虚拟货币不能提现后未及时将该虚拟货币返还借款人，双方均存在过错，应各自承担相应的法律后果。结合双方的过错程度以及实际损失，人民法院认为：一方面，因合同无效取得的财产应当返还，但现涉案虚拟货币项目平台APP无法打开，客观上也无法返还；另一方面，因以虚拟货币抵债的行为无效，故借款方仍应当向出借方偿还债务。同时鉴于出借方存在一定过错，对于出借方要求按照借条约定支付借款利息的主张不予支持。

编写人：湖南省长沙市中级人民法院　刘青　钟宇卓

五、利息与违约金认定

37

借款本息作为本金可重新出具借条计收利息

——黄某同诉谢某民间借贷案

【案件基本信息】

1. 裁判书字号

福建省厦门市中级人民法院（2021）闽 02 民终 8202 号民事裁定书

2. 案由：民间借贷纠纷

3. 当事人

原告（被上诉人）：黄某同

被告（上诉人）：谢某

【基本案情】

黄某同与谢某系同村村民。2018 年 12 月 5 日，谢某向黄某同借款 3 万元，黄某同支付 3 万元现金借款给谢某。同日，谢某出具《借条》一份交由黄某同收执，借条载明："谢某于 2018 年 12 月 5 日向出借人黄某同借款叁万元，借款期限壹拾贰个月，月利率 1.5%。" 2019 年 6 月 5 日，谢某在借条上添加"利息已付至 2019 年 12 月 5 日止。"

2019 年 12 月 5 日，双方核算 2018 年 12 月 5 日至 2020 年 6 月 5 日利息

8100 元，双方为了方便计算，黄某同又在同日出借现金 1900 元，将借款本息凑成 4 万元，同日，谢某在借条上添加“于 2019 年 12 月 5 日止结欠人民币肆万元整，利息已付至 2020 年 6 月 5 日止”。

2020 年 6 月 5 日，黄某同又出借现金 36400 元。同日，谢某在借条上添加“于 2020 年 6 月 5 日止结欠人民币捌万元整，利息已付至 2020 年 12 月 5 日止”。2020 年 12 月 5 日，谢某现金偿还利息 7200 元。同日，谢某于借条上添加“于 2020 年 12 月 5 日止结欠人民币捌万元整，利息已付至 2021 年 6 月 5 日止”。

2021 年 3 月 5 日，谢某再次向黄某同借款 13 万元。黄某同出借现金 13 万元。同日，谢某出具一份《借条》交由黄某同收执，载明：“本人谢某向黄某同借款人民币壹拾叁万元整。备注：利息已付至 2021 年 9 月 5 日。”

2021 年 3 月 18 日，谢某再次向黄某同借款 36 万元。黄某同出借现金 36 万元。同日，谢某出具一份《借条》交由黄某同收执，载明：“本人谢某向黄某同借款人民币叁拾陆万元整。备注：利息已付至 2021 年 9 月 18 日。”

上述款项出借后，谢某至今仅支付了 7200 元利息（2020 年 12 月 5 日），剩余的借款本息分文未还。

另查明，谢某在 2021 年 3 月 5 日及 3 月 18 日向黄某同借款当时，分别在 2021 年 3 月 5 日及 3 月 18 日的借条上备注了利息支付至 2021 年 9 月 5 日（9 月 18 日）的利息，但是实际并没有支付利息。利息会等到下一次结算时再将没有支付的利息变成本金。此后，黄某同与谢某没有再结算利息。

【案件焦点】

借款本息作为本金可重新出具借条并计收利息，但应遵循法律法规中关于利率上限的规定。

【法院裁判要旨】

福建省厦门市海沧区人民法院经审理认为：本案系民间借贷纠纷。谢某向黄某同借款，双方构成借款合同关系。黄某同系出借人，谢某系借款人。谢某作为借款人，应当依照《借条》上的约定进行还款。谢某未能按照约定还款付息，已属于违约。故黄某同请求谢某偿还所借的本金 558300 元，有相应的事实依据和合同依据，本院予以支持。

关于利息问题。黄某同与谢某双方在《借条》中约定利息为每月 1.5%，因此，合同约定的利息为每月 1.5%的标准本院予以认定。因约定的利息每月 1.5%的标准，在 2020 年 8 月 20 日后高于一年期贷款市场报价利率的 4 倍，本院以不超过一年期贷款市场报价利率的 4 倍计算，本院予以采纳。故黄某同请求谢某支付借款利息，本院支持，其中：1. 68300 元的利息计算至 2020 年 8 月 19 日，扣除已支付的 7200 元后，为 3598 元。自 2020 年 8 月 20 日起以 68300 元为计算基数，按一年期贷款市场报价利率 4 倍计算至实际还款之日止；2. 13 万元的利息以 13 万元为基数，自 2021 年 3 月 5 日起按一年期贷款市场报价利率 4 倍计算至实际还款之日止；3. 36 万元的利息以 36 万元为基数，自 2021 年 3 月 18 日起按一年期贷款市场报价利率 4 倍计算至实际还款之日止。

综上，福建省厦门市海沧区人民法院依照《中华人民共和国民法典》第五百零九条、第六百七十五条、第六百七十六条，《最高人民法院关于审理民间借贷案件适用法律若干问题的规定》（2015 年 6 月 23 日）第二十六条，《最高人民法院关于审理民间借贷案件适用法律若干问题的规定》（2020 年 12 月 23 日通过）第二十八条，《中华人民共和国民事诉讼法》第六十四条第一款之规定，判决如下：

谢某于本判决生效之日起十日内偿还黄某同借款本金 558300 元及利息，其中：1. 68300 元的利息计算至 2020 年 8 月 19 日为 3598 元。自 2020 年 8 月 20 日起以 68300 元为计算基数，按一年期贷款市场报价利率 4 倍的标准计算至实际还款之日止；2. 13 万元的利息以 13 万元为基数，自 2021 年 3 月 5 日起按一年期贷款市场报价利率 4 倍的标准计算至实际还款之日止；3. 36 万元的利息以 36 万元为基数，自 2021 年 3 月 18 日起按一年期贷款市场报价利率 4 倍的标准计算至实际还款之日止。

如果未按本判决指定的期间履行给付金钱义务，应当依照《中华人民共和国民事诉讼法》第二百五十三条之规定，加倍支付迟延履行期间的债务利息。

谢某提起上诉，但未在法院指定的期限内缴纳上诉案件受理费，福建省厦门市中级人民法院作出民事裁定，本案按上诉人谢某自动撤回上诉处理。一审判决自本裁定书送达之日起发生法律效力。

【法官后语】

一、以借款本息作为本金，重新出具借条并计收利息

民间借贷关系中，出借人将借款人到期应付而未付的利息计入本金，重新出具借条并计算利息，民间俗称“利滚利”“驴打滚”。《最高人民法院关于审理民间借贷案件适用法律若干问题的规定》（法释〔2015〕18号）第二十八条规定：“借贷双方对前期借款本息结算后将利息计入后期借款本金并重新出具债权凭证，如果前期利率没有超过年利率24%，重新出具的债权凭证载明的金额可认定为后期借款本金；超过部分的利息不能计入后期借款本金。约定的利率超过年利率24%，当事人主张超过部分的利息不能计入后期借款本金的，人民法院应予支持。按前款计算，借款人在借款期间届满后应当支付的本息之和，不能超过最初借款本金与以最初借款本金为基数，以年利率24%计算的整个借款期间的利息之和。出借人请求借款人支付超过部分的，人民法院不予支持。”因此，根据民法中的意思自治原则，借贷双方将结算后的借款本息作为本金，重新出具债权凭证，是双方当事人自愿重新达成的，应当尊重其真实意思表示，人民法院对本金数额应尽量按照债权凭证上记载的认定。但应注意到，既然债权凭证记载金额中包括前期利息，则前期利息的计算应遵循《最高人民法院关于审理民间借贷案件适用法律若干问题的规定》中关于利率上限的规定，即前期利率不应超过年利率24%。如果没有超过这个上限，那么前期利息可以直接计入后期本金，即债权凭证载明的本金金额可认定为后期借款本金金额，并计收利息；如果前期利率超出了这个上限，超出部分应不予保护。在本案中，双方第二份、第三份借条约定将前期借款本息作为本金，重新出具借条并计收利息。起诉时，黄某同按照实际借款本金金额主张，未违反法律规定。

二、民间借贷利率保护上限

最高人民法院对于民间借贷利率上限的规定经过了一系列变化。1、2015年以前，借贷双方约定利率最高不得超过银行同类借款利率的四倍。最高人民法院《关于人民法院审理借贷案件的若干意见》（法（民）〈1991〉21号）第六条规定：“民间借贷的利率可以适当高于银行的利率，各地人民法院可根据本地区的实际情况具体掌握，但最高不得超过银行同类贷款利率的四倍（包含利率本数）。超出此限度的，超出部分的利息不予保护。”2. 2015年至2019年8月20日，实行“两线三区”，即未超过年利率24%，年利率24%到36%和超过年利率36%的。《最高人民法院关于审理民间借贷案件适用法律若干问题的规定》（法释〔2015〕18号）第二十六条规定：“借贷双方约定的利率未超过年利率24%，出借人请求借款人按照约定的利率支付利息的，人民法院应予支持。借贷双方约定的利率超过年利率36%，超过部分的利息约定无效。借款人请求出借人返还已支付的超过年利率36%部分的利息的，人民法院应予支持。”3. 2019年8月20日后，一年期贷款市场报价利率四倍。《最高人民法院关于审理民间借贷案件适用法律若干问题的规定》（法释〔2020〕6号）第二十六条第一款规定：“出借人请求借款人按照合同约定利率支付利息的，人民法院应予支持，但是双方约定的利率超过合同成立时一年期贷款市场报价利率四倍的除外。”第三十二条第一款、第二款规定：“本规定施行后，人民法院新受理的一审民间借贷纠纷案件，适用本规定。借贷行为发生在2019年8月20日之前的，可参照原告起诉时一年期贷款市场报价利率四倍确定受保护的利率上限。”4. 2021年1月1日后仍适用一年期贷款市场报价利率四倍，但重新界定了适用细则。《最高人民法院关于审理民间借贷案件适用法律若干问题的规定》（法释〔2020〕17号）第二十五条第一款规定：“出借人请求借款人按照合同约定利率支付利息的，人民法院应予支持，但是双方约定的利率超过合同成立时一年期贷款市场报价利率四倍的除外。”第三十一条规定：“本规定施行后，人民法院新受理的一审民间借贷纠纷案件，适用本规定。2020年8月20日之后新受理的一审民间借贷案件，借贷合同成立于2020年8月20日之前，当事人请求适用当时的司法解释计算自合同成立到2020年8月19日的利息部分的，人民法院应予支持；对于自2020年8月20日到借款返还之日的利息部分，适用起诉时本规定的利率保护标准计算……”

本案双方当事人的借款始自2018年12月5日，黄某同与谢某双方在《借条》中约定利息为每月1.5%，未超过年利率24%，因此，合同约定的利息为每月1.5%的标准予以认定。同时，因约定的利息每月1.5%的标准，在2020年8月20日后高于一年期贷款市场报价利率的4倍，应以不超过一年期贷款市场报价利率的4倍计算。

编写人：福建省厦门市海沧区人民法院　吴建中

38

出借人将定期存款出借后利息损失的认定

——焦某红诉焦某东、庞某霞民间借贷案

【案件基本信息】

1. 裁判书字号

河南省安阳县人民法院（2021）豫0522民初3713号民事判决书

2. 案由：民间借贷纠纷

3. 当事人

原告：焦某红

被告：焦某东、庞某霞

【基本案情】

原告焦某红与被告焦某东系同村邻居。2021年4月，焦某东以其月底冲业绩为由向焦某红借款72万元，焦某红于2021年4月26日使用手机银行分别通

过中国建设银行、中原银行、珠江村镇银行向焦某东转账50万元、6万元、16万元，三笔共计72万元，焦某东于当天出具借条一张，借条载明："今借到焦某红人民币柒拾贰万元整（￥72万元），借期壹个月，于2021年5月26日归还。借款人：焦某东到期未归还贷款焦某红可将房产证自行处理。借款日期2021年4月26日。"

因焦某红的现金在银行存为定期，未到期支取有利息损失，经焦某红、焦某东二人商议，焦某东同意补偿给焦某红利息损失83160元，又提前计算了借款本金72万元一个月利息10800元，故在同日又出具一份借条，借条载明："今借到焦某红人民币玖万叁仟玖佰陆拾元整（￥93960元），借期壹个月，于2021年5月26日归还。借款人：焦某东 借款日期2021年4月26日。"后经焦某红催要，焦某东于2021年5月30日通过手机银行转账偿还焦某红借款10万元，余款至今未还。

原告要求二被告共同偿还借款72万元及利息，并且要求支付二人协商的利息损失补偿款93960元。被告焦某东对此借款事实均无异议。被告庞某霞认为此借款属于焦某东个人借款，尽管发生于婚姻存续期间，但该笔借款并没有用于家庭日常生活需要，依法不能认定为夫妻共同债务。原告要求的93960元补偿款系利息，但一个月可获得近10万元利息，已超出法律保护范围。

焦某红在中国建设银行于2020年10月19日存入50万元整，存期三年，年利率为3.85%，于2021年4月26日取出，存款日期为189天。焦某红在珠江村镇银行于2020年10月2日存入6万元整，于2021年4月26日取出，存款日期为206天，于2021年3月4日存入6万元整，于2021年4月26日取出，存款日期为53天。焦某红定期存款按实际存款天数计算利息总和为11642元。

另，焦某东、庞某霞于2004年4月19日登记结婚，于2021年7月14日在安阳市文峰区人民法院调解离婚。

【案件焦点】

1. 原告主张二被告共同偿还72万元借款，应否得到支持；2. 原告主张的利息损失补偿款93960元有无事实和法律依据，应否得到支持；3. 本案争议借款是否属于夫妻共同债务。

【法院裁判要旨】

河南省安阳县人民法院经审理认为：焦某东以工作需要为由向焦某红借款72万元的事实清楚，依法予以认定。关于93960元的借据组成是两个部分，第一部分是将72万元借款按照月息1.5分提前计算了一个月利息为10800元，该10800元与焦某红主张的借款利息重复，故对该10800元本院不予支持。第二部分83160元，系焦某红因出借案涉借款而提前支取了其定期存款，双方协商由焦某东自愿向焦某红补偿因提前支取定期存款而导致的利息损失（以下简称利息损失）。但从借款日开始借款的利息与利息损失不能重复计算，故本院只支持其利息损失为从定期存款日至本案借款出借日之前部分为10642元（焦某红在借款日之前应得的定期存款利息11642元-实际因提前支取存款所得的利息1000元）。

关于72万元借款的利息，双方口头约定月息1.5分，超过了2021年4月一年期贷款市场报价利率（LPR）3.85%的四倍，故本院按照LPR的四倍支持案涉借款利息。焦某东于2021年5月30日偿还焦某红10万元，按照先息后本的原则予以扣除。自借款之日起至偿还该10万元之日的利息为10472元，剩余89528元认定为偿还本金，故本院认定2021年5月30日之后未偿还的借款本金为630472元。

本案借款事实虽发生于被告焦某东、庞某霞夫妻关系存续期间，但焦某红并无证据证明该笔借款用于家庭共同生产经营及家庭生活，该笔借款不属于夫妻共同债务。

河南省安阳县人民法院判决如下：

一、焦某东于本判决生效之日起十日内偿还焦某红借款本金630472元及利息（自2021年5月30日起至还清之日止以本金630472元为基数，按照全国银行间同业拆借中心发布的一年期贷款市场报价利率四倍计算）；

二、焦某东于本判决生效之日起十日内偿还焦某红10642元；

三、驳回焦某红的其他诉讼请求。

判决后，双方当事人均未上诉，本判决现已生效。

【法官后语】

作为正规金融合理补充的民间借贷，在一定程度上解决了部分社会融资需求，增强了经济运行的自我调整和适应能力，在拓宽融资渠道、推动经济较快发展方面发挥着积极作用。但是部分民间借贷出借人追求高额利息，而一段时期以来，高额的借贷利息已经影响了经济健康发展。故应依法从严把握法定利率的司法红线。对于各种以“利息”“违约金”“服务费”“中介费”“保证金”“延期费”“其他费用”等突破或变相突破法定利率红线的名由，应当依法不予支持。

一、严格遵守“四倍LPR”的法定利率司法红线

依据《最高人民法院关于审理民间借贷案件适用法律若干问题的规定》（2020年12月23日修正）第二十五条规定内容，该条是关于司法保护民间借贷利率上限的规定，司法解释设定民间借贷利率保护上限，有利于民间借贷的有序发展、有利于防范对经济的负面影响和社会新问题产生的风险、有利于保障人民群众对借贷安全和公平正义的追求、有利于保护中小微企业阳光融资和正当投资的需求、有利于司法工作对金融市场化改革的推动作用、有利于人民法院统一裁判标准。目前的“四倍LPR”相当于年利率15.4%，也符合当前降低融资成本的需要。

本案双方认可约定的利息为月息1.5分，计算年息为18%，已经超过了“四倍LPR”，所以法院对超过部分的利息不予保护，判决支持的利息标准为“四倍LPR”。该案判决严格遵守了法定利率的司法红线。

二、本案中的定期存款利息损失的性质属于民间借贷中的其他费用

依据《最高人民法院关于审理民间借贷案件适用法律若干问题的规定》（2020年12月23日修正）第二十九条规定，出借人与借款人既约定了逾期利率，又约定了违约金或者其他费用，出借人可以选择主张逾期利息违约金或者其他费用，也可以一并主张，但是总计超过合同成立时一年期贷款市场报价利率四倍的部分，人民法院不予支持。

本案中的72万元借款来源于焦某红的定期存款，焦某红因向焦某东出借借款而提前支取了72万元定期存款，双方协商由焦某东按三年期定期存款年利率3.85%的标准向焦某红补偿因提前支取定期存款而导致的利息损失。案涉的定期存款利息损失是焦某东为获得借款而支付的成本之一，仍属于司法解释规定的“其他费用”，该利息损失和本案借款应支持的利息总计不能超过“四倍LPR”。

笔者认为，实践中，出借人和借款人还可能会在借款合同中约定借款人应向出借人支付服务费、咨询费、管理费、滞纳金、手续费等“其他费用”，这些费用虽名目不同，但其实质上仍属于借款人为获得借款支付的成本。借款人获得借款的成本应主要以利息形式体现，约定的其他费用多数情况下是双方为了规避对利率保护上限的规定而设。司法解释规定“其他费用”目的就是控制借款成本，防止出借人为规避利率保护上限规定而以“费用”的名义来收取利息，故在考虑是否支持时，应将其和逾期利息、违约金一并计算，总和不得超过“四倍LPR”。该案审理准确的把握了立法目的，认定案涉的定期存款利息损失属于“其他费用”符合法律规定。

编写人：河南省安阳县人民法院　刘悦

39

民间借贷中约定的奖金可视为约定了利息

——买买提·克某某诉新疆房地产开发公司民间借贷案

【案件基本信息】

1. 裁判书字号

新疆维吾尔自治区吐鲁番市高昌区人民法院（2022）新2101民初721号民事判决书

2. 案由：民间借贷纠纷

3. 当事人

原告：买买提·克某某

被告：新疆房地产开发公司

【基本案情】

2019年1月17日，被告新疆房地产开发公司向原告买买提·克某某出具《借条》，约定借款100万元整（壹佰万元整），期限为4个月。另出具《承诺》每个月付一次奖金15000元。同日，原告买买提·克某某的父亲克依木·沙某某向新疆房地产开发公司大股东范某清转账100万元，履行了借款协议。后双方签订《抵押借款协议》，但新疆房地产开发公司未按照抵押借款协议办理抵押登记，也未交付房屋，到期后被告以种种理由推脱至今未履行其还款义务，损害了原告的合法权益，遂诉至法院。

【案件焦点】

在民间借贷纠纷中约定的奖金如何认定的问题。

【法院裁判要旨】

吐鲁番市高昌区人民法院经审理认为：合法的债权应受法律保护。2019年1月17日，新疆房地产开发公司与买买提·克某某签订《借条》，约定借款100万元整（壹佰万元整），每个月付一次奖金15000元，该约定系双方当事人的真实意思表示，亦不违反法律禁止性规定，对双方当事人均具有法律约束力。买买提·克某某的父亲克依木·沙某某向新疆房地产开发公司大股东范某清转账100万元，借款协议已经实际履行。同日，双方签订《抵押借款协议》，但新疆房地产开发公司未按照抵押借款协议办理抵押登记，也未交付房屋，到期未还款，损害了买买提·克某某的合法权益，应承担相应的民事责任。故本院对买买提·克某某主张新疆房地产开发公司归还借款本金100万元的诉讼请求予以支持。对于利息，本院认为，新疆房地产开发公司借款逾期未还款，仍为该资金的实际占用者，约定的每个月付一次奖金 15000 元，系借款本金派生，在本金尚未归还的情况下，奖金亦应按照约定连续计算，该奖金可视为约定的利息，原告主张以借款本金 100 万元为基数，自逾期之日起，年利率按照全国银行间同业拆借中心公布的一年期贷款市场报价利率的四倍计算利息的诉讼请求，低于双方约定奖金（年利率 18%），且不违反法律规定，故本院对买买提·克某某主张的利息 337833 元予以支持。新疆房地产开发公司经传票传唤无正当理由拒不到庭参加诉讼，视为其自动放弃包括举证、质证、辩论等诉讼权利义务，应承担对其不利的法律后果，故本院依法缺席判决。

综上，吐鲁番市高昌区人民法院依照《最高人民法院关于适用〈中华人民共和国民法典〉时间效力的若干规定》第一条，《中华人民共和国合同法》第四十四条、第一百九十六条、第一百九十八条、第二百零七条，《最高人民法院关于审理民间借贷案件适用法律若干问题的规定》（2020 年 12 月 23 日修正）第二十八条第一款第一项、第三十一条，《中华人民共和国民事诉讼法》第六十七条、第一百四十七条之规定，判决如下：

被告新疆房地产开发公司于本判决生效之日起十日内偿还原告买买提·克某某借款本金 100 万元及利息 337833 元，共计 1337833 元。

判决后，双方当事人均未上诉，本判决现已生效。

【法官后语】

在《中华人民共和国民法典》《最高人民法院关于审理民间借贷案件适用法律若干问题的规定》等法律、司法解释中，借款合同只对利息作出规定，未对奖金作出相应的法律规定。奖金一般出现在投资性经营活动中，是为了奖励而发给，是对劳动者提供的超额劳动所支付的报酬。而民间借贷纠纷中双方当事人作出奖金的约定，法院要从当事人的真实意思并结合当地或者当事人的交易方式、交易习惯等综合考量并作出认定。

在民间借贷纠纷中，借贷双方没有约定利息，出借人主张支付利息的，人民法院不予支持。本案中，原告诉请被告支付利息的理由是双方口头约定年利率 18%，原告提供了被告出具的《承诺》“每个月付一次奖金 15000 元”予以佐证。能否视为原、被告双方约定了利息呢？被告承诺为该笔借款每月向原告支付奖金15000元，是当事人的真实意思表示，被告借款逾期未还，仍占用借款本金，约定奖金系存在借款事实，是借款本金派生而来，该奖金可视为是双方约定的利息。根据《最高人民法院关于审理民间借贷案件适用法律若干问题的规定》（2020年12月23日修正）第二十五条第一款的规定，出借人请求借款人按照合同约定利率支付利息的，人民法院应予支持，但是双方约定的利率超过合同成立时一年期贷款市场报价利率四倍的除外。被告在本金未归还的情况下，奖金亦应视为利息连续计算，从借款之日开始计算，但不能超过法律规定的利息最高限额。原、被告双方约定奖金折合的年利率是18%，原告主张按照年利率全国银行间同业拆借中心公布的一年期贷款市场报价利率的四倍计算利息并不违反法律规定，法院予以支持，符合当事人的借款的本意。判决生效后，双方未对利息提出异议，均未提出上诉。

编写人：新疆维吾尔自治区吐鲁番市高昌区人民法院　蒲英

六、债权转让与债务承担

40

被执行人未申报债权径行债权转让行为效力的认定

——马某川诉林某芳等民间借贷案

【案件基本信息】

1. 裁判书字号

江苏省宜兴市人民法院（2021）苏0282民初9975号民事判决书

2. 案由：民间借贷纠纷

3. 当事人

原告：马某川

被告：林某芳、吴某云、徐某牛

【基本案情】

林某芳、吴某云为夫妻关系，在共同经营企业期间向徐某牛借款。2011年1月31日，林某芳向徐某牛出具金额为10万元的借条，2011年7月1日林某芳、吴某云共同向徐某牛出具金额为20万元的借条。

2011年10月22日，徐某牛向马某川出具金额为20万元的借条，此后马某川据此借条起诉徐某牛，经（2012）宜民初字第2789号民事调解书调解确认，由徐某牛在2012年11月25日前向马某川返还借款本金19万元并支付案件受理费2365元。

2015年1月，徐某牛因涉非法吸收公众存款罪被判处有期徒刑六年零六个月，并处罚金25万元，责令向被害人退还6760.34万元。

2016年9月，马某川就（2012）宜民初字第2789号民事调解书申请执行，执行中查询徐某牛名下无可供执行的财产，未执行到位金额192365元，法院于2017年3月作出（2016）苏0282执恢1888号执行裁定书，终结本次执行程序。

2021年8月24日，徐某牛与马某川签订《个人借款债权转让协议》，约定确认徐某牛结欠马某川借款19万元及利息损失11万元，徐某牛将其对林某芳、吴某云的30万元本金及相应利息的债权转让给马某川，由马某川直接向林某芳、吴某云主张权利。

马某川认为其对徐某牛享有到期债权，徐某牛对林某芳、吴某云享有到期债权，现其凭债权转让协议有权直接向林某芳、吴某云主张权利。林某芳、吴某云均未答辩，徐某牛对马某川的起诉事实无异议。法院在审理中发现，徐某牛在该院作为被执行人的案件数为21件，其中大部分是未发现有可供执行的财产终结本次执行程序，且徐某牛已被列入失信被执行人、限制高消费名单。

【案件焦点】

徐某牛作为被执行人，径行债权转让行为是否有效。

【法院裁判要旨】

江苏省宜兴市人民法院经审理认为：债权人可以将债权的全部或者部分转让给第三人，但是有下列情形之一的除外：（一）根据债权性质不得转让；（二）按照当事人约定不得转让；（三）依照法律规定不得转让。被执行人未按执行通知履行法律文书确定的义务，应当报告当前以及收到执行通知之日前一年的财产情况。因徐某牛未履行生效法律文书，权利人向本院申请强制执行。徐某牛作为被执行人，应当申报其对外债权等财产。现徐某牛未主动申报财产，且将其对林某芳、吴某云的债权转让给马某川，系对特定执行申请人履行义务，损害其他执行申请人的权利，涉案债权转让协议无效。现马某川基于债权转让要求林某芳、吴某云返还借款，本院不予支持。

据此，江西省宜兴市人民法院依照《中华人民共和国民法典》第一百五十三条、第五百四十五条，《中华人民共和国民事诉讼法》第一百四十四条、第二百四十一条，《最高人民法院关于适用〈中华人民共和国民事诉讼法〉的解释》第五百零八条之规定，判决如下：

驳回马某川的诉讼请求。

马某川不服原审判决向原审法院提交上诉状，后又撤回上诉状。

【法官后语】

本案的情形是比较困扰司法实践的问题。在此类案件的审理中，法院大致经历了二个阶段：第一个阶段是不列债权转让人为当事人，只列债权受让人、债务人为当事人。但逐渐发现其中的弊端，即可能会导致债权转让人权利受损，如伪造债权转让协议；也可能导致对转让债权的形成经过、原债权债务的履行情况难以查清。第二个阶段是追加债权转让人为第三人，该种方式可以有效避免前述风险，债权转让人与受让人对转让事实大多无异议，法院甚至不需审查债权转让的原因，而只需将审查重点着眼于原债权债务上。但随之又出现一个问题，即如果债权转让人自身也有较多的债务时，是否会构成规避执行或个别清偿。为了更好地解决该问题，本案作出了尝试性的裁判，将债权转让人的未了结执行案件作为判断债权转让协议效力的必要审查点，取得了较好的法律效果和社会效果。

一、债权转让合同效力的认定

关于合同效力的认定，首先应对照《中华人民共和国民法典》总则编中关于民事法律行为效力的三要素，即具备行为能力、意思表示真实、内容合法，内容合法就是“不违反法律、行政法规的强制性规定，不违反公序良俗”。其次应对照该法合同编第五百四十五条中关于债权转让的排除适用规定，即“根据债权性质不得转让、根据当事人约定不得转让、依照法律规定不得转让”。在同时满足上述规定的前提下，债权转让合同方为有效。

对于债权转让人没有其他债务的情况下，以上述标准判断基本没有争议，但有其他债务时就需要重新考量。主要有二种情形：一种是有债务但尚未启动执行程序，另一种是所负债务已被启动执行程序且未实质性结案。根据《最高人民法院〈关于人民法院执行工作若干问题的规定（试行）〉》（法释〔1998〕15号）第五十条、第五十一条规定，被执行人不履行生效法律文书确定的义务，人民法院有权禁止其转让专利权、注册商标专用权、著作权等知识产权；被执行人从有关企业中应得的已到期的股息或红利等收益，人民法院有权裁定禁止被执行人提取和有关企业向被执行人支付，并要求有关企业直接向申请执行人支付。根据《最高人民法院关于民事执行中财产调查若干问题的规定》（法释〔2017〕8号）第五条规定，被执行人应当在报告财产令载明的期限内向人民法院书面报告包括债权在内的其他财产情况。也就是说，被执行人负有向人民法院申报对外债权的义务，人民法院也有权禁止其将财产权利转让。此时对合同效力的审查，不仅要看法律、行政法规是否允许不特定的民事主体实施该行为，而且要看特定的民事主体实施该行为的权利是否受限。因此，如果所负债务已被启动执行程序且未实质性结案，该被执行人在实施债权转让行为时，除了遵循合同效力的一般规定外，还应负有遵守执行规定的义务，径行实施债权转让违反执行规定，应视为违反法律的禁止性规定而无效。而对于有债务但尚未被启动执行程序的债权转让人，则不受执行规定的限制。

二、债务人是被执行人时的代位权诉讼合法性考量

在被执行人不积极对外催收到期债权，其债权人（包含已经取得生效法律文书的债权人以及尚未取得生效法律文书的债权人）以此为由向次债务人提起代位权诉讼，此时该代位权属于债权人的法定权利，如何评价其合法性。

在探讨该问题时，需先审视债务人在其被执行案件中的申报债权义务以及清偿规则。若其向人民法院申报的债权直接获得了次债务人的认可，则人民法院可以直接执行其债权；若其申报的债权有其他争议，被执行人有权对此提起诉讼，但无权就其诉讼获得的权益直接享有所有权或者对其他债权人个别清偿。关于该点，可以对照《最高人民法院〈关于人民法院执行工作若干问题的规定

（试行）〉》（法释〔1998〕15号）中“多个债权人对一个债务人申请执行和参与分配”的相关规定。因此，在债务人为被执行人的情况下，其对外主张债权受到清偿规则的限制。因此，代位权诉讼中债权人的权利也同样受限，即该代位权诉讼不能取得债权人获得次债务人直接向其清偿的效果。

三、在被执行人对外享有债权而又不积极行使权利时，债权人保障自身债权实现的路径

笔者认为，该种情况下债权人有权对被执行人的债务人提起确认之诉，而非给付之诉。即债权人有权请求人民法院确认被执行人对其相对人享有一定数额的到期债权。在经人民法院判决确认后，该到期债权应当作为被执行人的可供执行财产纳入执行分配。

编写人：江苏省宜兴市人民法院　骆叶香　储晓惠

41

债务加入与债务转移及债务保证的区别与认定

——任某云诉陆某杰、陆某军民间借贷案

【案件基本信息】

1. 裁判书字号

福建省厦门市中级人民法院（2021）闽02民终605号民事判决书

2. 案由：民间借贷纠纷

3. 当事人

原告（上诉人）：任某云

被告（上诉人）：陆某杰

被告：陆某军

【基本案情】

2015年6月5日，任某云通过银行转账支付陆某杰50万元。2017年7月29日，陆某军（陆某杰之父）向任某云出具《债务确认书及保证书》，载明“帮陆某杰还欠任某云45万元，两年内还清，以后与陆某杰有关的所有事务概与家长无关，否则将按法律程序办事”。2018年11月21日，陆某杰向任某云出具《借条》，载明“借款人陆某杰借到任某云50万元，此款项已由任某云于2015年6月5日汇给陆某杰本人”。除讼争50万元借款外，陆某杰还有欠任某云其他债务的款项。任某云确认陆某军已经为陆某杰偿还了25万元及其他债务，根据《债务确认书及保证书》其帮陆某杰偿还45万元的承诺，其还需就讼争陆某杰50万元借款债务承担20万元的共同还款责任。特提起本案诉讼请求判令陆某杰返还借款本金50万元及资金占用期间的利息，并由陆某军对其中的借款本金20万元承担共同还款责任。但陆某杰、陆某辩称，《债务确认书及保证书》中的“帮”还债是“替”还债的意思，即陆某军承诺承担陆某杰债务之后，陆某杰对债务免责，并非共同还款责任。

【案件焦点】

《债务确认书及保证书》确立的是债务保证还是债务加入或者债务转移关系。

【法院裁判要旨】

福建省厦门市思明区人民法院经审理认为：借款关系成立有《借条》、转账记录等优势证据证明，予以认定。对于陆某军的责任问题，《债务确认书及保证书》体现陆某军为陆某杰欠任某云的债务45万元提供保证，保证期间为2年，而任某云未在保证期间要求陆某军承担保证责任，陆某军也已免除保证责任。对任某云要求陆某军对部分借款本金20万元承担共同还款责任的诉讼请求不予支持。

福建省厦门市思明区人民法院依照《中华人民共和国合同法》第二百零六条，《中华人民共和国担保法》第十九条、第二十六条，《中华人民共和国民事诉讼法》第六十四条第一款之规定，作出如下判决：

一、陆某杰于本判决生效之日起十日内向任某云偿还借款本金50万元并支付资金占用期间的利息（以50万元为基数，自2019年12月16日起按年利率6%计算至实际还款之日止）；

二、驳回任某云的其他诉讼请求。

任某云、陆某杰均不服一审判决，提起上诉。福建省厦门市中级人民法院经审理认为：一审判决认定《债务确认书及保证书》确立的是保证关系。但合同法律关系是当事人通过约定设定的具体权利义务关系，应当考察其具体权利义务约定来确定其真实的法律关系性质，而不能仅凭书面文件的名称来进行判断。案涉《债务确认书及保证书》名称虽有“保证书”字样，但其载明内容为：“帮陆某杰还欠任某云45万元，两年内还清”。从其内容看，是陆某军直接帮陆某杰还债，并非为陆某杰的债务提供保证，“两年内还清”的表述与保证期间的一般表述也截然不同，难以认定其确立的是一种保证关系。就《债务确认书及保证书》确立的法律关系，陆某杰、陆某军主张是免责的债务承担，任某云的主张是债务加入。陆某杰、陆某军主张的免责债务承担，在性质上属于我国《中华人民共和国民法典》规定的债务转移，根据我国《中华人民共和国民法典》第五百五十一条第一款关于“债务人将债务的全部或者部分转移给第三人的，应当经债权人同意”的规定，债务转移应当同时具备三个条件：其一，债务转移是“债务人将”债务转移，必须是债务人的主动行为；其二，要有明确的“转移”意思表示，即必须明确债务由新债务人承担，而原债务人不再承担该债务；其三，该转移的意思表示必须经债权人同意。本案中，陆某杰、陆某军主张陆某军出具该《债务确认书及保证书》陆某杰并不知情，不属于陆某杰主动进行的债务转移行为，并且也没有明确载明陆某杰将不再承担该债务的偿还责任，任某云也未明确同意陆某杰将不再承担该债务的偿还责任。综上，该《债务确认书及保证书》并不符合《中华人民共和国民法典》中债务转移的构成要件，陆某杰、陆某军关于陆某杰因此免责的主张不能成立。根据我国《中华人民共和国民法典》第五百五十二条关于“第三人与债务人约定加入债务并通知债权人，或者第三人向债权人表示愿意加入债务，债权人未在合理期限内明确拒绝的，债权人可以请求第三人在其愿意承担的债务范围内和债务人承担连带债务”的规定，虽然没有证据表明陆某军向任某云出具《债务确认书及保证书》有和陆某杰事先进行约定，但符合“第三人向债权人表示愿意加入债务，债权人未在合理期限内明确拒绝的”债务加入构成要件，任某云可以请求陆某军在其愿意承担的债务范围内承担连带债务，即任某云可以要求陆某军偿还，亦可以要求陆某杰偿还，也可以要求陆某杰与陆某军共同偿还。现任某云要求陆某军对讼争债务中的20万元承担共同还款责任于法不悖，应予支持。对此，一审判决认定有误，依法予以改判。

福建省厦门市中级人民法院依照《中华人民共和国民法典》第五百五十一条、第五百五十二条，《中华人民共和国民事诉讼法》第一百七十条第一款第二项之规定，作出如下判决：

一、维持福建省厦门市思明区人民法院（2020）闽0203民初1026号民事判决第一项，即陆某杰应于本判决生效之日起十日内向任某云偿还借款本金50万元并支付资金占用期间的利息（利息以尚欠本金为基数，自2019年12月16日起按年利率6%计算至实际还款之日止）；

二、撤销福建省厦门市思明区人民法院（2020）闽0203民初1026号民事判决第二项；

三、陆某军对本判决第一项确定的陆某杰债务中的借款本金20万元承担共同还款责任；

四、驳回任某云原审的其他诉讼请求；

五、驳回陆某杰的上诉请求。

【法官后语】

一、应以具体权利义务约定而非文件名称来认定法律关系性质

现实生活中，当事人在拟定法律文件以确定双方权利义务时，囿于法律知识的欠缺，往往不能准确厘清双方真实的法律关系性质，出现书面文件名称和其具体权利义务约定的脱节，并为以后产生争议埋下伏笔。针对这种情况，法

官裁判的一个重要任务，就是对当事人之间书面文件所确立的法律关系进行准确定性。本案就属于这种情况的典型：陆某军向任某云出具《债务确认书及保证书》，名称上虽有“保证”字样，内容却载明“帮陆某杰还欠任某云45万元，两年内还清”。其具体约定的权利义务是陆某军直接帮陆某杰还债，并非为陆某杰的债务提供保证。因为《中华人民共和国民法典》第六百八十一条规定：“保证合同是为保障债权的实现，保证人和债权人约定，当债务人不履行到期债务或者发生当事人约定的情形时，保证人履行债务或者承担责任的合同。”保证是对未来实现债权的一种保障，在未来如果发生债务人不履行到期债务或者发生当事人约定的情形时，由保证人承担保证责任。但本案中，陆某杰欠任某云的债务已经到期，需要马上履行偿还义务，此时陆某军直接承诺要帮陆某杰还债，并无“在未来如果发生债务人不履行到期债务或者发生当事人约定的情形时”的前提设定，因此并不符合保证法律关系的构成要件。从法理上说，合同法律关系是当事人通过约定设定的具体权利义务关系，应当考察其具体权利义务约定来确定其真实的法律关系性质，而不能仅凭书面文件的名称来进行判断。一审判决根据《债务确认书及保证书》上存在“保证”字样便认定其设定的是保证法律关系属认定错误，因此二审判决予以纠正。

二、债务转移与债务加入的区别及认定要件

长期以来，我国正式的立法文件中，只有债务转移而无债务加入的规定。原《中华人民共和国合同法》对债务转移有明确规定，但对债务加入并无明确规定。但债务转移与债务加入在法律关系性质上截然不同。而在司法实践中，法官对债务加入的认定已经广泛开展。是故《中华人民共和国民法典》吸收了司法实践经验和相关立法理论，在其第五百五十二条对债务加入进行了如下明确规定：“第三人与债务人约定加入债务并通知债权人，或者第三人向债权人表示愿意加入债务，债权人未在合理期限内明确拒绝的，债权人可以请求第三人在其愿意承担的债务范围内和债务人承担连带债务。”由于是新的规定，当事人对原《中华人民共和国合同法》中债务转移和《中华人民共和国民法典》中债务加入的区别缺乏明确认识，法官在裁判认定中也存在模糊区域。例如，在本案中，陆某杰、陆某军和任某云就存在不同的理解，而一审法官就直接将《债务确认书及保证书》设立的法律关系认定为是保证而非债务加入。根据前述分析，《债务确认书及保证书》设立的并非保证法律关系，而是陆某军直接承诺要帮陆某杰还债，关键是这个“帮”还债在法律关系上到底是债务转移还是债务加入。为厘清这个问题，二审判决根据法理学中法律关系构成要件的分析方法，根据《中华人民共和国民法典》第五百五十一条第一款关于“债务人将债务的全部或者部分转移给第三人的，应当经债权人同意”规定，将债务转移的概念分解成三个要件：其一，债务转移是“债务人将”债务转移，必须是债务人的主动行为；其二，要有明确的“转移”意思表示，即必须明确债务由新债务人承担，而原债务人不再承担该债务；其三，该转移的意思表示必须经债权人同意。同时，根据该三个构成要件对本案实际情况进行了比对分析：本案中，陆某杰、陆某军主张陆某军出具该《债务确认书及保证书》陆某杰并不知情，不属于陆某杰主动进行的债务转移行为，并且也没有明确载明陆某杰将不再承担该债务的偿还责任，任某云也未明确同意陆某杰将不再承担该债务的偿还责任。因此，该《债务确认书及保证书》并不符合《中华人民共和国民法典》中债务转移的构成要件。根据《中华人民共和国民法典》第五百五十二条关于“第三人与债务人约定加入债务并通知债权人，或者第三人向债权人表示愿意加入债务，债权人未在合理期限内明确拒绝的，债权人可以请求第三人在其愿意承担的债务范围内和债务人承担连带债务”的规定，虽然没有证据表明陆某军向任某云出具《债务确认书及保证书》有和陆某杰事先进行约定，但符合“第三人向债权人表示愿意加入债务，债权人未在合理期限内明确拒绝的”债务加入构成要件，任某云要求陆某军对讼争债务中的20万元承担债务加入的法律责任应予以支持。

综上，本案属于《中华人民共和国民法典》中“债务加入”制度设立后进行判决的一个典型案件，掺杂着保证担保、债务转移与债务加入的各种因素和争议，二审判决从法理出发，通过对各法律关系构成要件的解构和剖析，较为精准地对涉案法律关系进行了定位，为准确理解和适用《中华人民共和国民法典》相关制度提供了一个有代表性的案例。

编写人：福建省厦门市中级人民法院 周宗良

42

债权转让案件中如何认定公告送达债权转让通知的效力

——王某诉张某民间借贷案

【案件基本信息】

1. 裁判书字号

山东省济宁市任城区人民法院（2021）鲁 0811 民初 2787 号民事判决书

2. 案由：民间借贷纠纷

3. 当事人

原告：王某

被告：张某

【基本案情】

2020 年 3 月 7 日，李某某通过微信向被告张某指定的名为“王×970620”的财付通账户转账 4899 元，当天又通过支付宝向被告张某 186××××8569 的账户中转账 22000 元，后经李某某多次催要，张某未偿还该款项。2020 年 5 月 10 日，李某某作为甲方（债权出让人）与本案原告王某作为乙方（债权受让人）签订了《债权转让协议》，将上述债权转让给本案原告王某，并于 2020 年 6 月 9 日通过《山东法制报》刊登了《债权转让通知书》，内容为：“张某（370921××××××××0089）：根据李某某（以下简称转让方）和王某（以下简称受让方）签署的《债权转让协议》，转让方已经将其享受的民间借贷项下之债权及其从权利依法转让给受让方（截至 2020 年 6 月 4 日，债权金额余额为 27000 元及利息）。转让方对上述债权转让的事实予以确认；受让方已经取得债权人的地位，有权行使债权人享有的各项权利。现通知（贵方）上述债权转让之事实，并请（贵方）立即向受让方履行偿还借款本息的全部义务。通知人：李某某（231026××××××××5526）。”被告张某至今未偿还该款项，原告王某诉至法院要求偿还借款及利息。

【案件焦点】

通过公告送达债权转让通知书的效力的认定。

【法院裁判要旨】

山东省济宁市任城区人民法院经审理认为：根据法律规定，债务应当清偿。被告张某向原债权人李某某借款 26899 元，有原告提交的微信转账记录、支付宝转账电子回单在案为凭，事实清楚，证据确实、充分，本院依法予以认定。另结合李某某的证人证言可知，被告张某至今未能偿还借款。《中华人民共和国合同法》第八十条第一款规定：“债权人转让权利的，应当通知债务人。未经通知，该转让对债务人不发生效力。”因此，债权转让的生效条件系债权人通知债务人，无须债务人同意即生效。然而，我国《中华人民共和国合同法》并未对通知方式作出明文规定，故根据日常交易习惯，采用口头、书面、邮寄等方式均系合法的。对于采用公告方式通知债务人是否必然产生债权转让的效力，首先应当从公告的必要性、债务人是否故意逃避债务以及公告形式综合审查。本案中，原债权人李某某向被告张某出借借款后，李某某多次向被告张某主张欠款，被告张某以各种理由推脱，对李某某向其发送的催款信息不予回复，亦不积极主动联系原债权人偿还借款。故应当认定被告张某存在逃避债务的故意。其次，原债权人李某某与原告王某已达成债权转让协议，李某某及原告均无法通过口头、书面、邮寄等方式向被告张某送达债权转让通知书，如不允许原债权人李某某以公告送达的方式向被告张某送达债权转让通知书，李某某的权利不能得到有效保护，因此本案中，李某某采用公告向被告张某送达债权转让通知书有其必要性。最后，原债权人李某某系通过在国内有广泛影响力的省级报刊《山东法制报》刊登债权转让事宜，李某某已尽到合理通知义务。故综合以上三个方面，应当认定原债权人李某某已经通过公告方式向被告张某送达了债权转让通知书，原告王某作为债权受让人有权要求被告张某偿还借款26899元。另根据本案审理查明，李某某曾多次向被告张某催要借款未果，被告张某应当支付涉案资金占用期间的利息。原告王某于2021年2月6日诉至本院向被告张某主张权利，故涉案借款的利息应当自2021年2月6日起算。据此，判决如下：

一、被告张某于本判决生效之日起五日内偿还原告王某借款本金26899元及利息（以26899元为基数，自2021年2月7日起计算至全部还清之日止，按照全国银行间同业拆借中心公布的贷款市场报价利率计算）；

二、驳回原告王某的其他诉讼请求。宣判后，双方当事人均未提起上诉，判决已发生法律效力。

判决后，双方当事人均未上诉，本判决现已生效。

【法官后语】

本案主要涉及关于公告送达债权转让通知书的效力认定的问题。

诚实信用原则不仅是一种道德规范和行为模式，同时也是社会主义核心价值观的重要组成部分，《中华人民共和国民法典》对此也进行了明确的规定。随着社会经济的发展，民间资本的流通性不断加强，根植于民间资金往来的民间借贷越发活跃，但因当事人诚实信用原则的缺失，债务人往往不能按照约定偿还借款，甚至一些债务人故意逃避债务。尤其在民间借贷案件中，债权受让人经常遇到债务人下落不明的情形，因此越来越多的债权受让人选择以公告的方式送达债权转让通知书。如何认定和适用公告送达债权转让通知书，应当从以下审判思路予以正确把握。

一、债权人受让人以公告方式送达债权转让通知书是否发生法律效力

《中华人民共和国民法典》第五百四十六条规定："债权人转让债权，未通知债务人的，该转让对债务人不发生效力。债权转让的通知不得撤销，但是经受让人同意的除外。"由上述法律规定可知，只有通过合法的形式通知债务人，

转让才对债务人发生法律效力，否则债权受让人无权要求债务人向其履行债务。同时，债权人或受让人通过什么方式通知债务人，法律并未明确规定。诚然《最高人民法院关于审理涉及金融资产管理公司认购、管理、处置国有银行不良贷款形成的资产的案件适用法律若干问题的规定》第六条第一款对公告送达债权转让通知书进行了特殊性规定，该解释第十二条也明确规定了该规定仅适用于审理涉及金融资产管理公司收购、管理、处置国有银行不良贷款形成的资产的有关案件。但是在审判实践中，我们经常遇到债务人违背诚实信用原则，故意逃避债务的情形。如果不允许债权受让人通过公告送达债权转让通知书，既不利于债权转让人和债权受让人行使自身权利，不利于自身权利的保护，同时也在一定程度上破坏了诚实信用体系的构建，不利于社会经济的发展。正如本案中，由于被告张某下落不明，本院依法进行了公告送达并缺席判决，在本院再次按照原告提供的送达地址邮寄送达判决文书后，被告张某随即签收，并以一审违反法律程序为由提请上诉。从本案案件事实看，被告张某有明显逃避债务的故意。而张某故意逃避债务的情形，在实践审判中并非个案。因此，在现有法律对如何送达债权转让通知书未作出禁止性规定的情况下，应当认定公告送达债权转让通知书的合法性和有效性，其与书面通知具有同等的作用和效力。

二、公告送达债权转让通知书是否应当设置前置条件

债权转让通知债务人的目的是避免债务人重复履行、错误履行或加重履行债务的负担。公告送达作为特殊的送达方式，系兜底式条款，其特殊性在于公告送达无法确定受送达人是否实际收到法律文书，而是在符合公告送达情形下，超过公告送达期限后推定受送达人已知悉诉讼信息。那么，如果不设置公告送达前置条件，将公告送达与口头送达、书面送达、邮寄送达等均作为第一顺位的送达方式，那么极容易造成虚假诉讼的产生，反而不利于各方当事人权利的保护。因此，有必要参照《中华人民共和国民事诉讼法》中关于公告送达的规定设置前置条件，即受送达人下落不明或使用其他送达方式无法送达。正如本案中，王某在诉前无法通过口头、电话、邮寄等方式向被告张某送达债权转让

通知书，遂采用登报方式送达，同时王某诉至本院后，被告张某故意逃避债务，导致无法通过直接送达的方式向张某送达法律文书。同时，承办法官在案件审理过程中不仅要尽到严格审查公告送达的适用条件，同时要结合个案情况审查公告送达的必要性，以免造成虚假诉讼。

三、公告送达期限如何确定

公告送达的特殊性在于超过公告送达期限后推定受送达人已知悉诉讼信息，若通知一经登报即视为送达债务人，与常理不符。因此，考虑到公告送达具有时间性、公开性和广泛性，可以参照《中华人民共和国民事诉讼法》的相关规定，将公告期认定为30日。即在登报送达满30日后，债权转让通知书即发生法律效力。

综上，公告送达债权转让通知书作为一种特殊的送达方式，应当严格其适用条件。作为承办法官，在审理相关案件中，一方面要以具体分析案件为基础，注重结合以诚实信用原则作为说理依据，提升裁判的社会效果；另一方面要以案件事实为基础，严格审查公告送达的适用条件、必要性以及债务人是否故意逃避债务等情形。本案充分依据上述原则，既充分保护了债务人的诉讼权利，同时又保护了债权受让人的合法权益。

编写人：山东省济宁市任城区人民法院　王洪亮

43

债务人是否有权主张债权转让合同无效

——施某威诉赵某、窦某民间借贷案

【案件基本信息】

1. 裁判书字号

北京市第三中级人民法院（2021）京03民终5588号民事判决书

2. 案由：民间借贷纠纷

3. 当事人

原告（上诉人）：施某威

被告（被上诉人）：赵某、窦某

【基本案情】

陆某是江苏科技公司的实际控制人。2017 年 4 月 7 日，江苏科技公司因涉嫌信息披露违法被证监会立案调查。此后，赵某向陆某就上述信息披露违法一事提出诸多建议并起草了部分文件。2017 年 6 月 5 日，赵某以处理江苏科技公司事务为由索要委托费 500 万元，陆某将上述款项打给代收人窦某。2018 年 7 月 9 日，赵某微信向陆某发送一张借条照片，借条载明“借款人窦某于 2017 年 6 月 4 日向出借人陆某借款 500 万元……”落款人为窦某、落款日期为 2017 年 6 月 4 日。赵某主张因陆某担心此前支付的 500 万元委托费涉嫌恶意转移个人资产，所以赵某指示窦某配合出具借条，伪造了借贷关系。施某威在起诉状中提及赵某因委托事项未完成，承诺退款，才出具上述借条。

2019 年 7 月 15 日，陆某与施某威签订《债权转让协议书》，将陆某对赵某、窦某 500 万元债权本息转让给施某威。施某威于同月将该债权转让事实告知了赵某、窦某，但二人至今未还款。

施某威自述其受让陆某的上述债权并未支付对价，陆某父亲系施某威女儿干爹，基于这层亲密关系，陆某无偿将债权转让给施某威，双方协商待施某威收到债权款项后再与陆某分钱。

经示明，施某威坚持本案基础法律关系为民间借贷纠纷。

另查，根据江苏科技公司公报，截至 2020 年 6 月 14 日，江苏科技公司在南京中累计涉诉 461 起，案由为公司证券虚假陈述责任纠纷。其中三百多起案件以券商和审计机构为共同被告，数十起以券商、审计机构、陆某等高管为共同被告。累计索赔金额约 1 亿元。陆某涉及多起案件执行不能，现已被列入失信被执行人名单。

现施某威诉至北京市朝阳区人民法院，要求赵某、窦某共同向施某威退还欠款 500 万元并赔偿利息损失。赵某辩称本案基础法律关系应为委托合同关系，且陆某涉诉甚多，已加入失信被执行人名单，其无偿转让债权涉嫌恶意串通，转移财产，侵害其他债权人利益，因此债权转让合同应属无效。窦某辩称，其仅是代收款人，与陆某不存在合同关系，不是适格被告。

【案件焦点】

1. 本案基础法律关系是否是民间借贷关系；2. 本案中法院是否能认定债权转让合同无效。

【法院裁判要旨】

北京市朝阳区人民法院经审理认为：本案系债权受让方与债务人之间的纠纷，应以债务人与原始债权人之间基础法律关系为案由。施某威起诉状自述陆某给付赵某 500 万元时性质是委托费，只是后面因委托事务未完成才签署借条。陆某仅持有借条照片而无原件，且其获得照片的时间与借条落款日期相差一年，未作出合理解释；赵某亦举证证明其履行了大量委托事务。故施某威主张基础法律关系为民间借贷关系，证据不足，本院不予采信。

此外，施某威自认受让本案债权未支付对价，且准备待收回债权款后再与陆某分钱。现陆某对外负债较多，未履行多份生效法律文书确定的义务，已被加入失信被执行人名单。其将本案债权无偿转让给施某威将导致其责任财产减少，造成其他大量债权人权利落空，侵犯了其他债权人的合法利益，存在较明显转移财产的主观恶意，双方债权转让合同应属无效。施某威据此主张合同无效要求赵某、窦某向其还款，本院亦不予支持。

北京市朝阳区人民法院依照《中华人民共和国合同法》第五十二条第二款，《最高人民法院关于适用〈中华人民共和国民事诉讼法〉的解释》第九十条之规定，判决如下：驳回原告施某威的诉讼请求。

施某威对一审判决结果不服，提起上诉。

北京市第三中级人民法院经审理认为：认可一审法院裁判理由。一审判决认定事实清楚，适用法律正确，应予维持。

综上，驳回上诉，维持原判。

【法官后语】

债权转让纠纷中，当事人除对转让过程中的转让通知等程序性事项提出异议外，通常就基础法律关系向受让人抗辩。但本案中，债务人的抗辩并非针对基础法律关系，而是针对债权转让协议的合同效力。由此引发两点思考：一是恶意串通的合同的效力是否属于法院依职权审查的范围；二是若不宜依职权审查，债务人是否有权主张债权转让合同无效。

本文结合以上案件，重点讨论间接利害关系人是否可以主张合同相对无效。

一、法院依职权审查合同无效的权利来源与权利范畴

（一）绝对无效：公共利益受损，应当依职权审查

合同无效分为绝对无效和相对无效。绝对无效表明法律行为确定地没有法律效力，恒定性和终局性相当明晰。绝对无效的正当性来源，是由于无效合同背离了公共利益，基于维护公共利益的需要，法院才能依职权审查。

（二）相对无效：个人利益受损，不宜依职权审查

我国法律规定的无效合同并非完全出于维护公共利益的目的，也有涉及特定个体利益的情形。比如，本案所涉恶意串通损害他人利益以及无民事行为能力人签订的合同等，此类合同的无效目的显然旨在保护特定当事人。此处还强调基于维护公共利益的绝对无效，显然不当，故应区分定义为相对无效。相对无效是为了保护个体利益，只有部分相关主体可主张法律行为无效，在该主张得到法院支持后，合同才没有法律约束力。北京高院在《关于市一中院就依职权认定合同无效是否写入判决主文请示的答复》中亦提到，相对无效的合同，法院不应主动干预，只有在当事人或第三人主张合同无效时，法院才予以审查。

因此只有绝对无效，法院才有权依职权审查，相对无效不宜直接依职权审查。本案中，涉案债权无偿转让侵害的是让与人之债权人的利益，属于相对无效的合同。法院不宜依职权审查。那么可以提出相对无效主张的相关主体是否包括债务人呢？

二、间接利害关系人是否有权主张合同相对无效

（一）概念厘清：间接利害关系人与直接利害关系人

直接利害关系人是指因自己的民事权益受到侵害或者与他人发生争议，以自己名义诉讼并受法院裁判拘束的人。间接利害关系人是指其与诉讼结果之间存在法律上的利害关系。本案中，债务人虽然是被告，但其并非债权转让合同当事人，债权转让合同的恶意串通亦未损害其民事权益。合同的效力只会影响其履行债务的给付对象，并不影响给付与否及给付金额，故债务人对于债权转让合同而言是间接利害关系人。

（二）现行法律：民事诉讼法的发展与演变

按照我国民事诉讼理论的传统观点，完全的诉讼实施权只赋予直接利害关系人。例如，“原告是与本案有直接利害关系的公民、法人和其他组织”的规定。强调“直接利害关系规则”的主要目的是避免诉权滥用，使一方当事人无端陷入诉讼，确保民事诉讼过程中所耗费的司法资源具有现实效益。间接利害关系人也有诉讼实施权，但享有的是不完全的诉讼实施权，即可以作为第三人参加诉讼。随着实践的发展，间接利害关系人的诉讼实施权在不断扩大，部分间接利害关系人甚至获得了完全的诉讼实施权，如公益诉讼的适格原告、股东撤销权、破产撤销权等。

（三）价值平衡：间接利害关系人能否主张合同相对无效

法律之所以赋予间接利害关系人不完全的诉讼实施权，是基于一次性解决纠纷、便于法院调查事实、避免法院对相同事实作出不同认定、保护案外人权益等价值取向。因此间接利害关系人可以作为第三人独立的提出攻击防御方法、主张事实、提供证据及上诉。不过根据公平原则，既然间接利害关系人也需要承担败诉风险，那么间接利害关系人与诉讼结果的利害关系越密切，就越应该强化对其的诉讼实施权保障，其享有的诉讼实施权独立性就应该越强。但同时应注意的是，强化间接利害关系人的诉讼实施权也应视利害关系的密切程度有所限制，否则会导致本诉审理效率降低及司法资源的浪费。

就本案而言，债务人与债权转让合同效力存在密切的利害关系。合同无效

虽不直接侵害其利益，但若不赋予债务人主张合同无效的权利，判决债务人向让与人履行债务后，原本无信息来源的债权人极易通过公开的裁判文书得知此恶意串通的事实，从而提起第三人撤销之诉。这可能引发债务人与让与人之间关于返还财产以及债务人与债权人之间的基础债务履行的继生诉讼，大大增加债务人的诉讼风险并导致更加严重的司法资源浪费。所以强化其诉讼实施权符合法律的效率价值和稳定价值，是合理的。

那么该强化是否可以通过追加债权人参与诉讼予以替代？笔者认为没有必要。从程序价值的角度分析：债权人在此类案件中显然是具有独立请求权的利害关系人，民事诉讼法仅赋权法院通知无独立请求权的第三人参加诉讼，未赋权法院通知有独立请求权的第三人参加诉讼。债权转让合同双方显然不具有通知债权人的主观积极性，若将该通知义务交由债务人，又明显加大了债务人调查、沟通负担，本诉的审限也未必足够债务人履行通知、沟通和债权人的准备时间。更遑论以本案而言，让与人的债权人众多，已类似于公益诉讼，难以确定债权人代表等问题。从实体价值的角度分析，本文探讨的是债务人是否有权主张的问题，而非能否胜诉的问题，若让与人对其实际偿付能力或债权人债权的合法有效提出抗辩，法院自应进行相应审查，并在必要时追加债权人参与诉讼，不会导致实体不公。综上，相对有效的合同虽然是指侵害个体利益，仅相关主体可以主张无效的合同，但该相关主体不应仅包括被侵害利益人，还应包括与无效结果关系密切的间接利害关系人。

另外，本案系民法典施行前的法律事实引起的民事纠纷案件，应当适用当时的法律、司法解释规定。故判决书依据的法条为《中华人民共和国合同法》第五十二条第二款。2021年1月1日起施行的《中华人民共和国民法典》取代了《中华人民共和国合同法》，并对《中华人民共和国合同法》第五十二条规定的5种无效情形进行了继受改造，其中第五十二条第二款的规定对应《中华人民共和国民法典》第一百五十四条的规定，不影响本案结论的正确性。

编写人：北京市朝阳区人民法院　鲁雅清

七、证据与时效

44

被告抗辩不存在借贷关系时举证责任及证明标准的认定

——胡某年诉孙某民间借贷案

【案件基本信息】

1. 裁判书字号

北京市朝阳区人民法院（2020）京0105民初37378号民事判决书

2. 案由：民间借贷纠纷

3. 当事人

原告：胡某年

被告：孙某

【基本案情】

2019年5月31日至11月15日，原告向被告汇款共计30万元。原、被告通过微信进行沟通，部分聊天内容如下：原告称："我不是投了30万元吗""我的意思你先给我10万元我先把保证金交了。结完婚我再补上""我是投资了30万元啊，我的意思是公司现在还没正式开吗，我先从你这借10万元"；被告称："你没合过伙啊，钱投了不是我自己存了""我也一样，老的少的，一码归一码，你投了没错，不是我拿你钱存了不给你。"

被告提交的微信群聊天记录显示，被告于2019年11月21日将原告拉入微信群。原告于2019年11月22日在群中称："各位同事，大家好，我叫胡某年，很荣幸能加入这个大家庭，希望在未来的日子里我们能合作愉快，也请各位多多关照。谢谢。"群成员表示欢迎，有人回复"谢谢胡总"。

另查，原、被告之间未就涉案款项签订过借款合同，也未签订过投资合同或合伙协议。因被告未退还款项，原告诉至法院，要求被告偿还原告借款本金30万元并支付利息，利息以借款本金30万元为基数，按照年利率6%的标准，自2020年4月16日起计算至实际给付之日止。

本院认为，原、被告系朋友关系，原告多次主动请求参与经营被告公司生意。经原告实地查看后，双方达成一致合作意愿。2019年5月31日至11月15日，原告向被告汇款合作资金共计30万元，因多种因素影响原因，原告要求退还投资资金，但投资款项已经用于经营支出，故被告拒绝退还，原告以民间借贷为由向法院起诉与事实不符。

【案件焦点】

1. 原、被告之间是否存在借贷关系；2. 被告抗辩不存在借贷关系应达到何种证明标准。

【法院裁判要旨】

北京市朝阳区人民法院经审理认为：原告向人民法院提起民间借贷诉讼时，应当提供借据、收据、欠条等债权凭证以及其他能够证明借贷法律关系存在的证据。原告仅依据金融机构的转账凭证提起民间借贷诉讼，被告抗辩转账系其他债务的，被告应当对其主张提供证据证明。被告提供相应证据证明其主张后，原告仍应就借贷关系的成立承担举证责任。

本案中，原告提交了转账事实后，被告抗辩称双方实际上是投资关系，并提交了与原告的微信聊天记录，原告提到"我投了30万元""先给我10万元""之后再补上"，且未对被告强调的双方系"合伙关系"进行反驳；之后，原告继续汇款20万元给被告，被告将原告拉入"友联同创"微信群，同时，被告将公司三名工作人员微信推送给原告，原告前往公司查看业务开展情况。

从上述情形来看，原、被告已分别就其主张提交了初步证据。根据法律规定，“当事人对自己提出的主张，有责任提供证据”。原告应就借贷事实的发生和存在借贷合意负有举证责任；被告抗辩不存在借贷关系，其承担的是反证义务，故被告提交的证据不必达到高度盖然性标准，在转款事实无争议的情形下，被告提交的证据仅需使得待证的借贷合意处于真伪不明状态，此时的举证责任应再次转移至原告，原告仍应就借贷关系的成立承担举证证明责任。如果原、被告双方当事人均不能充分举证而导致款项性质不明时，应由原告承担败诉风险。故在原告提交的证据不足以证明存在民间借贷关系的情形下，对于原告的诉讼请求法院不予支持。

北京市朝阳区人民法院依照《最高人民法院关于审理民间借贷案件适用法律若干问题的规定》第二条、第十七条，《中华人民共和国民事诉讼法》第六十四条、第一百四十四条，《最高人民法院关于适用〈中华人民共和国民事诉讼法〉的解释》第九十条，《最高人民法院关于适用〈中华人民共和国民法典〉时间效力的若干规定》第一条第二款之规定，作出如下判决：

驳回原告胡某年的全部诉讼请求。

判决后，双方当事人均未上诉，本判决现已生效。

【法官后语】

民间借贷纠纷中，部分出借人未签订或未留存债权凭证，仅依据金融机构转账凭证提起诉讼，借款人往往以不存在借贷关系为由进行抗辩。针对此类“不存在借贷关系型”民间借贷纠纷，《最高人民法院关于审理民间借贷案件适用法律若干问题的规定》（法释〔2020〕17号，以下简称《规定》）第十六条第一款规定，原告仅依据金融机构的转账凭证提起民间借贷诉讼，被告抗辩转账系偿还双方之前借款或者其他债务的，被告应当对其主张提供证据证明。被告提供相应证据证明其主张后，原告仍应就借贷关系的成立承担举证责任。

实践中，针对原告是否应当首先举证证明借贷关系成立，被告是否必须提供证据证明不存在借贷关系，借贷关系成立的证明责任由谁承担，被告的证据应当达到何种证明标准，仍缺乏统一认识。本案为审理“不存在借贷关系型”民间借贷纠纷提供了一个可供参考的处理思路。

一、转账凭证可以推定为存在借贷合意的初步证据，被告应当就不存在借贷关系承担举证责任

借贷纠纷中，出借人应就“借贷合意成立”和“款项实际支付”两个要件承担证明责任。然而实践中，这样的举证责任分配对许多缺乏法律意识的出借人来说难度较大，不利于实体权利保护。因此，《规定》第十六条并未要求原告提供证据证明借贷关系成立，而是要求被告就不存在借贷关系提供证据。也就是说，转账凭证可以作为借贷合意存在的初步证据，从而使借贷关系表面成立。

如被告抗辩不存在借贷关系，则发生举证责任转移，由被告承担行为意义上的举证责任。被告提出有效证据后，原告才需要对借贷关系成立进一步举证证明。如被告仅提出质疑但未提供证据，则不构成有效抗辩。

需要注意的是，转账凭证推定借贷关系表面成立的前提是，原告能够对借贷事实进行合理化陈述。例如，原告的陈述存在语焉不详、模糊不清、前后矛盾，以至于无法使审判人员产生借贷合意成立的临时心证，则审判人员应当直接驳回原告的诉讼请求。

二、被告就不存在借贷关系承担反证责任，仅需能够动摇审判人员的内心确信，无须达到高度盖然性的证明标准

《规定》第十六条是举证责任转移规则，并未改变客观证明责任的归属，借贷合意成立的证明责任仍由原告承担。

被告主张不存在借贷关系属于否认而非抗辩。被告的主张是为了否定、排除原告主张的事实。因此，被告否认存在借贷关系的证据属于反证，是没有证明责任的一方当事人提出的、用于证明对方主张事实不真实的证据。反证的证明标准低于本证，只需使待证事实陷入真伪不明的状态，削弱原告主张的可信度，即可完成证明，无须达到高度盖然性的证明标准。

本案中，被告提交了与原告的聊天记录，其中多次出现“投资”的表述，

原告未作任何反驳。因此，被告提交的证据已经能够初步证明其主张，此时举证责任再次转移给原告。尽管原、被告未签订投资合同，也无证据证明投资合作的内容，但被告的反证责任无须达到高度盖然性的证明标准。因原告无法进一步举证证明借贷关系成立，故应当承担举证不能的不利后果。

编写人：北京市朝阳区人民法院　权成子

45

出借人仅以借据主张借贷关系成立，必要时需结合其另案陈述以判断借贷事实是否存在

——李某玲诉陶某旗民间借贷案

【案件基本信息】

1. 裁判书字号

北京市房山区人民法院（2021）京0111民初6966号民事判决书

2. 案由：民间借贷纠纷

3. 当事人

原告：李某玲

被告：陶某旗

【基本案情】

李某玲称陶某旗于2012年11月8日从其处借款现金36000元整至今未还，故起诉要求陶某旗返还借款本金36000元及利息（利息以36000元为基数，自2012年11月8日至付清之日，按中国人民银行同期贷款利率四倍计算）。

为证明借款情况，李某玲提交借条一张，内容为“今借李某玲现金叁万陆仟元整，十天后还款，如延期不还每天加银行利息的四倍还款”，落款时间为

2012年11月8日，尾部借款人处为陶某旗签字。李某玲同时提交2019年短信记录，显示陶某旗回复“我真给不了”。李某玲称与陶某旗系邻居，关系较好。2012年11月8日，陶某旗称有急用而向其借款，没有具体说款项用途。李某玲当时经营沙石料厂，因此存有现金。李某玲向陶某旗出借36000元，以现金形式交付。李某玲多次催款，陶某旗均未曾清偿。陶某旗约于2017年或2018年也曾向李某玲借款，连同陶某旗自李某玲处拉走的石料款共计5万元。该笔5万元业已经由诉讼判决处理。

因本案为公告送达，陶某旗未到庭参加诉讼。承办人对于李某玲与陶某旗间的关联诉讼一并进行了主动审查。

另查明，李某玲于本院四次起诉陶某旗。李某玲持5万元借条以民间借贷纠纷起诉陶某旗，要求陶某旗偿还借款5万元，本院以（2020）京0111民初8111号案件进行审理，陶某旗辩称只于2012年欠李某玲石料款29600元，李某玲后撤回起诉。李某玲再次持5万元借条以陶某旗为被告向本院提起买卖合同纠纷，该案中，李某玲诉称，陶某旗于2012年从李某玲处购买石子、石料，未支付货款，到2018年11月21日共欠5万元，其中39600元为所欠的货款，其余为借款，对此，陶某旗出具欠条一张。陶某旗于该案中辩称，不认可存在借款的事实，认可欠货款30600元，其余款项为李某玲自己加的利息。本院以（2020）京0111民初10553号民事判决书判决陶某旗给付李某玲货款30600元以及利息。李某玲依据5万元借条以民间借贷纠纷为案由起诉陶某旗，要求判令陶某旗给付借款10400元，本院以（2020）京0111民初15243号民事判决书判决陶某旗偿还李某玲借款10400元。本案系李某玲第四次起诉陶某旗，李某玲所持为36000元借条一张。

再查明，（2020）京0111民初8111号案件审理过程中，李某玲于庭审中发表意见称，所持5万元欠条的原因，最初是因陶某旗于2011年欠付4万元石料款，中间换过几次借条。陶某旗于该案庭审中称，2012年欠的石料款，金额为29600元的欠条李某玲没有给陶某旗。双方均陈述陶某旗于2012年书写29600元的欠条。（2020）京0111民初10553号案件审理过程中，李某玲称陶某旗曾书写一张金额是39600元的欠条，该张借条已经撕了，李某玲与陶某旗均称无该张借条的复印件。本院就李某玲在此前案件中的上述陈述进行询问，李某玲称该5万元款项与本案中的36000元不具有关联性。李某玲对本案所提交的证据36000元借条存在整体撕开后以胶带粘连一事称，系折叠的时候撕的。

【案件焦点】

李某玲所主张的借条中所载明的36000元借贷事实是否成立，是否未曾经过裁判。

【法院裁判要旨】

本院认为，当事人对自己提出的诉讼请求所依据的事实或者反驳对方诉讼请求所依据的事实，应当提供证据加以证明，但法律另有规定的除外。在作出判决前，当事人未能提供证据或者证据不足以证明其事实主张的，由负有举证证明责任的当事人承担不利的后果。民间借贷属实践性合同，民间借贷关系的成立，须同时具备当事人之间存在借贷合意，且贷款人实际出借款项两个要件。

本案中，首先，李某玲提交借条以证明借贷发生。在李某玲与陶某旗此前的诉讼中，二人均陈述最初约于2012年，陶某旗自李某玲处购买石料而产生欠款，中间曾换过借条，一张借条已经撕了。李某玲持所提交之借条明显曾被整体撕开。其次，李某玲于本案中主张陶某旗于2012年借款36000元，与二人此前所述欠付石料款的时间基本一致。陶某旗对欠付石料款金额先后陈述为29600元及30600元，李某玲陈述为4万元及39600元。本案中李某玲主张之欠款金额与二人所述石料欠款金额较为接近。再次，李某玲主张以现金形式出借款项，但并未就此提交可印证款项确已实际交付的证据予以佐证。最后，李某玲起诉陶某旗之买卖合同纠纷及民间借贷纠纷，本院业已判决陶某旗需承担清偿责任。即在李某玲与陶某旗之间曾存在作废撕毁借条的情况下，李某玲于本案中的证据为一张曾撕裂的借条；而该借条所载时间、金额与法院业已判决并大部分支持李某玲诉请之争议中欠款形成时间、金额基本一致；而李某玲并无其他证据佐证本案借条中的36000元借款确已实际交付或确实有别于法院业已处理的 5 万元诉争款项。李某玲所作与陶某旗之间除了 5 万元之诉讼争议之外，另有 36000 元借款之陈述，本院难以采信。李某玲要求陶某旗偿还借款的诉讼请求，本院不予支持。陶某旗经本院合法传唤，未到庭参加诉讼，视为放弃答辩和质证的权利，不影响本院依据查明事实作出判决。

综上，李某玲之诉讼请求缺少事实依据及法律依据。本院依照《中华人民共和国民事诉讼法》第一百四十四条，《最高人民法院关于适用〈中华人民共和国民事诉讼法〉的解释》第九十条之规定，判决如下：

驳回李某玲的全部诉讼请求。

判决后，双方当事人均未上诉，本判决现已生效。

【法官后语】

《最高人民法院关于审理民间借贷案件适用法律若干问题的规定》第十五条规定，原告仅依据借据、收据、欠条等债权凭证提起民间借贷诉讼，被告抗辩已经偿还借款的，被告应当对其主张提供证据证明。被告提供相应证据证明其主张后，原告仍应就借贷关系的存续承担举证责任。被告抗辩借贷行为尚未实际发生并能作出合理说明的，人民法院应当结合借贷金额、款项交付、当事人的经济能力、当地或者当事人之间的交易方式、交易习惯、当事人财产变动情况以及证人证言等事实和因素，综合判断查证借贷事实是否发生。

本案的主要争议焦点在于李某玲所主张的借条中所载明的 36000 元借贷事实是否成立，是否未曾经过裁判。就此，案件审理过程中，李某玲提交了借条原件并就款项交付、资金来源、催还借款等作出陈述，清晰且较为符合逻辑；其借条虽存有撕坏痕迹，因时隔近十年，亦存在一定的可能性。加之，陶某旗未到庭参加诉讼，未发表任何意见。本案对于借贷事实是否成立的判断存在两难；自李某玲之陈述得知与陶某旗二人存在其他诉讼时，故主动对相关诉讼进行了审查。就此，形成以下判断：

第一，借条并非可对借贷关系的存在形成终局排他的定论。民间借贷纠纷中，通常借款人出具借条与出借人交付借款是同时履行的，因而借条通常具有借款关系存在和借款事实履行的双重证明效力。但借条并非可对借贷关系的存在形成终局排他的定论。民间借贷为实践性合同，故需同时查明借款事实是否真实存在，大额借款当以资金流转形成记录为必备要件，金额较小之民间借贷，出借人亦应对借款原因、款项来源、现金交付地点及时间等作出合理说明。本案中，李某玲所作陈述具有一定的合理性，但证据链条并非完整，且关键证据的借条存在粘连痕迹，故需进一步审查。

第二，借条存有瑕疵，不足以认定借贷关系成立。部分民间借贷案件中，借条、借款协议等书证可能是出借人所能提供的唯一证据，虽然借条作为书证，对待证事实具有直接证明力，但并非必然会被采信，同样需受到真实性、关联性和合法性的影响。借条的表现形式，如文字载体、书写格式、行文方式、词语含义等；借条的客观形成过程，如形成时间、书写地点等；如上述细节存在有违生活常理之处，则应认定为该欠条真实性存疑，此时出借人的举证未达到证明标准。出借人应对其主张的借款事实作出合理的解释说明，并应提供一定的证据予以佐证，此时虽仅需补强证据，而非完全的举证义务，但需达到能够证明其关于借款事实的陈述或解释合理可信的程度。李某玲所示借条存有瑕疵，在双方存有其他借贷诉讼的情况下，其所示的短信证据不足以证明其于本案中主张的借款真实存在；但就其所作陈述及所示证据，亦无可否定其真实性之处；本院故对其相关诉讼进行了审查。

第三，法院可以根据当事人于他案中所作陈述进行事实确认或推定。已为人民法院发生法律效力的裁判所确认的事实，当事人无须举证证明，但当事人有相反证据足以推翻的除外。故在后审理案件对于事实的认定，与已生效裁判所确认的事实需存在内在逻辑的一致性。同理，当事人在关联案件中所作陈述，亦应对当事人本人产生一定的拘束力，虽非构成民事诉讼规则中的自认，但与在案陈述相反时，可在一定程度上削减当事人陈述之可采信程度。本案审理中主动查明，李某玲持有借条先后以买卖合同及民间借贷为案由向陶某旗主张权利，基于其所持有的金额为 5 万元的借条上所载之权利均已通过诉讼得到实现。另案诉讼中，亦可确认双方在形成 5 万元借条前曾撕毁作废一张借条，金额与本案借条接近。上述查明事实，削减了李某玲于本案中关于出借 36000 元陈述的真实性以及借条的证明力。在此情况下，一是李某玲虽持有借条，但未能举证证明 36000 元的实际交付，即未能证明民间借贷事实真实发生；二是李某玲持有的借条存有撕开粘连痕迹，李某玲未能证明该借条并非另案陈述中撕毁的借条，即未能证明本案借款 36000 元有别于此前诉讼处理的 5 万元的利益争议。

综合以上情况，本院在原告持有存在一定瑕疵的借条、案涉标的较小、被告缺席诉讼的情况下，认定原告之主张缺少事实及法律依据，并驳回其诉讼请求。

编写人：北京市房山区人民法院　吴奕晗

46

多笔借款情境下录音作为配偶方事后追认夫妻共债的证据效力分析

——林某青诉张某生、陈某花民间借贷案

【案件基本信息】

1. 裁判书字号

福建省厦门市中级人民法院（2021）闽 02 民终 7411 号民事判决书

2. 案由：民间借贷纠纷

3. 当事人

原告（被上诉人）：林某青

被告（上诉人）：陈某花

被告：张某生

【基本案情】

张某生系为客户提供房产及金融一站式服务的公司负责人，在得知林某青出售名下房产后就以资金周转为由向林某青提出借款要求。先后向林某青借款200万元，双方签订借条，就利息及借款时间进行了约定。债务到期后，张某生仅支付部分本金和利息，仍欠本金1642993.2元及其利息未支付。

陈某花与张某生系夫妻关系，借款发生在张某生、陈某花婚姻关系存续期间，故林某青要求陈某花共同承担债务。林某青在向张某生催讨欠款过程中两次致电陈某花，在陈某花不知情的情况下将通话内容予以录音。根据录音内容显示，陈某花在第一次录音中表明："我现在要是能借到钱，我就借钱还给你""我就是想办法尽快卖房子""我今年确实因为这件事情，这日子过不下去了，然后呢我就不能去放弃，仍要去解决这个问题，这个是肯定的。"

在第二次录音中表示："我知道，没有错呀，我要跟他一起承担""我现在这套房子在卖，但是卖出去才有现金""但是要有钱，这么多钱我们也没有，我们要去赚钱""你觉得上千万元的房子好卖吗？不好卖。"

张某生与陈某花于2012年3月15日离婚，于2016年8月2日复婚。2012年4月16日，厦门市思明区某巷3004室房产办理产权登记至陈某花名下。2021年1月25日，林某青向本院提出诉前财产保全申请，请求查封、冻结张某生、陈某花名下价值173万元的财产。思明法院依法作出财产保全裁定，林某青支付保全费5000元。

【案件焦点】

录音证据能否作为认定配偶方构成事后追认夫妻共债的证据。

【法院裁判要旨】

福建省厦门市思明区人民法院认为：林某青与张某生之间存在合法有效的借贷关系，张某生应偿还相应的借款本金和利息。涉案两笔借款发生在张某生与陈某花夫妻关系存续期间，在陈某花与林某青的两段通话录音中，陈某花在林某青提到涉案两笔借款后表示知晓降息一事，明显对张某生与林某青的涉案两笔借款知情，并一再向林某青表示愿意还钱，“在卖房子”“要一起承担”，结合涉案借款的还款有部分来自陈某花账户的事实，应认定陈某花对涉案借款具有事后追认的意思表示，涉案借款应为张某生、陈某花的夫妻共同债务，陈某花应对张某生的涉案债务承担共同还款责任。

福建省厦门市思明区人民法院作出民事判决：

一、张某生、陈某花于本判决生效之日起十日内共同向林某青偿还借款本金1460367.98元，2020年11月、12月利息29555.2元及以尚欠借款本金1460367.98元为基数，自2021年1月1日起按年利率15.4%计至实际还款之日止的利息；

二、张某生、陈某花于本判决生效之日起十日内共同向林某青返还保全费5000元；

三、驳回林某青的其他诉讼请求。

宣判后，陈某花向福建省厦门市中级人民法院提起上诉。

二审法院同意一审法院的裁判依据。此外，二审法院还认为法律直接规定当事人负连带责任的，为法定连带责任。因此，夫妻共同财产不足以偿还共同债务时，夫妻两方则要以各自的个人财产清偿共同债务，而并不是规定对共同财产不足的部分予以免责。福建省厦门市中级人民法院作出民事判决，判决：驳回上诉，维持原判。

【法官后语】

录音证据能否作为夫妻共债的认定依据是民间借贷审判实务中较为常见的疑难问题。录音证据归属于“视听资料”这一证据范畴，因具有难核实、易篡改、意思表示难以准确界定等属性，故而较难被作为认定案件事实的依据。本案中两笔借款金额较大，超出了日常家庭生活需要，虽配偶方名下银行卡曾向债权人名下银行卡转账三笔款项，但仅凭该事实并不能推断配偶方对涉案债务知情从而构成事后追认，债权人与配偶方的录音能否采信对于认定涉案债务是否构成夫妻共债具有决定性意义。

一、录音具备形式上的证据能力

录音证据应当具备作为证据使用的资格。首先，录音完整且未被篡改。如当事人对录音完整性或是否篡改提出异议，应当通过鉴定方式排除此种可能性。其次，录音中配偶方与债权人的身份可以确定。如果录音中与债权人对话方非为配偶一方，则该方所作陈述及承诺与案件事实之间并不具有关联性，因此也将导致录音不具备可采性。本案中陈某花对林某青提供的录音真实性予以确认，对通话双方的身份不持疑义，林某青亦当庭出示存储该两份通话录音的原始载体，陈某花也未就录音完整性或是否被篡改提出异议。最后，录音未侵害他人合法权益，未违反法律禁止性规定。录音中并未涉及个人隐私，也非采取胁迫、欺诈等方式获取，未经过对方许可并非排除录音证据能力的合理事由。

二、配偶方意思表示清晰具体明确

确定录音具备证据资格后，需要进一步判断其证明力。在整理、分析录音中债权人与配偶方对话内容的基础上，可以从以下几个方面形成对录音证明力大小的内心确信：首先，债务指向清晰明确。如果可以确定出借人与借款人之间仅存在一笔借款，当无录音中谈论的债务是否清晰之疑虑。如果出借人与借款人之间有多笔借款，配偶方表示知情并同意共同承担的借款范围则需仔细辨别。本案录音中对话发生时出借人林某青与借款人张某生之间存在两笔借款，录音中林某青告知陈某花73万元借款于12月30日已到期，要求张某生归还，如果归还73万元，另外100万元借款可以考虑延期，不然就要将173万元全部拿回来，同时提到张某生遇到问题后林某青给予降息一事，陈某花对林某青提到的两笔债务均表示知情，未提异议，足以认定陈某花知悉的债务范围包括涉案两笔借款。其次，配偶方作出追认债务的意思表示且不附加条件。林某青告知陈某花两笔借款的情况后，陈某花即表示知情，“我现在要是能借到钱，我就借钱还给你”“我要跟他一起承担”，与借款人共同承担债务的意思表示清楚明确。虽然陈某花提及“我就是想办法尽快卖房子”，但并未以实际出售房产为条件，也未将共同承担债务的范围限定在售房款范围内。夫妻是特殊的身份关系，相互之间具有日常家事代理权，录音中只要借款人配偶对借款事宜知情且对出借人共同承担借款的要求未提异议，即可认定构成对借款的事后追认。在不具备此种特殊身份关系的债务加入情况下，则应当适用更加严格的认定标准。最后，多段录音之间可以相互印证。林某青提交了两份与陈某花的录音，两份录音中陈某花均对同意以卖房等方式共同承担林某青提及的两笔借款，相互之间不存在矛盾之处，足以共同证明陈某花构成对夫妻共债的事后追认。

编写人：福建省厦门市思明区人民法院　林蕾
福建省厦门市思明区人民法院　李诗嫣

47

放弃诉讼时效抗辩权是否及于其他债务人的司法认定

——黄某团诉黄某成、杜某景民间借贷案

【案件基本信息】

1. 裁判书字号

福建省厦门市中级人民法院（2021）闽 02 民终 5220 号民事判决书

2. 案由：民间借贷纠纷

3. 当事人

原告（上诉人）：黄某团

被告（被上诉人）：黄某成、杜某景

【基本案情】

2014 年 5 月 23 日，黄某成、杜某景出具《借条》，约定："兹向黄某成借人民币肆拾万圆（40 万）整，自 2014 年 5 月 23 日至 7 月 22 日还清本金 40 万元，每月利息壹万陆仟圆整，如 7 月 22 日没有还清，除利息外每月按叁万贰仟圆的金额罚款。"同日，黄某团向黄某成名下尾号 7558 的银行账户转账 40 万

元。2021 年 2 月 4 日，黄某团诉至本院。

另查明，黄某团在本案中提供两段录音。第一段录音时间是 2020 年 6 月 16 日，黄某团：“你给我借的这 40 万元和利息什么时候还?”，黄某成：“你这些处理完再来和我说”，黄某团：“我一几年就一直在和你说你这 40 万元得给我，这是借你的对不对，你要还我”，黄某成：“你跟我说这些没用，我们看法院怎么讲吧”，黄某团：“那你这个借款也要看个时间还我对不对？……可是一直向你讨，你一直说没钱”，黄某成：“确实是没有，我和你说过这里要处理这些事情”，黄某团：“是，那你那时候要处理，现在也没事啊”，黄某团：“那你这个 40 万元和利息你也得看一下什么时候还我”，黄某成：“看怎么处理再说，该怎么处理就怎么处理，不行你就去告”。第二段录音时间是 2020 年 12 月 11 日，黄某团：“我自 6 月和你说到现在又半年了，这个事欠我的钱也要看如何处理，你原先说这个事处理完了，和孩子的事处理清楚了”，黄某成：“我现在连工资都没有”，黄某团：“14 年后我每年都找你讨，你都说没钱，好几年了”，黄某成：“几年了，我确实是没钱”，黄某团：“14 年借给你后我每年找你讨，你都说没钱”，黄某成：“我也无法贷款给你，我岁数大了……”黄某团：“这 40 万元，我是找人借来借给你的，只收你 24000 元利息，我一直向你讨”，黄某成：“说实话我得解决这个问题，有钱了才能还，我欠的钱一定会还，没有说不还的……控制了后我生活也没法过”，黄某团：“这个 40 万元你要和我说下，自 14 年来一直找你讨”，黄某成：“我不会欠人钱，我这个房产要卖掉，我倾家荡产也会还，我现在没办法，我确实找你借钱，但你放 4 分的高利贷”“借条还在，你要告就去告，我已经没办法了，不要紧，我要有钱肯定会还你的”，黄某团：“利息 4 分比较高，后面又说不然 2 分就好，那两个月你拿 24000 元利息给我，后面说 2 分的重写一张，你说好，后面没写，想说有房子的事”，黄某成：“会的，这个事会和你处理，我这边处理完，你的事会和你处理清楚”；其间黄某成数次陈述其目前没有钱。

庭审中，双方当事人确认，两被告已在 2014 年 6 月和 7 月或 8 月共支付 24000 元利息。

【案件焦点】

1. 黄某团起诉黄某成是否超过诉讼时效；2. 若黄某成放弃诉讼时效抗辩，效力是否及于杜某景。

【法院裁判要旨】

福建省厦门市思明区人民法院经审理认为：黄某团以《借条》、银行转账凭证为证，主张与黄某成、杜某景存在合法有效的借贷关系，有事实和法律依据，黄某成、杜某景亦未提出异议，本院予以确认。黄某成、杜某景系案涉借款的共同借款人。案涉借款约定还款期限为 2014 年 7 月 22 日，根据《最高人民法院关于适用〈中华人民共和国民法总则〉诉讼时效制度若干问题的解释》（法释〔2018〕12 号）第三条的规定，诉讼时效依法应为两年。黄某团主张其每年均向黄某成催讨债务，构成诉讼时效中断，并提供录音为证，拟证明黄某成确认其每年催讨的事实。案涉录音内容显示，黄某团虽数次提到“14 年后每年找你讨”，但黄某成并未作出予以认可的意思表示，故本院对黄某团的主张不予采信。黄某团未能提供证据证明其在诉讼时效期间内向黄某成或杜某景主张还款，本案不存在诉讼时效中断的事由，至在案证据显示黄某团催讨借款的 2020 年 6 月 16 日，本案诉讼时效早已届满。诉讼时效届满所导致的法律后果，是使得债务人取得时效抗辩权。2020 年 12 月，黄某团再次向黄某成催讨本案借款，黄某成口头承诺“欠的钱一定会还”等内容，应视为黄某成作出同意履行义务的意思表示，其实质是黄某成放弃诉讼时效抗辩权。现黄某成又以诉讼时效期间届满为由进行抗辩，本院不予采信。现黄某团诉求黄某成偿还借款本金 40 万元，并按年利率 15.4%支付 2014 年 10 月 23 日至实际还款之日的利息，利率标准未违反合同约定亦未违反法律规定，可予以支持。诉讼时效抗辩权是一项实体权利，诉讼时效抗辩权的放弃应由债务人本人以明示或约定的默示方式作出，连带债务人中的一人放弃诉讼时效抗辩权，对其他连带债务人并不具有约束力。在无相反证据予以反驳的情况下，杜某景在诉讼时效届满后并未作出同意履行债务等放弃诉讼时效抗辩权的意思表示，现杜某景以诉讼时效期间届满为由进行抗辩，本院予以采信。黄某团诉求杜某景共同偿还案涉借款本息，不予支持。

福建省厦门市思明区人民法院依照《中华人民共和国民法典》第一百四十条、第五百一十八条、第六百七十五条、第六百七十六条，《最高人民法院关于适用〈中华人民共和国民法总则〉诉讼时效制度若干问题的解释》（法释〔2018〕12号）第三条，《最高人民法院关于审理民事案件适用诉讼时效制度若干问题的规定》第十九条，《最高人民法院关于审理民间借贷案件适用法律若干问题的规定》第二十五条、第二十八条、第三十一条，《中华人民共和国民事诉讼法》第六十四条第一款之规定，判决如下：

一、黄某成于本判决生效之日起十日内偿还黄某团借款40万元及利息（利息以40万元为基数，自2014年10月23日起计至实际还款之日，利率按年利率15.4%计算）；

二、驳回黄某团的其他诉讼请求。

黄某团对判决不服，提起上诉。福建省厦门市中级人民法院作出民事判决，判决：驳回上诉，维持原判。

【法官后语】

一、诉讼时效抗辩权的取得

在民间借贷案件尤其是多年未还款的借贷案件中，当事人往往对出借人的债权请求权提出诉讼时效抗辩，其行使的主要条件为法律规定的诉讼时效期间届满。本案中，案涉借款约定还款期限为2014年7月22日，根据当时的法律规定，诉讼时效为两年。出借人未能提供证据证明其在诉讼时效期间内向借款人催讨，不存在诉讼时效中断的事由，至在案证据显示黄某团催讨借款的2020年6月16日，本案诉讼时效早已届满。诉讼时效届满所导致的法律后果，是使得债务人取得时效抗辩权。黄某成在本案诉讼时效届满时已取得时效抗辩权，其有权在黄某团催讨时拒绝履行还款义务。

二、诉讼时效抗辩权的放弃

《最高人民法院关于审理民事案件适用诉讼时效制度若干问题的规定》第十九条第一款规定：“诉讼时效期间届满，当事人一方向对方当事人作出同意履行义务的意思表示或者自愿履行义务后，又以诉讼时效期间届满为由进行抗辩的，人民法院不予支持。”在借贷合同履行过程中，当事人之间往往仅以口头方式进行沟通，需要从当事人的表述中依法推定其意思表示。本案中，黄某成虽然曾多次表示没有钱偿还，但黄某团于2020年12月再次向黄某成催讨本案借款时，黄某成曾表示“欠的钱一定会还”等内容。黄某成并未拒绝还款，根据文义解释，黄某成所述内容足以推定其仍愿意偿还借款，应视为黄某成作出同意履行义务的意思表示，其实质是黄某成放弃诉讼时效抗辩权。

三、放弃诉讼时效抗辩权是否及于其他债务人

实践中，有观点认为，债务人之一放弃诉讼时效抗辩权，效力应及于其他债务人，以使债权人的债权范围具有同一性，其依据主要是《最高人民法院关于审理民事案件适用诉讼时效制度若干问题的规定》第十五条“对于连带债权人中的一人发生诉讼时效中断效力的事由，应当认定对其他连带债权人也发生诉讼时效中断的效力。对于连带债务人中的一人发生诉讼时效中断效力的事由，应当认定对其他连带债务人也发生诉讼时效中断的效力”的规定，然而，诉讼时效抗辩权是一项实体权利，其产生于诉讼时效届满之后，其行使和放弃应由债务人本人以明示或约定的默示方式作出，与前述条款所涉及的“诉讼时效中断效力”并非同一概念。债务人中的一人放弃诉讼时效抗辩权，对其他债务人并不具有约束力。债务人在诉讼时效届满后并未作出同意履行债务等放弃诉讼时效抗辩权的意思表示，仍可就诉讼时效期间届满为由进行抗辩。

编写人：福建省厦门市思明区人民法院　曾臻

48

借贷款项实际交付认定规则

——杨某宝诉徐某军、陈某高民间借贷案

【案件基本信息】

1. 裁判书字号

浙江省台州市中级人民法院（2021）浙10民终1588号民事判决书

2. 案由：民间借贷纠纷

3. 当事人

原告（被上诉人）：杨某宝

被告（被上诉人）：徐某军

被告（上诉人）：陈某高

【基本案情】

2019年1月12日，杨某宝通过浙江临海农村商业银行股份有限公司桃渚支行账号为6217××××××××0125491的账户向徐某军转账20万元。2019年5月22日，徐某军、陈某高向杨某宝出具借条一份，借条载明："今向杨某宝借到人民币大写贰拾万（¥：20万元整），月利息××。此据，借款人（签字）：徐某军、陈某高，身份证号：3326××××××××237459，借款日期：2019年5月22日。"借条"杨某宝""贰拾万""20万""徐某军"处均有徐某军捺红手指印。借款后，徐某军归还1万元借款。另查明，浙江省临海市人民法院在2021年2月23日之前未受理过杨某宝另行以2019年1月12日转账20万元给徐某军为由要求徐某军归还20万元借款的民事案件。

2021年2月23日，杨某宝向浙江省临海市人民法院起诉请求依法判令徐

某军、陈某高共同归还杨某宝借款19万元，并赔偿利息损失（利息损失按全国银行间同业拆借中心公布的贷款市场报价利率计算，从起诉之日起算至履行完毕之日止）。

【案件焦点】

徐某军、陈某高共同出具的借条所涉借款是否实际交付。

【法院裁判要旨】

浙江省临海市人民法院经审理认为：本案的争议焦点在于徐某军、陈某高共同出具的借条所涉借款是否实际交付。本案中，杨某宝为证明借款已经实际交付，提供了2019年1月12日向徐某军转账20万元的银行对账单，并补充陈述借款系2019年1月12日转账给徐某军；2019年5月22日，由徐某军和陈某高补出借条。依据日常经验法则来看，借款交付在前，尔后补出借条对前期未出具借条或已出具借条的借款进行结算在日常生活中较为常见，且本院又通过案件查询查明，并未发现有杨某宝以2019年1月12日转账20万元给徐某军为由要求徐某军归还20万元借款的民事案件。相反，徐某军和陈某高没有提供证据证明徐某军和陈某高曾向杨某宝要回借条或要求杨某宝履行借款给付义务，徐某军和陈某高的不作为明显不符合常理。因此，2019年5月22日由徐某军、陈某高共同出具的借条所涉借款系2019年1月12日杨某宝转账给徐某军的20万元具有高度盖然性。据此，对于徐某军、陈某高认为本案中杨某宝提供的借条所涉借款未实际交付的抗辩，本院不予支持。另，杨某宝将20万元借款转账至徐某军账户，事后由徐某军、陈某高在20万元借款的借条“借款人”一栏亲笔签名，应当视为徐某军、陈某高作为共同借款人出具借条给杨某宝。借条系徐某军和陈某高向杨某宝借款的明确意思表示，在没有相反证据予以否认的情况下，借条具有较强的证明力，至于徐某军拿到20万元后，如何与陈某高分配，系徐某军与陈某高的内部约定，其约定对杨某宝不具有约束力，陈某高以未收到借款为由否认自己亲笔出具借条的法律效力，缺乏法律依据，不予支持。浙江省临海市人民法院判决徐某军、陈某高于本判决生效之日起三十日内共同偿还杨某宝借款本金 19 万元，并赔偿利息损失［利息损失以 19 万元为基数，自 2021 年 2 月 23 日起至实际履行完毕之日止按全国银行间同业拆借中心公布的贷款市场报价利率（LPR）计算］。

陈某高不服原审判决，提起上诉。浙江省台州市中级人民法院同意浙江省临海市人民法院的一审裁判意见，判决：

驳回上诉，维持原判。

【法官后语】

民间借贷是一种常见的民事法律行为，理论上认为，民间借贷法律关系一方面需要借贷合意；另一方面要有交付依据，二者相结合，方能认定民间借贷法律关系成立并生效。但在实践中，典型的难题是只有欠条、借条、借据之类的债权凭证但没有交付凭证，或者只有交付凭证但没有债权凭证。为了破解这一难题，在无法确切查明借贷事实的情况下，法官在事实认定方面更多地运用民事诉讼证明责任理论，合理分配原、被告双方的举证责任，以高度盖然性认定借贷事实。

因此，在司法实践中认定借贷款项实际交付需要厘清以下三个问题：

1. 原告只要提交借据、收据、欠条之类的债权凭证，被告就必须提出附理由的否认？根据民事诉讼法学理论，原告要对其关于民间借贷关系的事实主张进行具体化陈述，而不能只是提出抽象的事实主张。① 对法院来说，这种主张的具体化程度应达到所谓的“一贯性”标准。如果原告所提交的债权凭证本身不完整或关键词句（如借款金额、利息约定、借款人）有篡改等情况，就不符合“一贯性”标准，即使在被告缺席的情况下，法院也应当让原告就借款事实进一步举证，若原告无法进一步举证，则应当承担不利的法律后果。

2. 被告抗辩借贷行为尚未实际发生并能作出合理说明中的“合理说明”应当达到何种程度。根据《最高人民法院关于适用〈中华人民共和国民事诉讼法〉的解释》第一百零八条的规定，对于负有举证证明责任的当事人其举证证

---

① 吴泽勇：《民间借贷诉讼中的证明责任问题》，载《中国法学》2017 年第 5 期。

明责任应当达到高度盖然性，而对于为反驳负有举证证明责任的当事人其举证证明责任仅让待证事实达到“真伪不明”状态即可。从民间借贷角度来看，《最高人民法院关于适用〈中华人民共和国民事诉讼法〉的解释》第十五条第二款仅要被告“作出合理说明”，而没有规定“提供证据加以证明”，显然在此被告仅承担较低程度的反驳义务。但这里“作出合理说明”也应当达到“一贯性”标准，被告要对“为何实际情况与债权凭证的记载不符”进行具体陈述，让法官对借款实际交付产生怀疑。

3. 在借款是否实际交付处于“真伪不明”的状态下，原告与被告之间的证明责任如何分担？在被告作出“合理说明”后，已经让案件中借款是否实际交付处于“真伪不明”的状态，此时法官“应当在原告和被告的陈述及提供的证据基础上，结合借贷金额、款项交付、当事人的经济能力、当地或者当事人之间的交易方式、交易习惯、当事人财产变动情况以及证人证言等事实和因素，综合判断查证借贷事实是否发生”。就日常经验而言，被告无法就不存在的事实进行举证证明。在被告作出“合理说明”后，要强化法官对借款已事实交付的内心确信，此时的举证证明责任应当归于原告。若原告无法进一步举证证明借款已经交付，则应当承担不利的法律后果。若原告对借贷事实的证明已达到高度盖然性的证明标准，则证明责任又转移到被告一方，被告应当提供证据证明将法官对待证事实的心证状态由“内心确信”拉低到“真伪不明”，否则将承担不利的法律后果。

编写人：浙江省临海市人民法院　韩莹

49

仅凭转账凭证提起诉讼时，被告反证义务的证明标准如何界定

——王某诉狄某山民间借贷案

【案件基本信息】

1. 裁判书字号

湖南省汨罗市人民法院（2020）湘0681民初282号民事判决书

2. 案由：民间借贷纠纷

3. 当事人

原告：王某

被告：狄某山

【基本案情】

2017年12月，王某和狄某山在王某公司组织的一次旅游活动中相识，之后双方发展为婚外情关系。在此后的交往过程中，双方有互赠礼物及为对方支付相关费用等财物及经济往来。2018年4月18日，王某和狄某山一起去湖南仁孚汽车销售服务有限公司为狄某山购买奔驰轿车，总计价格30余万元，当时王某用其招商银行卡支付10万元。2018年4月18日、4月19日及4月22日，王某又分三次通过广发银行转账给狄某山15万元。2018年7月11日，狄某山将其所有的别克牌小轿车作价转卖给了王某并办理了车辆过户手续。但庭审时双方对转让价格表述不一。王某陈述价格为10万元，狄某山陈述价格为15万元。2018年下半年，王某和狄某山还共同投资经营一家臭豆腐店。2018年11月21日，王某将狄某山的2万元投资款通过支付宝退回给了狄某山。但在起诉时，王某将此笔退回的2万元投资款作为借款进行了主张。2018年12月3日及

2019年1月24日，狄某山又通过支付宝转账35000元给王某，对此35000元资金的用途，王某和狄某山在庭审时的表述也不一致。王某认为系狄某山的还款，但狄某山提出系为经营臭豆腐店而再次向王某的投资。2019年5月、6月，王某与狄某山因故产生矛盾，双方开始停止不正当交往。现王某向本院提起民间借贷诉讼，要求狄某山偿还其于2018年4月18日、4月19日、4月22日通过银行转账的15万元及2018年11月21日支付宝转账的2万元，共计17万元。在扣除狄某山于2018年12月3日及2019年1月24日支付宝转账的35000元外，王某还向法院主张欠款135000元及相应利息。

【案件焦点】

仅凭转账凭证提起诉讼，被告反证义务的证明标准如何界定。

【法院裁判要旨】

湖南省汨罗市人民法院经审理认为：根据《最高人民法院关于审理民间借贷案件适用法律若干问题的规定》（以下简称《民间借贷规定》）第十七条的规定："原告仅依据金融机构的转账凭证提起民间借贷诉讼，被告抗辩转账系偿还双方之前借款或其他债务，被告应当对其主张提供证据证明。被告提供相应证据证明其主张后，原告仍应就借贷关系的成立承担举证证明责任"。本案中，原告王某仅依据金融机构的转账凭证提起民间借款诉讼，要求被告狄某山偿还借款135000元。而被告狄某山对此予以否认，并抗辩提出王某所述的转账系其支付给自己的购车款。同时狄某山举证证明了他将自己的别克小轿车转卖给王某的事实，王某对此事实也予以认可。虽然双方就车辆转让价格出现争议，且王某提出其2018年4月18日刷卡的10万元系支付购买狄某山的别克小轿车的购车款。但对此王某均未提供证据证明。根据上述司法解释的规定，王某未能就借贷关系的成立继续举证证明，应当承担举证不能的法律后果。并且王某对借贷关系的陈述还存在前后矛盾的情况。其起诉事实中陈述2018年11月21日通过支付宝转账给狄某山的2万元为借款。而庭审中，又明确承认此2万元系退还狄某山的投资款，也说明了双方借贷关系并不明确。再鉴于王某与狄某山之间的特殊关系，双方有互赠礼物及为双方支付费用的事实，王某主张本案为民间借贷关系，理由亦不充分。

湖南省汨罗市人民法院依照《中华人民共和国合同法》第十三条、第一百九十六条，《中华人民共和国民事诉讼法》第六十四条第一款，《最高人民法院关于适用〈中华人民共和国民事诉讼法〉的解释》第九十条之规定，作出如下判决：

驳回原告王某的诉讼请求。

双方均未提起上诉，该判决现已生效。

判决后，双方当事人均未上诉，本判决现已生效。

【法官后语】

随着我国经济社会的快速发展，民间借贷日益普遍，其风险和隐患日益凸显。尤其是在自然人之间的借贷行为中，熟人借贷普遍存在，即使有款项实际交付的凭证，也不能按照法律的规定提交证明借贷关系存在的证据，导致司法审判中存在诸多难点问题。本案主要涉及原告仅能提供金融机构转账凭证证明款项支付事实的情况下被告的反证义务如何厘定，对于此类案件的审理具有参考意义。

一、仅有转账凭证情形下的一般裁判思路

原告提起民间借贷诉讼时，如果能够提交证明借贷合意和款项实际发生的证据，其诉讼主张一般应予支持。但实践中考虑到当事人的诉讼能力和法律意识，其仅提交银行转账明细等金融机构转账凭证的情况下，如果将全部举证责任分配给原告，则不利于对款项出借人的保护。民间借贷规定的出台虽然肯定了被告应承担举证责任的观点，但对于被告提交相应证据应达到何种程度、什么情形下举证责任转移至原告、被告抗辩转账系偿还双方之前借款或其他债务是否构成一个新的主张、是作为本证还是作为反证要求其承担对应的举证责任等问题，并未作出具体明确的规定，导致司法实践中难以把握。

笔者认为，对于原告仅依据金融机构的转账凭证提起民间借贷诉讼、被告抗辩转账系偿还双方之前借款或其他债务的民间借贷纠纷案件，关键问题是查清双方是否有借贷合意，核心问题在于举证责任的分配原则。《最高人民法院关于适用〈中华人民共和国民事诉讼法〉的解释》（以下简称《民诉法司法解释》）第九十条第一款规定："当事人对自己提出的诉讼请求所依据的事实或者反驳对方诉讼请求所依据的事实，应当提供证据加以证明，但法律另有规定的除外。"第九十一条规定："人民法院应当依照下列原则确定举证证明责任的承担，但法律另有规定的除外：（一）主张法律关系存在的当事人，应当对产生该法律关系的基本事实承担举证证明责任……"实践中借款合同关系发生的情形比较复杂，在双方当事人之间存在其他交易关系的情况下，存在原告凭借其他交易中支付款项的转账凭证，试图要求被告归还并不真实存在的借款的可能性，因而不应仅凭款项支付凭证认定双方之间的借贷关系，这是符合借款合同的成立以双方当事人之间存在借贷合意的基本特点的。但同时考虑到一些借款合同的当事人确实存在缺乏法律意识，没有签订书面借款合同亦没有出具借据的情况，出借人对于借款关系的证明存在一定困难，因而可以认为在提出金融机构转账凭证的情况下，出借人对双方之间借款合同关系的存在完成了初步举证责任。为此，《民间借贷规定》第十七条将证明是否有借贷合意的举证责任在原告和被告之间进行了分配，让举证责任在原告和被告之间进行适当转移，而不是一味要求原告起诉时同时证明借贷实际发生和存在借贷合意。在原告完成了初步举证责任后，如果被告仅仅提出抗辩而未提交证据证明双方存在其他债务关系，则对原告的诉讼请求应予以支持，若被告提供了相应证据，则需要进一步考量其证据与待证事实之间的关系。

二、被告举证的依据和应达到的证明程度

《民间借贷规定》第十七条赋予被告一定的举证责任，并不意味着举证责任发生倒置，从责任主体上看，原告仍负有举证证明存在借贷合意的责任，证明责任主体不是被告。《民诉法司法解释》第一百零八条规定："对负有举证证明责任的当事人提供的证据，人民法院经审查并结合相关事实，确信待证事实的存在具有高度可能性的，应当认定该事实存在。对一方当事人为反驳负有举证证明责任的当事人所主张事实而提供的证据，人民法院经审查并结合相关事实，认为待证事实真伪不明的，应当认定该事实不存在。法律对于待证事实所应达到的证明标准另有规定的，从其规定。”这是关于本证和反证的规定。所谓本证，是指在民事诉讼中负有证明责任的一方当事人提出的用于证明自己所主张事实的证据。所谓反证，是指没有证明责任的一方当事人提出的为证明对方主张事实不真实的证据。由此可见，本证与反证的分类与当事人在诉讼中是原告还是被告没有关系，而与是否为证明责任承担者有关，负有证明责任一方承担的是本证，不负有证明责任一方承担的是反证。本案关于是否有借贷合意的证明责任主体不是本案被告，其承担的不是本证义务，而是反证义务。这里被告承担的是反证义务，其提交的证据不必达到高度盖然性标准，只需动摇法官的内心确信，让法官审查被告证据后认为待证的借贷合意这个事实真伪不明即可。实践中存在被告虽然提出相应主张和证据，但证据的证明力难以达到确证其他债权债务关系存在的问题。在此情况下，需要原告进一步举证，从而使法官能够对双方当事人所举证据进行分析认定，对原告所主张的借款事实是否真实存在作出准确判断。因此，应结合被告的主张性质为反证，其举证责任达到使原告所主张借贷关系存在的法律事实处于真伪不明即可。

这时，原告仍对双方之间存在其所主张的借贷关系负有举证责任，因而原告应当进一步针对被告主张提供其他证据以证明其主张。在原告不能提供更充分的证据证明其主张的情况下，对于法官来说，即面临对原告所主张的借款事实是否存在不能确定的问题，此时的结果责任仍应归于原告，由原告对此承担相应的不利后果。

三、本案举证责任之分析

本案原告提起诉讼的依据仅仅为向被告转款 17 万元的银行支付宝转账凭证，并未提供其他证据证明双方就借贷合意达成一致的意思表示，但考虑到双方系熟人关系，其提供的上述证据能够证明款项实际发生，并可以作为双方存在借贷合意的初步证据予以认定，此时应重点审查被告的抗辩事由及所举证据的证明力。被告在本案中的抗辩事由为，原告共向被告支付 17 万元，15 万元是支付给被告的购车款，2 万元是退还被告的退伙资金，不存在民间借贷关系，原告在庭审中也对部分事实予以认可。因被告的主张构成反证，进而不必苛求被告提交充分的证据以直接证明双方存在其他借贷关系或者其他法律关系。就本案而言，应结合被告对“他因”作出合理解释后，所提交被告与原告存在车辆购买法律关系和投资关系等证据，能够让法官相信购车款和投资款发生的情境是有可能存在的，从而使得双方借贷关系处于真伪不明的状态。此时，原告应对于双方存在借贷合意进一步提交证据予以证明。在原告未能进一步提交证据的情况下，最终认定双方借贷合意事实并不存在，从而驳回原告的诉讼请求。

编写人：湖南省汨罗市人民法院　舒畅

50

仅有转账凭证的借贷案件中借贷合意是否存在的审查标准

——林某某诉魏某某民间借贷案

【案件基本信息】

1. 裁判书字号

北京市第二中级人民法院（2021）京 02 民终 6223 号民事判决书

2. 案由：民间借贷纠纷

3. 当事人

原告（上诉人）：林某某

被告（被上诉人）：魏某某

【基本案情】

林某某诉称，2011 年 4 月 21 日，魏某某以购房为由向林某某提出借款 18 万元，当天林某某向魏某某转账 18 万元。后经多次催要，魏某某至今未还，故林某某诉至本院请求判令魏某某返还林某某借款本金 18 万元并支付利息。魏某某不同意林某某的诉讼请求，认为涉案款项不是借款，是合同履约金，是魏某某居中介绍林某某收购相关公司股权，林某某支付的服务费。

【案件焦点】

涉案款项是否为借款。

【法院裁判要旨】

北京市西城区人民法院经审理认为：法律规定，当事人对自己的主张，有责任提供证据。主张法律关系存在的当事人，应当对产生该法律关系的基本事实承担举证证明责任。原告仅依据金融机构的转账凭证提起民间借贷诉讼，被告抗辩转账系偿还双方之前借款或者其他债务的，被告应当对其主张提供证据证明。被告提供相应证据证明其主张后，原告仍应就借贷关系的成立承担举证责任。

本案中，关于借贷关系的成立，林某某应当承担借贷合意及款项交付两个方面的举证责任，但其仅提交了转账凭证证明款项交付。魏某某抗辩转账系基于双方之间的居间关系，并就此提交了承诺书、股权转让协议、协议书等证据，虽后两份协议为复印件，但综合三份证据内容、林某某相关庭审表述和表现看，该三份书证所反映的事实存在的可能性较大。林某某转账时间又发生在三份书证之间，故无法排除涉案款项系基于三份书证所反映的事项发生的可能。

本院认为，对负有举证证明责任的当事人提供的证据，人民法院经审查并结合相关事实，确信待证事实的存在具有高度可能性的，应当认定该事实存在。对一方当事人为反驳负有举证证明责任的当事人所主张事实而提供的证据，人民法院经审查并结合相关事实，认为待证事实真伪不明的，应当认定该事实不存在。

本案中，魏某某提供的证据足以使林某某主张的借贷事实真伪不明，故林某某应继续就借贷关系的成立承担举证责任，但其仅就此提供了证人证言一份。关于证人证言，本院经审查认为：

一、涉案转账发生在 2011 年，证人所知发生在 2013 年之后，其并未参与涉案法律关系发生的过程。而依林某某所称，借贷合意在转账时即存在。故证人未亲历转账发生过程，其证言不能证明转账当时双方存在借贷合意。

二、证人证言反映出，在2015年魏某某与林某某会面之前，证人并未见到魏某某，其关于魏某某“欠款”的认知均来自林某某，故证人该部分证言系传来证据，且来自林某某，故该部分证言亦不能证明原、被告在2015年会面之前存在借贷关系。

三、各方均认可，证人亲历了2015年魏某某与林某某会面的过程。但考虑到证人当时系林某某公司员工，与林某某存在利害关系，且其该部分证言并无其他证据佐证，现魏某某亦不认可。故综合考虑，证人证言亦不能证明双方会面当时达成了借贷合意。

综上，林某某就涉案法律关系存在继续提供的证据，并不能证明其主张。在魏某某就其反驳意见所提证据比林某某就其主张所提证据具有明显优势的情况下，本院无法确认林某某主张的借贷关系存在。

作出判决前，当事人未能提供证据或者证据不足以证明其事实主张的，由负有举证证明责任的当事人承担不利的法律后果。现林某某提供的证据不足以证明其主张，则不利后果应由其自行承担，其相应诉请依法应予驳回。

北京市西城区人民法院依照《中华人民共和国合同法》第六条、第一百九十六条、第一百九十七条第二款，《中华人民共和国民事诉讼法》第六十四条第一款，《最高人民法院关于审理民间借贷案件适用法律若干问题的规定》第十七条，《最高人民法院关于适用〈中华人民共和国民事诉讼法〉的解释》第九十条、第九十一条第一项、第一百零八条之规定，判决如下：

驳回林某某的全部诉讼请求。

林某某不服原审判决，提起上诉。北京市第二中级人民法院经审理认为：当事人对自己提出的诉讼请求所依据的事实或者反驳对方诉讼请求所依据的事实，应当提供证据加以证明，但法律另有规定的除外。在作出判决前，当事人未能提供证据或者证据不足以证明其事实主张的，由负有举证证明责任的当事人承担不利的法律后果。出借人向人民法院提起民间借贷诉讼时，应当提供借据、收据、欠条等债权凭证以及其他能够证明借贷法律关系存在的证据。原告仅依据金融机构的转账凭证提起民间借贷诉讼，被告抗辩转账系偿还双方之前借款或者其他债务的，被告应当对其主张提供证据证明。被告提供相应证据证明其主张后，原告仍应就借贷关系的成立承担举证责任。

本案中，林某某主张魏某某为购房于2011年4月21日向其借款18万元，魏某某经催要未予偿还，故提起本案诉讼要求魏某某偿还本金及利息。魏某某认可收到林某某转款18万元，但主张并非借款而系合同履约金。根据上述规定，林某某应当就双方之间存在借贷关系承担相应的举证责任，在本案审理过程中，林某某提交银行转账凭证并申请证人出庭做证，转账凭证虽能证明林某某向魏某某转账情况，但林某某并未提供借据、收据、欠条等其他证据佐证双方之间存在借贷关系，证人证言亦不足以认定林某某与魏某某之间达成了借贷合意，即现有在案证据尚不足以证明双方当事人之间存在借贷关系，林某某依法应承担不利的法律后果，一审法院据此驳回林某某诉讼请求并无不当，林某某所提上诉主张，本院难以支持。

林某某的上诉请求不能成立，应予驳回；一审判决适用法律正确，应予维持。北京市第二中级人民法院依照《中华人民共和国民事诉讼法》第一百七十条第一款第一项的规定，判决如下：

驳回上诉，维持原判。

【法官后语】

《最高人民法院关于审理民间借贷案件适用法律若干问题的规定》第十六条规定：原告仅依据金融机构的转账凭证提起民间借贷诉讼，被告抗辩转账系偿还双方之前借款或者其他债务的，被告应当对其主张提供证据证明。被告提供相应证据证明其主张后，原告仍应就借贷关系的成立承担举证责任。该规定实行后，仅凭转账凭证起诉的民间借贷纠纷案件数量有所上升。

通常情况下，民间借贷纠纷案件中，原告需要同时就借贷合意及借款交付两个方面承担举证证明责任。但考虑到实践中一些借款合同的当事人缺乏法律意识，或发生在朋友、熟人之间的借贷关系碍于情谊、关系等，未及时形成或保存书面合同或借据，导致证明借贷合意困难较大，因此出台前述第十六条规定。

应当明确，该第十六条规定并非认为仅凭转账记录即可证明借贷关系的存在，而系通过规定一系列的抗辩、举证责任分配及转换等诉讼步骤，逐步排除其他法律关系存在的可能性后，再行推定借贷合意存在。

前述条文规定被告需就其抗辩提供证据证明，但并未明确证明标准和证明程度，而该问题是司法实践中决定此类案件裁判结果的最为关键的因素。因此，应在明确该规定适用条件、举证责任转换的前提下，并在充分结合民事诉讼法及司法解释相关规定的基础上，对被告抗辩的证明标准和程度进行综合理解和界定。

一、适用条件

首先，该规定适用于原告仅凭金融机构转账凭证提起的民间借贷诉讼，原告提供了转账凭证，应当认定其已尽初步而非全部举证责任。

其次，该规定适用于“被告抗辩转账系偿还双方之前借款或者其他债务”的情形。从逻辑上看，如无被告前述抗辩，则不存在下一步举证责任转化的问题。因此，被告有前述抗辩也需作为该条适用的一个前提条件。反之，如被告并未应诉抗辩，则该条不应适用。

最后，关于此处“被告抗辩”有无的理解，应当结合民间借贷案件原告通常的举证责任范围和证明标准、民事诉讼法及司法解释关于举证及证明标准的相关规定，严格按照条文的含义进行。规定明确了存在被告抗辩以及抗辩的内容，故应当认定此处的“抗辩”系指被告应诉且提出了实质抗辩。因此，该条对于被告未应诉亦未抗辩需要缺席审理的案件并不适用。意即在此类案件中，原告仍应同时就借贷合意和借款交付两个方面承担举证责任，法院不应在被告缺席的情况下直接采用推定方式认定借贷合意的存在。

二、举证责任转换

鉴于前述分析，该条规定实质为通过举证责任转换，排除了其他可能性之后，再通过推定方式认定借贷合意的存在。因此，其适用过程中存在不同于普通借贷案件的举证责任转换。

首先，原告提供了转账凭证，即认为其完成了初步举证责任。其次，若被告存在反驳抗辩，则举证责任转换至被告，被告应就其反驳主张提供证据证明。最后，如被告举证证明了其反驳主张，则举证责任再次转换至原告，原告仍应就双方之间存在借贷合意继续提供证据证明。原告无法证明借贷合意存在，则自行承担不利后果。

三、被告就其抗辩的举证证明标准和程度

《最高人民法院关于适用〈中华人民共和国民事诉讼法〉的解释》第一百零八条第一款规定：对负有举证证明责任的当事人提供的证据，人民法院经审查并结合相关事实，确信待证事实的存在具有高度可能性的，应当认定该事实存在。

应当明确，在借贷纠纷案件中，该条规定的“负有举证证明责任的当事人”通常是指主张借贷关系存在的原告，而非被告。因此，不能以该规定确定的证明标准要求借贷案件中的被告。

关于被告对其反驳主张的证明标准，《最高人民法院关于适用〈中华人民共和国民事诉讼法〉的解释》第一百零八条第二款有明确规定：对一方当事人为反驳负有举证证明责任的当事人所主张事实而提供的证据，人民法院经审查并结合相关事实，认为待证事实真伪不明的，应当认定该事实不存在。

前已提及，《最高人民法院关于审理民间借贷案件适用法律若干问题的规定》第十六条适用前提为原告就其主张已尽初步举证责任，但其证明程度并未达到高度盖然性及以上，故按照该民事诉讼法司法解释第一百零八条第二款的规定，被告反驳原告主张所需的证明标准，亦不必达到确实充分或高度盖然性的程度，而仅需达致使待证事项即借款合同关系是否存在处于真伪不明的状态即可。此时，原告仍应就借贷合意存在继续承担举证责任。

通过上述分析可知，民间借贷尤其是涉及亲朋之间的借贷，出借人应尽量注意同时就借款交付和借贷合意两个方面留存证据。借款交付尽量通过可印证的银行转账等方式进行，同时注意在转账附言处进行用途备注，小额现金交付的亦应注意留存收条等交付凭证。借贷合意方面应尽量签订或留存借款合同、借条等可以体现合意存在的书面材料，未及时留存书面材料的，在后续催收过程中要注意保留相关证据，尤其是借款人认可借款或承诺还款的内容。随着现代通信技术的发展，微信、支付宝、手机短信等可以验证实名身份的通信工具中留存的聊天、转账等记录亦可作为证据使用。

编写人：北京市西城区人民法院　黄俊杰　赵萌

51

仅有转账凭证而被告能够对转账作出合理解释的，可认定未形成借贷合意

——常某明诉季某成民间借贷案

【案件基本信息】

1. 裁判书字号

山东省德州市中级人民法院（2021）鲁14民终1607号民事判决书

2. 案由：民间借贷纠纷

3. 当事人

原告（上诉人）：常某明

被告（被上诉人）：季某成

【基本案情】

2018年4月7日，常某明以跨行汇款的形式给季某成转账汇款5万元。2018年4—5月，季某成通过微信给常某明转账三次，共计8000元。常某明主张季某成向其借款5万元，8000元系季某成偿还部分借款。季某成主张案涉5万元款项系常某明委托其对“金泰利”项目的投资款，微信转账8000元系项

目回款，双方不存在借贷关系。

【案件焦点】

无借贷合意证明下本案转账性质的认定。

【法院裁判要旨】

山东省乐陵市人民法院经审理认为：出借人向人民法院提起民间借贷诉讼时，不仅应当提供借据、收据、欠条等债权凭证，还应当提供证据证实双方存在借贷合意以及其他能够证明借贷法律关系存在的证据。本案中，常某明依据金融机构转账凭证提起民间借贷诉讼，季某成不认可双方存在借贷关系，并提供账户对账单、项目启动仪式截屏图片、双方通话录音等证据，证实案涉资金流转系常某明委托其对“金泰利”项目的投资款，季某成亦分次支付给常某明项目回款。季某成能够对案涉款项的用途作出合理解释并提供证据证实，原告未能进一步举证证实原、被告间达成了借贷合意，无法确认借贷法律关系存在的待证事实具有高度可能性，故原告主张被告偿还借款的诉讼请求，本院不予支持。

山东省乐陵市人民法院依照《最高人民法院关于审理民间借贷案件适用法律若干问题的规定》第二条、《中华人民共和国民事诉讼》第六十四条的规定，判决如下：

驳回原告常某明的诉讼请求。

常某明不服一审判决，提起上诉。

山东省德州市中级人民法院经审理认为：《最高人民法院关于审理民间借贷案件适用法律若干问题的规定》第十六条规定，原告仅依据金融机构的转账凭证提起民间借贷诉讼，被告抗辩转账系偿还双方之前借款或者其他债务的，被告应当对其主张提供证据证明。被告提供相应证据证明其主张后，原告仍应就借贷关系的成立承担举证责任。本案中，常某明仅依据金融机构转账凭证提起民间借贷诉讼，根据一审认定的事实以及本院二审法庭调查的结果，无法确认待证事实的存在具有高度可能性，故依据《最高人民法院关于适用〈中华人民共和国民事诉讼法〉的解释》第一百零八条的规定，无法认定该事实存在。

根据《最高人民法院关于审理民间借贷案件适用法律若干问题的规定》第六条规定，人民法院立案后，发现与民间借贷案件虽有关联但不是同一事实的涉嫌非法集资等犯罪的线索、材料的，人民法院应当继续审理民间借贷纠纷案件，并将涉嫌非法集资等犯罪的线索、材料移送公安机关或者检察机关。本案中，虽然徐某军曾因非法组织、领导传销活动罪被判处刑罚，但刑事判决书中并不包含本案"金泰利助残项目"，即"金泰利"项目尚未被生效裁判文书认定为非法传销活动，故本院将涉嫌犯罪的线索以及材料移送公安机关。

综上所述，常某明的上诉请求不能成立，应予驳回；一审判决认定事实清楚，适用法律正确，应予维持。

山东省德州市中级人民法院依照《中华人民共和国民事诉讼法》第一百七十条第一款的规定，判决如下：

驳回上诉，维持原判。

【法官后语】

本案主要涉及在当事人无有效债权凭证时，借贷合意的认定问题。

在民间借贷行为，尤其是自然人之间的借贷行为中，囿于当事人的诉讼能力和法律意识，缺乏证明借贷合意的直接证据的情形比比皆是。具体而言，一方面随着支付手段的便利化，借贷形式更加随意，仅有转账凭证而无借款合同的现象普遍存在；另一方面自然人之间的收款付款行为具有复杂性和多样性，可能基于多种基础法律关系和事实。不存在反映借贷合意的债权凭证时，双方当事人各执一词又均无直接证据证实，法官对案涉款项性质的认定较为困难。缺乏有效债权凭证的类型大致可分为两类，一是无债权凭证，即没有能够证明借贷合意的凭证；二是瑕疵债权凭证，即当事人间的债权凭证缺乏反映借贷合意的必要合同条款，不能仅凭借贷凭证认定具有借贷合意。

1. 无债权凭证时借贷合意的认定。没有证明形成借贷合意的债权凭证，原告仅以转账凭证主张双方存在借贷关系时，若被告能够对转账行为作出合理解释并举证证明的，可认定双方未形成借贷合意。本案中原告仅以转账凭证主张双方存在借贷关系，被告则抗辩双方系委托投资关系。根据《最高人民法院关于审理民间借贷案件适用法律若干问题的规定》第十六条的规定，被告提供相应证据证明其主张后，原告仍应就借贷关系的成立承担举证责任。被告提供的通话录音证实在双方发生5万元转账前后，被告与原告多次通话交谈“金泰利”项目的投资收益方式、数额及项目人徐某军非法组织、领导传销活动，结合原告给被告三次微信转账，双方间资金流动与季某成陈述的项目投资、收益方式一致，亦与徐某军等人“小时代资金盘”资金流动方式匹配，能够使法官达成初步内心确信，认定原、被告间的资金流转系原告委托被告进行项目投资。此时，原告应仍应就双方存在借贷合意承担举证责任。原告未能进一步举证证明的，应承担举证不能的法律后果。

2. 瑕疵债权凭证时借贷合意的认定。当事人间的债权凭证缺乏反映借贷合意的必要合同条款的，如“收条”“欠条”等，法官不能仅凭不规范的只言片语的债权凭证径行认定双方存在借贷合意，应对全案证据持审慎审查的态度，关注证据形式与内容的完备性、证据间的联系。综合发生法律关系的缘由、出借能力、借款用途、当事人间关系、交付及商业惯例等，审查瑕疵债权凭证及本案其他证据间是否满足相互递进补强的内在逻辑，是否能够完成对要件事实的确定性推论，审慎合理认定借贷关系是否成立。

3. 是否形成借贷合意应综合认定。原告不能提供证明双方形成借贷合意的债权凭证时，对借贷合意的证明需依赖间接证据证实。此时法官应对比两造证据的对抗性，以“证成”与“证伪”的双向逻辑，形成更接近于客观真相的事实心证。若原告对其主张的款项性质不能完全完成其行为意义上的举证责任，无法排除款项性质的合理怀疑，或者被告的间接反证能够动摇法官内心确信，即原、被告间的转账行为可能基于其他法律关系产生，使诉争事实处于真伪不明状态时，不应认定借贷合意成立。

综上，在民间借贷案件私密性及灵活性并存下，证据“碎片化”特征显著。借贷合意的直接证据不足导致主观性要件事实的认定，依赖法官基于间接事实及间接证据的逻辑推论。为此，法官在审查证据构成、认定证据能力、运用逻辑推理以及证明度标准判定时，应综合全案证据审慎考量，对借贷合意事实作出准确认定，这既是判决公正与可接受性的前提和基础，也是司法裁判的核心价值所在。本案对不存在有效债权凭证，通过分析间接证据否认借贷合意存在，具有参考意义。

编写人：山东省乐陵市人民法院　王璐

52

据欠条主张借贷关系成立一方应达到证据优势地位

——舒某诉刘某民间借贷案

【案件基本信息】

1. 裁判书字号

湖北省武汉市中级人民法院（2021）鄂01民终1957号民事判决书

2. 案由：民间借贷纠纷

3. 当事人

原告（被上诉人）：舒某

被告（上诉人）：刘某

【基本案情】

2020年6月，刘某向舒某出具借条，主要写明：刘某因生意周转，于2019年12月25日向舒某借款5万元，借款方式为银行取现，月利率1%，借款期限自2019年12月25日起至2020年6月30日止，共6个月；全部本息于2020年6月30日一次性偿还，刘某承诺2020年6月30日本息一并还清，到期时还本付息，如到期未还清，愿按月利率2%即付逾期利息。落款时间为2019年12月25日。

舒某母邓某梅来院陈述，舒某向其要钱，其于2019年12月25日从银行取现金4万元和另外1万元现金共5万元交给舒某。舒某陈述其于2019年12月25日在刘某家楼下将5万元现金交付给刘某。

2020年6月15日，舒某与刘某在微信中陈述“刘某，我年前把车子和钱给你，你说你6月30日之前还给我的，这日子也快到了，你现在把车子和钱给我呀”，刘某回复“我现在给不了你告我吧”。

舒某在庭审中陈述，其于2019年12月向刘某支付5万元现金时，刘某没有提及撞车骗保的想法。双方沟通中，刘某提及撞车骗保的想法，舒某予以拒绝。舒某及刘某均表示双方提及的车辆未曾发生撞车事故。

【案件焦点】

舒某依据欠条能够证明双方成立借贷关系。

【法院裁判要旨】

湖北省武汉市江岸区人民法院经审理认为：根据查明的事实，本院依法核定李某的损失为：舒某陈述其于2019年12月25日支付给刘某5万元，刘某否认收到此款，但刘某于2020年6月向舒某出具借款金额为5万元的借条，落款时间为2019年12月25日，刘某写明的借款时间与舒某主张的借款时间相符，且舒某于2020年6月15日在微信中向刘某催要还款，刘某在回复的信息中未否认曾收到舒某支付的款项，另舒某已就出借款项的来源作出合理说明，故应认定双方形成民间借贷关系，借款金额为5万元，借贷关系成立时间为2019年12月25日。刘某的抗辩理由无证据证明，且不符合常理，本院不予采纳。

按照双方约定，刘某应于2020年6月30日向刘某偿还借款，刘某逾期未偿还借款，现舒某要求刘某偿还借款5万元的诉讼请求，符合法律规定，本院予以支持。双方约定借款期限内刘某应当按月利率1%支付利息，该计算标准不违反法律规定，舒某要求刘某支付自2019年12月25日至2020年6月30日的利息3000元的诉讼请求，本院予以支持。

综上所述，对舒某提出的诉讼请求，本院予以支持。判决如下：

一、被告刘某于本判决生效之日起五日内偿还给原告舒某借款50000元；

二、被告刘某于本判决生效之日起五日内，支付给原告舒某2019年12月25日至2020年6月30日间的利息3000元。

二审法院同意一审法院裁判意见。

【法官后语】

对刘某向舒某出具借条和借款说明的行为，能否成立民间借贷关系，根据《中华人民共和国合同法》第二百一十条关于“自然人之间的借贷合同，自贷款人提供借款时生效”的规定，出借人出具借条的行为不一定意味着借款人已经收到借条载明的借款，借款合同作为实践合同，包含形成借贷合意加上出具款项，而提供借款的事实，根据《最高人民法院关于民事诉讼证据的若干规定》第五条关于“在合同纠纷案件中，主张合同关系成立并生效的一方当事人对合同的订立和生效的事实承担举证责任”的规定，出借人还要举证证明自己已经把借条记载的金钱数额交给了借款人。本案中，双方争议的出借标的较小，被告否认双方存在借贷关系并收到款项，且陈述双方之间存在其他经济纠纷，因此在认定是否成立借贷关系上，还需要进一步的举证待证，如何认定当事人一方在仅仅持有借条等债权凭证下的借贷关系，笔者以为可以从以下三个维度来进行认定：

一、借贷法律关系的实质区分

民间借贷类案件中的借贷事实中会存在虚假借贷、混合诸如不当得利、合伙、买卖等其他法律关系，乃至于借贷本身涉嫌刑事违法犯罪事实，需要法官在审理中针对双方的陈述进行厘清民间借贷关系事实与其他法律关系事实，同时需要对做证事实的证据进行认定。

1. 审查基础法律关系。民间借贷案件中掺杂或一方当事人会抗辩提出系其他法律关系，就需要对当事人主张的非借贷关系进行询问并分配其举证责任，对主张成立借贷关系的一方在实践审查中也要区分是否存在虚假诉讼，当事人所称的民间借贷纠纷在有些事实上并非基于借贷产生的借贷关系，而是当事人在其他的利害纠纷中需要被告以金钱补偿的方式进行利益返还，并进而在诉讼或证据形式上以借贷的方式来获得对方的金钱赔偿，并通过法院审理判决强制要求对方付款。也有原告通过伪造借款证据、虚构借款事实，并利用当事人提供的聊天记录自认、缺席审判、调解等诉讼技巧，使虚假的债权债务获得法律支持。另外，需要区分借贷本身是否存在诸如合伙、买卖的法律关系，本案中双方本身存在买卖车辆的经济往来关系，因此在实践认定中也需要将借贷事实与买卖事实进行区分。同样本案被告辩称原告支付的5万元系双方用于骗保的款项，骗取保险款本身或涉及违法行为，或双方确实存在此类的违法行为，当然不能认定双方成立合法的借贷关系，原告在本案中否认双方是合伙骗保，被告方亦未对骗保事实提供相应的证据加以证明，本案在审理过程中亦未有刑事案件的立案侦查，被告方的抗辩意见能否构成犯罪非借贷事实审理范畴。

2. 审查待证事实的证据链条。民间借贷中，现有法律规定对于现金交付并没有明确的数额限制，因而需要在具体的案件审理中结合当事人的借款目的、交易习惯、经济能力、财产变动等情况综合认定。该案中，首先原告提交的其母亲取款明细虽不能直接证明款项的实际交付，但能够与借条、微信聊天记录等一系列证据相互印证，形成证据链条，证明借款实际交付的事实。其次在被告认可真实性否认借条合法性的情形下，如何审查借款证据与借款事实的关联性？笔者认为，《最高人民法院关于审理民间借贷案件适用法律若干问题的规定》第二条即规定，出借人向人民法院提起诉讼时，应当提供借据、收据、欠条等债权凭证以及其他能够证明借贷法律存在的证据。因而在借贷纠纷中，欠条是证明双方存在借贷关系的有力证据，对另一方当事人抗辩借条的真实性不持异议，对合法性提出异议时，应当关注借条出具的客观条件，是否存在违反自由意志的情形，借款人对借条出具的自由意志提出异议时，应当考虑到其自由意志是否遭遇强势压倒，乃至于存在非法手段进行干预，借款人亦可以提出胁迫的证据证明，本案中的被告抗辩遭受压迫，但未提交任何证据来提出出具借条时的客观情形，未采取合法的报警等基础证据来予以印证，亦无法认定借条出具的合法性。

二、举证责任的有效分配

1. 从行为意义举证到结果意义举证。举证责任作为民事证据法上的基础性问题，是指证明主体依据法定职权或举证负担在诉讼证明上应承担的相应责任。举证责任本身即包含行为意义的举证责任和结果意义的举证责任，所谓行为意义的举证即对自己诉请主张成立而提出的基本证据材料，而结果意义上的举证待证事实存在真伪不明，对不利法律后果的风险及责任分担问题。两种层次的举证责任应当是依次递进的，结果意义上的举证责任是建立在基于行为意义的举证基础上无法对案件进行结论性判断即无法作出判决结果，需要对待证事实进行举证责任的再分配及风险的承担。本案中，舒某提出了借条及案外人的取款记录，即完成了对双方成立借贷关系的行为举证。但当刘某对基础的借贷关系予以否认并陈述其他经济往来关系时，本案的事实就舒某完成的行为举证并非就可以作为待证事实，需要进行结果意义举证。

本案中的待证事实是借款有无实际支付，对此，舒某提出了明确主张，且提供了由借款人刘某签字的借条，是强有力的证据。一审判决中就认为原告已经完成行为意义上的证明责任，法院据此认定借贷事实存在，舒某已交付借款，被告刘某在舒某催讨后的合理期限内没有归还借款，属于违约，应承担归还借款及支付利息的民事责任，在刘某提反对性抗辩意见后，舒某仅完成行为意义上的举证责任并不够。民间借贷纠纷案件中，借条是证明双方存在借贷合意和借贷关系实际发生的直接证据，具有较强的证明力，但借条并非认定借款存在的唯一依据。二审法院在基于以一审法院认定事实的基础上，进一步对借贷关系是否成立作出论述，即对于现金交付的借贷，还应当根据交付的金额大小、出借人的经济实力、交易习惯及借贷双方的亲疏关系等因素，结合当事人本人的陈述及庭审调查和言辞辩论情况及其他证据，依据民事诉讼高度盖然性的证明标准，运用逻辑推理和日常生活经验法则等来判断。本案中，舒某对借款资金来源、款项交付过程等事实作出了合理解释，刘某虽主张双方未成立借贷关系，其未实际收到借款，借条非自愿行为，但是根据舒某提交的取款记录和双方微信聊天记录显示，刘某对于非自愿的意思表示未提出任何证据主张，且在没有任何外在条件下形成的微信聊天记录中，刘某亦对借款作出认可的意思表示，其当庭陈述与实践行为间无法自洽，针对真伪难辨的事实，在不能获得心证却又不能拒绝裁判的情况下，对举证责任和法定风险进行分配，最终确定由承担证明责任的刘某承担对其不利的判决。

2. 排除合理怀疑。在对借条形成的过程以及金钱交付的过程有合理怀疑的情况下，借条就已然不是交付借款的最有力凭据，即借条本身作为证明交付借款的证明力进一步下降，对于有无完成借贷关系出借资金交付义务需要进一步举证证明，即要求原告进一步举证其已经完成交付资金的义务。同样，在实际的审查中，如何排除合理怀疑，需要从以下几个方面进行审查。即首先为出借人的经济能力，结合出借人的个人职业收入，款项来源方式，其出借的金额与出借能力是否匹配；其次是当事人之间的关系，双方的关系是否存在借贷的现实可能性，如同本案刘某与舒某间除借贷的事实关系外，还有双方的买卖合同关系，即是否存在本案借贷事实为双方买卖合同关系下的证据；再次考虑双方间借条的形成由来，即通过借条的提供方，书写的时间地点、现场等来还原借条出具双方当事人的真实意思表示，是否存在客观上存在的胁迫或欺诈情形，即需要主张借款成立方陈述或举证证明借条出具的真实意思表示；最后需要对借条的内容进行审查，借条上数额较大但书写存在瑕疵，约定的借款和诉请返还时间特殊，如在特定的离婚后、双方股权分割后等时间节点作出的借贷，借款人提出异议的，出借人需要就双方成立借贷关系进一步举证。

三、自由心证的规制运用

所谓的自由心证就是指通过人民的生活及规则经验在归纳获取因果关系或属性的一般性规律或法则。最高人民法院在2002年4月1日实施的《最高人民法院关于民事诉讼证据的若干规定》中首次明确提出的运用日常经验法则认定案件事实，即第九条规定：“下列事实，当事人无需举证证明：……（三）根据法律规定或者已知事实和日常生活经验法则，能推定出另一事实……”第六十四条规定：“审判人员应当依照法定程序，全面、客观地审核证据，依据法律的规定，遵循法官职业道德，运用逻辑推理和日常生活经验，对证据有无证明力和证明力大小独立进行判断，并公开判断的理由和结果。”首次明确提出了审判案件的法官可以依据某一存在的事实，根据经验法则去推定另一事实的存在或者真实的规定。而在原告仅有一张借条，被告又不承认收到过借条记载的款项，再通过基础法律关系辨析和举证责任的分配后仍无法辨析的借贷关系，需要通过自由心证方式来认定。

1. “常理”限制运用

经验法则的适用前提是其必须具有高度盖然性，即绝大多数情况都会如此，且达到不能排除的情形，即在案件的认定中认为是否符合常理。本案中，对于借贷关系的成立，刘某提出了借条非自愿出具的意见，首先，作为成年人，在人身安全遭受威胁的情形下，在危险解除后应当第一时间采取报警或其他措施进行主张权利保护，退一步讲，即便是没有第一时间采取上述措施在后续的自由状态的交谈中对出借人的催要情形也应当会有所表述，但是刘某并未提交证据对自己的辩称意见予以佐证，本案二审法官即认定刘某虽提出非其自愿出具借条，但其并未报警或采取其他措施，且未提交证据证明出具的借条违背其真实意思表示。对于借款是否实际发生，根据舒某提交的其母邓某梅银行取款记录以及一审法院对邓某梅的询问调查，能够证明案涉借款的出处；其次，对于现金交付的质疑。为何舒某不直接转账而是取款交付？实际上，市场经济下民事主体间经济交往形态是多元化的，并非绝大多数交易都会按同一模式运作，之间并不必然存在确定的对应关系，需求不同，必然参差多态，该项认定基于常识未免有些绝对化，涵盖不了“绝大多数情况都会如此”。法官在综合审查当事人提交的证据时，如果认为证据有疑点，根据《最高人民法院关于适用〈中华人民共和国民事诉讼法〉的解释》第一百一十条规定，可以要求当事人本人到庭接受询问，负有举证证明责任的当事人拒绝，待证事实又欠缺其他证据证明的，人民法院对其主张的事实不予认定。对间接证据有无证明力、证明力大小、能否形成证据链，能否达到待证事实可能性占优势的程度，必要时可以辅助以测谎手段进行判断。这样，只有在查明事实上更进一步，才能对是否符合常理作出准确判断。认定的案件事实应该达到“内心确信”的程度，“这种确信不是凭空任意的行使，它需要一定的规则做保障，也就是说法官既需要

‘自由证明’也需‘法定证据’提供帮助”。[①]

2. 逻辑推断

该案二审时，对借款人行为与主张之间是否自洽的问题，案外人的取款及询问情况能否作为对出借款项作出举证义务？对抗辩胁迫与是否采取自卫或事后补救行为？对现金部分是否认定为借款，以审查是否进行了交付为重点，舒某的对借条出具、款项来源、出借款项用途的证明符合一般性借款的逻辑，对刘某主张的截图借条非自愿出具行为，款项未收到的辩称的逻辑，在事实认定中存在明显的矛盾，且没有作出合理说明，不符合“逻辑推理”的心证要求。在遵循一般性的逻辑推断原则下考虑双方的主张，舒某的逻辑性似乎更为自洽。

3. 认定标准

所谓认定的标准即双方当事人对待证事实证明到何种程度才能达到对案件事实的认定，解除一方当事人的认定责任，要达到成立的认定标准，就需要厘清对于不同案件的事实要达到何种举证程度才能对待证事实有所判定，对双方的举证是否达到了高度盖然性证明标准，以完成法官的内心确认。不同的证明对象和待证事实适用不同程度的盖然性标准，除了特殊待证事实，一般事实均要求达到高度盖然性标准。本案中，对主张借贷关系成立的借贷证据也应达到高度盖然性标准，并且举证证明责任应根据双方的主张和抗辩动态分配，而不应过分抬高一方的举证证明责任或证据的证明标准。总之，民间借贷案件的审理中，需要厘清双方的责任分配，全面考察借款原因、借款方式、资金流向等，因案而异，具体把握，通过对证据的综合审查进行判断。

编写人：湖北省武汉市江岸区人民法院　郑一真

---

① ［英］乔纳森·科恩：《证明的自由》，何家弘译，载《外国法评译》1997年第3期。

53

农村集体经济组织与其成员间形成的借据类凭证不宜直接认定为民间借贷合意

——某村委会诉浦某民间借贷案

【案件基本信息】

1. 裁判书字号

江苏省无锡市锡山区人民法院（2021）苏0205民初246号民事判决书

2. 案由：民间借贷纠纷

3. 当事人

原告：某村委会

被告：浦某

【基本案情】

某村委会向法院提供自行制作的入账报销凭证一份，显示费用项目为“四图庄李某民重病治疗借款（拆迁总结账扣款）”，金额为5000元，由浦某在下方领款人处签字，据此主张浦某归还上述款项。

对借款过程，某村委会的委托诉讼代理人陈述称，2013年8月8日，某村委会工作人员将5000元交给浦某，后在报销凭证上填写内容后交浦某签字，报销凭证中约定在拆迁总结账中扣款，当时具体是什么情况不清楚了；其于2020年7月至8月受某村委会委托到31户家中催讨违规出借资金，未碰到浦某，联系某村委会工作人员提供的浦某的电话号码也未果，据村民反映，浦某系因丈夫李某民生病所需至某村委会找当时的书记要求照顾，当时案涉款项本意确实是某村委会照顾浦某家庭的，但写了“借款”二字。

浦某陈述称，2013年3月，其丈夫李某民生病花了很多钱，到处借钱治病，实在没办法，其于同年8月8日去某村委会找当时的书记蔡某东请求照顾，书记同意了，让会计拿钱上来，还有书面材料让其签字，未说系借款，也未说在拆迁总结账中扣除，其只知该款系照顾款，又不识字，没看内容就签了字，后村里从未向其要过钱，直到法院通知其才知道这个事情；即使本案认定为借款，亦已超过诉讼时效。

与本案有关的其他事实：某村委会提供拆迁安置结算单、拆迁补偿协议书、发放安置款明细表及无锡农村商业银行存单复印件，证明浦某户农村宅基地房屋已拆迁，安置补偿总额为189643.2元，扣除该户应付的安置房金额117104元，实际应付72539.2元，该款于2011年10月26日通过发放存单方式给了李某民35455元、2015年11月25日现金发放37084元，实际支付了72539元，已安置完毕。

【案件焦点】

1. 农村集体经济组织因“照顾”其成员所形成的借据类凭证能否认定双方间已形成民间借贷合意；2. 本案诉讼时效是否已过。

【法院裁判要旨】

江苏省无锡市锡山区人民法院经审理认为：合法的民间借贷关系，应当依法得到保护。本案中，一方面，某村委会明确表示案涉5000元系其作为村民集体经济组织向该集体组织成员因病致困所进行的“照顾”，亦即赠与而非借贷，故本案某村委会所主张的其与浦某间的民间借贷关系并不存在；另一方面，即便该案为民间借贷纠纷，根据某村委会提供的证据及主张，相关拆迁款已于2015年11月结算完毕，相应款项应于当时扣除归还，某村委会至今才起诉已超过法律规定的诉讼时效，其已丧失了胜诉权。故本院对某村委会的诉讼请求予以驳回。

综上，江苏省无锡市锡山区人民法院依照《中华人民共和国合同法》第一百九十六条，《最高人民法院关于适用〈中华人民共和国民法总则〉诉讼时效制度若干问题的解释》第三条，《中华人民共和国民事诉讼法》第六十四条、第一百四十二条之规定，作出如下判决：

驳回某村委会的诉讼请求。

判决后，双方当事人均未上诉，本判决现已生效。

【法官后语】

民间借贷实务中，借贷合意真伪不明的情况时有发生，一种是仅有交付凭证没有债权凭证的情况；另一种则是有（类）债权凭证的情况，双方仍有争议，此时应由谁承担举证责任的问题，本案所涉是一种较为特殊的情形，就是农村集体经济组织向其成员交付款项的，如何认定法律关系性质。

一、借贷合意待证情形下“谁主张，谁举证”原则的理解

民事诉讼“谁主张，谁举证”原则如何理解，实践中有不同认识。笔者认为，在借贷双方有特殊关系的情况下，应在贯彻穿透式审查后再进行举证责任分配，首先要考量书面债权凭证，其次要结合借贷金额、款项交付、当事人的经济能力、当地或者当事人之间的交易方式、交易习惯、当事人财产变动情况、催讨情况、其他约定事项的合理性、实际履约情况及证人证言等事实和因素综合判断。

本案中，某村委会主张其给付浦某的款项为借款，对此提供了入账报销凭证为证，但报销凭证并非真正意义上的借条且系由某村委会单方制作，本身证明力较弱。而且，在审理过程中，某村委会无意中表明案涉款项在给付当时并未形成借贷合意，现“借款”字样系于浦某签字前即书写好或由某村委会嗣后添加的事实不明，即便为前者，亦不能直接推定双方将“照顾”性质的款项转化为了借款，因为该报销凭证显示双方还达成了借款在拆迁总结账中扣款的意思表示，但证据却显示拆迁款中并未扣除该款，对此有两种解释，一是基于该款并非借款，某村委会亦明知，故实际的拆迁款是据实全额发放；二是双方在签订拆迁补偿协议时达成了一致意见，已经将该款予以扣除，故不再主张。无论是哪一种情况，某村委会均无权再行主张该笔借款，与事实情况也是相符的。再基于农村集体经济组织及其成员之间身份关系的特殊性，加之当地农村确有

村民生病导致家庭困难可向集体经济组织要求照顾、而集体经济组织视情通常会给予3000元至5000元不等“照顾”的风俗，某村委会现未提供其他证据证明本案款项性质为借款，结合长期未予催讨的事实，根据现有证据结合各方当事人陈述，不能认定某村委会与浦某间存在借款关系。

二、农民集体所有财产归属以及重大事项的集体决定和知情权

《中华人民共和国民法典》第二百六十一条规定了农民集体所有财产归属及重大事项集体决定，第二百六十四条规定了集体成员对集体财产的知情权。

农民集体所有的特征就是集体财产集体所有、集体事务集体管理、集体利益集体分享。关于农民集体所有财产应当依照法定程序经本集体成员决定的事项究竟有哪些，《中华人民共和国民法典》第二百六十一条第二款有明确规定，其中第五项“法律规定的其他事项”是一个兜底性条款。还可以包括哪些呢？例如，《中华人民共和国村民委员会组织法》第二十四条规定：“涉及村民利益的下列事项，经村民会议讨论决定方可办理：……（八）以借贷、租赁或者其他方式处分村集体财产……”财产处分权是财产所有权的重要权能，村民委员会不是村集体财产的所有权主体，因此村民委员会无权处分村集体财产。村集体财产属于村民共有，因此，无论以什么方式处分村集体财产都要由村民会议来讨论决定。故此，本案中，另一层法律关系就是即便借条是真实的，双方也形成了借贷合意，村民委员会仍然无权自己决定将村集体财产随意出借。反之，对于“照顾”这一说法，因是当地风俗，从周围其他成员的反映可知他们对此也是知情且认可的，因而更符合当时的实际情况，也具有法律上的确定性。

编写人：江苏省无锡市锡山区人民法院　黄晔

54

未成年人借贷存疑的，借款金额不能单纯以借条载明的数额认定

——苏某诉黄某达、黄某水民间借贷案

【案件基本信息】

1. 裁判书字号

福建省泉州市中级人民法院（2021）闽05民终819号民事判决书

2. 案由：民间借贷纠纷

3. 当事人

原告（被上诉人）：苏某

被告（上诉人）：黄某达、黄某水

【基本案情】

2017年年底，黄某达（2002年10月出生）在未经其父母同意的情况下向苏某借款，并出具借条一份交对方收执，该借条载明“今向苏某借6万元，所有现金已经全部收到。约定于2018年2月前一次性偿还。如不能按期还款，借款人除应支付本金外，还应支付违约金1200元。借款人黄某达”等内容。2018年11月1日，苏某到黄某达家讨债时，被黄某达持刀伤害致轻伤。黄某达因此被某人民法院以犯故意伤害罪，判处有期徒刑一年。

在黄某达刑满释放后，苏某以黄某达和黄某水（系黄某达之父）为被告于2020年8月21日提起民事诉讼，要求黄某达偿还借款6万元、违约金1200元和逾期还款利息，黄某水对黄某达的债务承担偿还责任。

【案件焦点】

1. 讼争借贷是否有效；2. 讼争借款金额如何认定。

【法院裁判要旨】

福建省泉州市洛江区人民法院经审理认为：根据《中华人民共和国民法总则》（以下简称《民法总则》）第十九条、第一百四十五条第一款的规定，本案中，黄某达向苏某借款时未满16周岁，属于限制民事行为能力人，因所借款项数额较大，与其年龄、智力不相适应，且未取得黄某达法定代理人的同意或追认，故应认定苏某与黄某达之间的借贷关系无效。对苏某请求黄某达支付违约金及利息的主张，不予支持。关于黄某答应返还借款金额多少的问题。根据《民法总则》第一百五十七条关于“民事法律行为无效、被撤销或者确定不发生效力后，行为人因该行为取得的财产，应当予以返还；不能返还或者没有必要返还的，应当折价补偿。有过错的一方应当赔偿对方由此所受到的损失；各方都有过错的，应当各自承担相应的责任。法律另有规定的，依照其规定”的规定，黄某达因无效民事法律行为取得的款项，依法应予返还。考虑到案涉借条中载明了黄某达的身份证号码，苏某系在明知黄某达未成年的情况下出借大额款项，本身对涉案借贷行为的无效存在过错，应承担一定的责任。根据双方的过错程度，对于黄某达取得的6万元，酌定黄某达应承担90%的返还责任，苏某自负10%的责任，即黄某达应返还苏某54000元。同时，黄某水作为黄某达的监护人未尽到监护责任，应承担相应的责任。据此，作出如下判决：

一、黄某水应于判决生效之日起十日内返还苏某借款54000元；

二、驳回苏某的其他诉讼请求。

宣判后，黄某水、黄某达提起上诉。福建省泉州市中级人民法院经审理认为，黄某达虽出具一份金额6万元的借条交苏某持有，但考虑到本案借款发生时，黄某达的实际年龄，以及其于2018年11月在苏某上门讨债时曾持刀伤害苏某并因此获刑等事实，结合苏某至今仍不能说明6万元是如何交付的细节，应就低采信黄某达所主张的实际借款金额仅有1.2万元的事实。黄某水在二审审理期间，出于息事宁人的考虑，提出自愿支付2万元的调解方案，合情合理，予以照准。由于黄某达现已成年，应由其独立承担还款责任。原审法院认定事实有误，本院依法予以改判。

综上，二审法院依照《中华人民共和国民事诉讼法》第一百七十条第一款第二项的规定，判决如下：

一、撤销泉州市洛江区人民法院（2020）闽0504民初2181号民事判决；

二、黄某达应于本判决生效之日起十日内偿还苏某2万元；

三、驳回苏某的其他诉讼请求。

【法官后语】

一、向未成年人出借的大额款项不受法律保护

《中华人民共和国民法典》第十九条规定："八周岁以上的未成年人为限制民事行为能力人，实施民事法律行为由其法定代理人代理或者经其法定代理人同意、追认；但是可以独立实施纯获利益的民事法律行为或者与其年龄、智力相适应的民事法律行为。"依此，除纯获利益外，八周岁以上的未成年人单独所进行的民事活动要发生法律效力，至少需要满足以下两项中的任一要件：一是取得法定代理人的同意；二是与其年龄、智力状况相适应。这其中，前一种情形较好判断，一般通过询问未成年人的父母等法定监护人即可知道。至于后一种情形，审判实践中具体可从行为与未成年人生活相关联的程度、本人的智力能否理解并预见相应的行为后果，以及标的数额等方面综合判断分析。以民间借贷关系为例，初中生同学之间十几、二十元的借款，即便该借贷未经法定代理人同意，但因款项与初中生的年龄、智力状况相适应，应认定其是未成年人依法能够独立实施的行为，合法有效。反之，如果金额太大，超过未成年人的年龄和智力范围，则借款行为要生效必须以取得法定代理人的同意、追认为前提条件。

本案中，黄某达向苏某借款时未满16周岁，涉案借款金额较大（苏某主张为6万元，黄某达主张为1.2万元），超出了黄某达日常生活所需，故该借贷行为应认定与其年龄、智力状况不相适应，同时案涉借款未得到黄某水的同意和追认。是故，一审、二审法院认定讼争借贷关系无效，是正确的。

二、未成年人借贷存疑的，借款金额不能单纯以借条载明的数额认定

借据是证明双方存在借贷合意和借贷关系实际发生的直接证据，具有较强的证明力。实践中，对金额较小的现金交付，债务人提出抗辩的，只要出借人可以作出合理的解释，法院通常会凭借据推定债权人已经履行了出借款项的义务。但在债务人举示的证据或抗辩能够对法官就借贷双方存在借贷合意（包括款项金额大小）的确信产生很大动摇时，法官应根据《最高人民法院关于审理民间借贷案件适用法律若干问题的规定》（2020年12月23日修正）第十五条第二款的规定，结合借贷金额、款项交付、当事人的经济能力、当地或者当事人之间的交易方式、交易习惯、当事人财产变动情况以及证人证言等事实和因素，综合判断查证借贷事实是否发生。易言之，对于债务人抗辩借贷行为尚未实际发生并能作出合理说明的，应加大出借人对其所主张借贷事实的举证责任。

本案中，黄某达主张借款只有1.2万元，借条载明的6万元是在苏某暴力催讨下书写的，虽然该说法没有直接证据能够证明，但黄某达在苏某上门讨债时持刀伤害苏某的过激行为，以及其借款时只有15周岁的事实，不禁令人对苏某关于出借6万元的陈述产生怀疑。基于此，二审法院在苏某不能说明涉案款项是如何交付的情况下，就低认定双方交易的借款金额为1.2万元，并最终按债务人同意支付的2万元判令偿还，笔者认为是适当也是符合法律规定的。

编写人：福建省泉州市洛江区人民法院　林前枢

ISBN 978-7-5216-3277-4

图书在版编目（CIP）数据

中国法院 2023 年度案例．民间借贷纠纷／国家法官学院，最高人民法院司法案例研究院编．—北京：中国法制出版社，2023.5

ISBN 978-7-5216-3277-4

Ⅰ．①中…　Ⅱ．①国…②最…　Ⅲ．①民间借贷-经济纠纷-案例-汇编-中国　Ⅳ．①D920.5

中国国家版本馆 CIP 数据核字（2023）第 026346 号

策划编辑：李小草　韩璐玮（hanluwei666@163.com）
责任编辑：韩璐玮　　封面设计：李宁

中国法院 2023 年度案例．民间借贷纠纷

ZHONGGUO FAYUAN 2023 NIANDU ANLI. MINJIAN JIEDAI JIUFEN

编者/国家法官学院，最高人民法院司法案例研究院
经销/新华书店
印刷/三河市紫恒印装有限公司
开本/730 毫米×1030 毫米　16 开　　印张/ 16.5　字数/ 200 千
版次/2023 年 5 月第 1 版　　2023 年 5 月第 1 次印刷

中国法制出版社出版
书号 ISBN 978-7-5216-3277-4　　定价：79.00 元

北京市西城区西便门西里甲 16 号西便门办公区
邮政编码：100053　　传真：010-63141600
网址：http://www.zgfzs.com　　**编辑部电话：010-63141790**
市场营销部电话：010-63141612　　**印务部电话：010-63141606**

（如有印装质量问题，请与本社印务部联系。）